金融操作风险管理真经

来自全球知名银行的实践经验

OPERATIONAL RISK MANAGEMENT IN FINANCIAL SERVICES

A practical guide to establishing effective solutions

［英］埃琳娜·皮科娃（Elena Pykhova）著
何华平 译

Elena Pykhova. Operational Risk Management in Financial Services：A Practical Guide to Establishing Effective Solutions.

Copyright © Elena Pykhova，2021.

Simplified Chinese Translation Copyright © 2024 by China Machine Press. This edition is authorized for sale in the Chinese mainland (excluding Hong Kong SAR, Macao SAR and Taiwan).

No part of this book may be reproduced or transmitted in any form or by any means, electronic or mechanical, including photocopying, recording or any information storage and retrieval system, without permission, in writing, from the publisher.

All rights reserved.

本书中文简体字版由 Kogan Page 授权机械工业出版社在中国大陆地区（不包括香港、澳门特别行政区及台湾地区）独家出版发行。未经出版者书面许可，不得以任何方式抄袭、复制或节录本书中的任何部分。

北京市版权局著作权合同登记　图字：01-2022-3179 号。

图书在版编目（CIP）数据

金融操作风险管理真经：来自全球知名银行的实践经验 /（英）埃琳娜·皮科娃（Elena Pykhova）著；何华平译 .—北京：机械工业出版社，2024.6

书名原文：Operational Risk Management in Financial Services：A Practical Guide to Establishing Effective Solutions

ISBN 978-7-111-75670-5

Ⅰ.①金…　Ⅱ.①埃…②何…　Ⅲ.①金融风险 – 风险管理 – 研究　Ⅳ.① F830.9

中国国家版本馆 CIP 数据核字（2024）第 080824 号

机械工业出版社（北京市百万庄大街 22 号　邮政编码 100037）
策划编辑：石美华　　　　　　责任编辑：石美华　刘新艳
责任校对：杜丹丹　张　薇　　责任印制：郜　敏
三河市国英印务有限公司印刷
2024 年 7 月第 1 版第 1 次印刷
170mm×230mm·25 印张·296 千字
标准书号：ISBN 978-7-111-75670-5
定价：89.00 元

电话服务　　　　　　　　　　网络服务
客服电话：010-88361066　　　机　工　官　网：www.cmpbook.com
　　　　　010-88379833　　　机　工　官　博：weibo.com/cmp1952
　　　　　010-68326294　　　金　书　网：www.golden-book.com
封底无防伪标均为盗版　　　　机工教育服务网：www.cmpedu.com

赞誉
Praise

这是一本见解深刻的书,内容引人入胜,是实用性很强的操作风险管理指南。

——维罗妮卡·拉曾比,木星资产管理公司首席风险官

识别、降低和转移操作风险是建立韧性的关键。这本书用一种易懂、接地气的方式讲述了行业最佳做法,可以提升核心部门的能力,以应对突发性、破坏性事件。

——迈克尔·伯科威茨,韧性城市倡议组织的创始人,
德意志银行前全球操作风险代理主管

埃琳娜·皮科娃常常用简单明了、引人入胜的语言教学和写作。对于想学习实用、增值的操作风险管理的人来说,除了参加她的讲座和课程,读她的书也是很有必要的。

——丹妮拉·比亚吉,伦敦证券交易所集团学院负责人

这是一本非常实用、新颖的读物,内容生动活泼,涵盖了操作风险管理的方方面面。对于所有负责实施风险管理或正在积极改进操作风险管理的人来说,这是一本不可多得的指南。

——杨青,中国银行全球金融研修院执行副院长

这是一本杰出的著作,对金融机构操作风险管理实践有出色的见解。在当前这个大变局下,操作风险管理是一个重要的话题,这本书为风险从业者[⊖]提供了明智的建议。

——米格尔·博格,瓦莱塔银行首席风险官

在当前这个日益复杂和充满不确定性的世界里,金融机构比以往任何时候都更需要有效的操作风险管理。这本书提供了许多实用的见解,可以帮助操作风险专业人士克服各种意想不到的困难,为他们的公司创造价值。

——西蒙·阿什比,弗拉瑞克商学院金融学教授

这本书出自一位行业领军人物之手,她为所有从事操作风险管理的人提供了必要的指导。她把各章节的零散内容纳入操作风险管理的整体框架,使读者能够将学到的知识与自己的知识体系联系起来。

——安德鲁·希恩,AJ·希恩咨询公司董事、操作风险协会会员

这是一次以操作风险为主要话题的完美旅程。这本书对风险的固有概念进行了批判性思考,对不断变化的环境提供了新的不凡见解,并探索了一些紧扣时代的方法、途径和实践。

——威廉·瓦雷拉,圣克鲁斯商业银行金融集团首席风险官

这本书将操作风险的理念真正带入了现实生活,很显然作者是在基层一线工作过的,并且亲身经历了操作风险专业人士面临的各种挑战。在对经典框架进行全面描述的同时,作者评估了实施过程中的具体挑战,而不是仅仅提供学术或教科书式的解决方案。同时,这本书还覆盖了最新主题,如金融科技和运营韧性。无论你是刚刚踏上操作风险之旅,还是经验丰富

⊖ 本书中的风险从业者是指从事风险管理相关工作的人。——编者注

的操作风险专家，这本书都能让你深受启发、受益匪浅。

——保罗·尼尔，瑞穗国际操作风险管理主管

如果你正从事操作风险管理工作或者需要了解如何应对操作风险，那么请你读一读这本书！这本书写得非常好，通俗易懂地阐述了管理工具、工作方法和行业示例，帮助公司实施和改进操作风险管理框架。埃琳娜·皮科娃一直对操作风险这门学科充满热情，这种热情实实在在地体现到了这本书中。

——约翰·迪克，中国交通银行伦敦分行风险主管

这是一本写得很好的书，以通俗易懂的方式解释了操作风险管理的核心概念。它提供了一套实用的解决方案，帮助公司通过操作风险管理来增加价值，同时也为管理层提供了洞察风险状况的可靠方法。

——西夫·罗瑟兰，挪威银行操作风险主管

这是一本详细的指南，能够帮助公司在日益复杂的商业世界中管理操作风险。这本书汇集了最新的思想，这些思想来源于作者在该领域实施全面风险管理的亲身经验。

——亚当·西格，一家全球专业保险公司的首席风险官

通过在多个委员会、小组和论坛上一起工作，我见证了埃琳娜·皮科娃那些鼓舞人心和实用的方法，这些在本书中得到淋漓尽致的体现。我强烈推荐这本书，因为它既是风险管理前沿思想的宝库，也是从业人员的实践指南，指导操作风险管理在每家公司中应该发挥的作用，在有效管理风险的同时促进商业机会的实现。

——肖恩·蒂特利，英国大都会银行全面风险和操作风险总监，操作风险管理咨询委员会成员

我相信读者会珍视作者的能力，因为她介绍并说明了如何在公司内进行操作风险管理的最佳实践，特别是在金融同行之间进行了基准比较和分析。

——巴里·墨菲，英国商业银行风险与合规部董事总经理

前言
Preface

本书表达了我对操作风险学科的热爱，揭示了操作风险管理为公司带来的巨大价值。在金融服务领域，没有任何一个学科范围如此广泛、包罗万象，但同时这门学科也还相对年轻，并且还在不断发展。这些因素叠加在一起，意味着操作风险可能是整个金融行业中最令人兴奋、最有趣也最值得人们去探索的领域。我很高兴能与大家分享我对这个迷人且重要的话题的热爱，并且邀请读者踏上一段阅读之旅，它有三个主要特点：方法实用、概念简洁、见解引人入胜。

方法实用

我接触操作风险是缘于之前在运营部门从事管理工作：在美国运通公司，我负责全天候管理全球外汇和货币市场结算，每天处理量达数十亿美元；在突尼斯花旗银行，我管理那些繁忙的零售分行，客户常常在柜台前排起长龙；在俄罗斯花旗银行，我设立了内部控制部门，招募了十几名员工，从一开始就帮助塑造了这家银行。在这些岗位上的亲身经历告诉我，要用一种务实的方法来管理操作风险。在设计和使用管理框架与工具时，我总是怀疑它们是否能帮助我更好地完成工作。操作风险管理是关于风险的一种价值主张：找到切实可行的方法，将风险管理嵌入公司的经营活动，从而为公司创造更多价值,即增加价值。"增加价值"一直是我担任美国运通公司、渣打银行、VTB 资本和德意志银行集团领导职务时的个人信条,包括我为众多客户提供咨询项目时也是如此。

概念简洁

简洁是另一个基本要素。正如爱因斯坦所说:"如果你不能简单通俗地解释某个事物,你就还没有充分地理解它。"从很小的时候起,我就习惯于处理复杂的问题并将其简单化。我的父母是核物理学家,我的兄弟在激光物理领域学习和工作,而我自己的专业选择了应用数学,我欣赏逻辑和秩序的美感。在讲授操作风险课程时,我一直致力于寻找一种方法:用简单的方式传递复杂的信息,并以吸引人且容易理解的语言进行交流。我的许多培训课程,例如在中国的课程,都是由熟悉相应语种的翻译人员来帮助完成的。这就要求我在构思和表达思想时,要特别清晰和简洁。研究表明,人类大脑通常只能同时处理三大块信息。因此,在本书中,你会发现一些简单的三步法,它们有助于解释不同的概念,比如实施操作风险管理的三个步骤,风险识别的三类问题,"范围—方法—整合"三部曲……

见解引人入胜

在我看来,实施操作风险管理的另一个要点是操作风险从业者之间的公开讨论和经验分享,这一点至关重要,尤其是在该学科蓬勃发展的时期。为此,十多年来,我一直在推动行业的操作风险实践活动,首先是在伦敦的外资银行协会担任操作风险专家小组主席,负责圆桌讨论,监督良好实践工作小组,审查相关研究报告。直到今天我仍然在履行这些职责,我为此感到骄傲和自豪。随后,我牵头创建了操作风险最佳实践论坛,该论坛由来自全球50多家金融机构的资深风险从业人员组成。新冠疫情期间出现了一个积极进展：随着我们的会议转移到网上，论坛的规模进一步扩大了。我很高兴地欢迎许多新的国际参与者，他们从全球各地加入论坛的月度电话会议。在这些电话会议上，我们在严格遵守"查塔姆研究所守则"[一]的前提下，分享各自宝贵的见解和看法。我们还经常开展现场调查，以便快速了解每个操作风险领域的当前做法。论坛的工作成果也反映在本书中，每一章都包含了行业基准，为读者提供了业内人士在每个特定主题上的见解。我还会定期在领英（LinkedIn）上发布见解、报告和简报。如果你对这些感兴趣，可以通过关注我的咨询公司（The Op Risk Company Ltd）来继续阅读。

在行业里工作的这些年，我和同事积累了深厚的友谊，我非常感谢每一位同事。这些年来，他们与我一样对操作风险管理充满热情，我们这群人甚至组建了一个操作风险晚餐俱乐部。

[一] 这一守则要求与会者在参加会议时，须严格遵守不泄露他人身份的规定。——译者注

致谢
Acknowledgements

我非常感谢来自 Kogan Page 的艾米·明舒尔，她的电话启动了本书的写作计划。不知怎的，艾米不费吹灰之力就说服了我，让我很快相信自己也完全有能力写一本书，而且绝对应该写；当时我根本不知道这需要付出多大的努力。我还要感谢 Kogan Page 的编辑亚当·考克斯和希瑟·伍德，他们在整个过程中一直与我合作，并不断地鼓励我。我非常感谢 Prism-Clarity 的霍华德·沃尔温，他在我需要的时候提供了专业的校对。我也要感谢许许多多的好朋友——世界各地的风险专家，他们阅读了各章节的草稿，花费时间点评内容，帮助我进行修正。

我也非常感谢我的客户。我真是太幸运了，能与这么多积极向上的人一起共事。在我不断努力帮助客户提升操作风险管理水平时，他们给予我充分的信任。感谢行业合作伙伴对我的信任，主办并推广我的培训课程，包括伦敦证券交易所集团学院、风险在线（Risk.net）和剑桥大学穆勒学院。本书吸收了我多年来获得的全部知识和经验。正是由于所有人的努力，才使我出版本书成为可能。

需要特别提及的是我的家人。本书的大部分内容写作于新冠疫情期间，当时我有一份全职咨询工作，还有多项教学任务，很多章节是在晚上、周末、飞机上以及偶尔获准旅行期间的酒店里写成的。其间，我儿子的普通中等教育证书（GCSE）考试被取消了，我女儿在国外的大学生活也被迫缩短。在这段时间，我的家人不仅支持我写作，还保持了积极的心态（包括我自己也是）。我的丈夫教育孩子们学会承担责任，比如烹制高难度的北非菜肴，以及承担各种其他家务。我衷心地感谢他们的耐心和支持。

我希望读者能够充分理解本书提到的实用解决方案、工作技巧和操作提示，并与各章强调的挑战联系起来。我相信，本书将有助于破除"操作风险是一门枯燥的学科"这一成见，并激励越来越多来自不同学科的从业人员，踊跃申请操作风险管理部门的岗位。

目录
Contents

赞誉

前言

致谢

第 1 章　操作风险：定义和分类　/1

　　引言：增值的风险管理　/1

　　帮助员工思考风险　/2

　　定义操作风险　/5

　　操作风险的分类及其演变　/10

　　原因、事件和影响：领结模型的使用　/15

　　风险分类在风险管理中的作用　/19

　　常见的挑战和良好的做法　/23

　　行业基准（2020 年）/25

　　实践练习　/27

　　注释　/28

第 2 章　操作风险管理框架及其实施　/29

　　框架及其组成部分　/30

实施操作风险管理的三个基本步骤 / 34

常见的挑战和良好的做法 / 41

行业基准（2020 年）/ 43

实践练习 / 46

注释 / 47

第 3 章　三道防线模型：在操作风险管理中的应用 / 48

概述：三道防线模型的优点和挑战 / 50

第一道防线的角色定位：救火员、邮递员和领军者 / 53

第二道防线的角色定位：流浪汉、除法领导者和乘法领导者 / 58

成功的秘诀：乘法领导者与"领军者"搭档 / 64

常见的挑战和良好的做法 / 65

行业基准（2019 年）/ 69

实践练习 / 71

注释 / 71

第 4 章　操作风险事件 / 73

概述：操作风险事件的重要性 / 75

定义范围和门槛值 / 75

操作风险事件的生命周期：从识别到根本原因分析 / 82

解决人的因素 / 92

系统故障、数据泄露和与行为相关的事件的处理 / 93

新冠疫情：是否属于操作风险事件 / 96

角色和职责 / 97

常见的挑战和良好的做法 / 98

行业基准（2020 年） / 102

实践练习 / 105

注释 / 105

第 5 章 风险与控制自我评估 / 107

重新思考方法：完美配方的基本成分 / 109

高度重视风险的主动识别 / 110

自上而下和自下而上的评估及其特点 / 111

风险识别和评估 / 118

关于风险的更多信息：演变速度、致命风险、新兴风险 / 125

控制的识别、分类和评估 / 129

风险与控制自我评估的生命周期和成功的衡量标准 / 135

角色和职责 / 139

常见的挑战和良好的做法 / 140

行业基准（2019 年） / 144

实践练习 / 146

注释 / 147

第 6 章 变革活动中的操作风险评估 / 148

三部曲：范围—方法—整合 / 150

识别有风险的变革活动 / 151

方法：风险和机会评估 / 154

变革活动及其特征 / 159

变革活动风险评估的生命周期 / 166

角色和职责 / 170

常见的挑战和良好的做法 / 171

行业基准（2018 年）/ 175

实践练习 / 177

注释 / 177

第 7 章 关键风险指标 / 179

定义、示例和主要特点 / 181

定义阈值和掌握汇总情况 / 187

关键风险指标的生命周期和检查表：有用还是无用 / 193

角色和职责 / 198

常见的挑战和良好的做法 / 199

行业基准（2019 年）/ 202

实践练习 / 204

注释 / 205

第 8 章 情景分析 / 206

定义和目的：用于风险管理和计量 / 208

情景选择流程 / 211

实践中的情景分析：三个案例 / 213

生命周期：从预读资料包到减少偏见 / 219

角色和职责 / 227

常见的挑战和良好的做法 / 228

行业基准（2020 年）/ 233

实践练习 / 235

注释 / 235

第 9 章　操作风险偏好　/ 237

风险 – 收益公式及其在操作风险上的应用　/ 237

制定有效偏好声明的三个步骤　/ 242

监测风险状况并采取行动　/ 256

常见的挑战和良好的做法　/ 259

行业基准（2019 年）/ 262

实践练习　/ 264

注释　/ 265

第 10 章　操作风险报告　/ 266

报告的作用和挑战　/ 268

写好报告的三个步骤　/ 271

有用的格式和模板　/ 277

常见的挑战和良好的做法　/ 282

行业基准（2019 年）/ 286

实践练习　/ 289

注释　/ 289

第 11 章　操作风险的培训和教育　/ 291

提倡风险教育　/ 293

为风险专业人士的技能提升搭建模块　/ 294

培养第一道防线的操作风险协调员　/ 301

教育之旅：通过三大步骤，完成令人难忘的风险培训　/ 303

常见的挑战和良好的做法　/ 309

行业基准（2020 年）/ 312

实践练习 / 314

注释 / 315

第 12 章　风险文化　/ 316

理解和衡量风险文化　/ 318

五因素风险文化评估模型　/ 319

指标：文化和行为仪表盘　/ 323

嵌入风险文化的可行步骤　/ 324

风险对话的作用　/ 328

操作风险从业者身份的影响　/ 330

常见的挑战和良好的做法　/ 332

行业基准（2019 年和 2020 年）／ 335

实践练习　/ 338

注释　/ 339

第 13 章　嵌入性和成熟度评估　/ 341

成熟之旅：三阶段成熟度阶梯　/ 343

成功的三大支柱：财务绩效、有用性测试和风险文化　/ 344

业务单元对嵌入性的自我评估　/ 349

保存证据的重要性　/ 351

常见的挑战和良好的做法　/ 353

行业基准（2020 年）／ 355

实践练习　/ 358

注释　/ 358

第 14 章　运营韧性　/ 359

  运营韧性：在其前身的基础上更上一层楼　/ 359

  整合操作风险和运营韧性　/ 361

  行业基准（2020 年）　/ 368

  注释　/ 370

附录　/ 371

  附录 A　操作风险"领军者"：角色描述　/ 371

  附录 B　操作风险事件报告模板示例　/ 373

  附录 C　操作风险评估模板　/ 375

  附录 D　50 个关键风险指标表　/ 376

第1章
Chapter 1

操作风险：定义和分类

本章内容：本章首先回顾了什么是风险，介绍了如何鼓励员工积极思考风险，而不是将其当作陌生的事物。然后给出了操作风险的定义，考察了操作风险的演变；介绍了操作风险的分类，通过分类可以将操作风险管理框架整合起来，为有效地管理操作风险奠定基础。紧接着，本章强调要建立一个适当的分类系统，这一点非常重要。最后，本章给出一个行业基准和行业现场调查结果。

■ 延伸阅读

- Operational Riskdata eXchange Association (2019) *ORX Reference Taxonomy*
  推荐理由：ORX 参考分类法（ORX reference taxonomy）是行业的最新成果，它提出了一个条理清晰、逻辑连贯的新分类系统。

- Daniel Kahneman (2012) *Thinking, Fast and Slow*, Penguin Books
  推荐理由：风险管理与决策有关。诺贝尔奖得主丹尼尔·卡尼曼的这本书畅销全球，它主要研究了我们大脑是如何工作的，书中包含的实用方法能够帮助我们更好地做出决策。

引言：增值的风险管理

任何公司，或多或少都会关心如何管理其人员、系统和流程，以及外部环境带来的威胁。在《巴塞尔协议》给出操作风险的定义之前，业务单元和支持部门就已经在做这些事了；就算没有操作风险专业人员的参与，它们也要做这些事情。

因此，关键的问题是如何看待风险管理的价值。操作风险专业人员是否能够提供更好的工具，帮助基层员工更好地完成工作？还是说风险管理框架只是徒增管理负担，不但没有帮到基层员工，反而妨碍了他们的工作？

本书就是要谈谈风险管理的价值定位：提供一种简单、实用的方法，将操作风险管理嵌入你的公司，并且为公司创造价值。

帮助员工思考风险

什么是风险？我们如何看待风险？不是我要刻意简化，风险的概念其实非常直观：我们每天都在管理风险，并且基于风险做出决定，而我们可能很多时候根本就没有意识到风险。作为个体，我们内心有一个指南针来指导我们感知风险。指南针的调整是高度个性化的，让一些人感到惊恐万分的事情，对其他人来说可能稀松平常。因此，人们对风险的反应各不相同。敢于冒险的人可能喜欢追求刺激，而保守的人则倾向于远离危险。

二十多年来，我一直在举办操作风险相关的培训课程，我通常以一个简单的练习开始这些课程：要求学员们谈谈自己经历过哪些有风险的事情，并让每个小组推选出他们团队中经历过最大风险的人。这个练习总是让课堂气氛一下子活跃起来：对于什么是风险，不需要正式的定义或冗长的解释。来自不同文化、国家和地域的学员，总是会讲述精彩纷呈的故事。我常常觉得自己很幸运，能通过培训听到这么多有趣的故事。

这个练习特别管用，因为它能够使学员们思考一些重要的概念，并将它们带入操作风险管理的世界。

冒险以换取收益

这些有趣的故事往往与极限运动有关，如蹦极、山地自行车和跳伞。我很惊奇地发现：很多金融服务领域的专业人士，居然也参加了本质上相当危险的活动，而且毫不畏惧。这些现象诠释了冒险行为——主动寻求风险以获得收益，在享受兴奋和刺激的同时，也认识到它们蕴含着威胁。

风险评估

值得探究的是冒险活动的参与者是如何评估风险的，以及在做出决定（例如，背着降落伞从飞机上跳下）之前，他们采取了哪些预防措施。

这些措施可能包括：

- 考察服务提供商，确保其信誉良好。
- 在参加潜水的时候，要求有高级教练陪同。
- 购买一份保险。

这些预防措施立即引出一系列重要的概念：第一，固有风险的概念，即没有任何相关控制的风险；第二，通过采取控制降低风险的思想；第三，剩余风险的概念，即采取控制后剩余的风险水平，这是个人在选择继续从事这些活动之前就已经打算承担的风险。跳伞这个例子还涉及风险评估的概念，我们将在第 5 章中详细介绍。

降低风险

我的很多课程是在不同文化和语言背景的国家开设的，有时还会有翻译陪同。在某些语言中，"风险"这个词有负面的含义，常常与"危险"联系在一起，或者，可能个别学员自己认为"风险"带有这种含义。听到"风险"这个词，他们脑海中就会浮现出威胁和危险。因此，他们讲述的故事有时涉及暴风雪、洪水或爆炸。这些例子反过来说明：风险并不总是人们有意寻求的，风险可能带不来任何收益。因此，我们必须穷尽一切手段来降低风险水平。这恰好是对第 9 章讨论的难题（操作风险到底属于什么性质）的某种回答，即只有降低和缓释风险才是唯一的选择。第 9 章会让读者思考：操作风险是人们为了获得收益而主动承担的，还是它像暴风雪一样，是由外部施加而不是人们有意寻求来的？

影响和可能性

有些例子是已经发生的风险：也许是一次滑雪事故，万幸的是，只是轻微受伤。如第 4 章所述，当风险发生时，它就变成了风险事件。这就说明：风险是尚未发生但将来可能（或可能不会）发生的事情。风险的结果同样具有不确定性，包括发生的可能性和影响程度的大小两个维度。在滑雪事故的例子中，影响程度被描述为"轻微"，但在旅行之前，大家都不知道结果会怎样。

风险偏好

我在剑桥大学讲过一门课，我让一组国际学员找出他们中最敢冒险的人。他们立即指向了代表团的团长。这是因为，一到剑桥他就租了辆自行车，独自去探索这个风景如画的小镇。团队成员都认为这个决定

"非常冒险",因为他们不熟悉小镇的布局,更不用说语言障碍了,在遇到困难时很难寻求帮助。与此相反,代表团团长认为,他旅行经验丰富,习惯探索陌生的地方,他将在逗留期间继续这样做。

这个讨论阐明了一个事实,即人们有不同的风险偏好,从保守型到进取型。同样,金融机构也有不同的风险偏好,以适应其规模、性质和业务模式。这个例子还强调了风险对话的重要性,鼓励人们公开谈论风险,并就所承担风险的大小和现有控制的质量进行比较。

操作风险管理的每一个核心概念都可以用这些现实生活中的故事来解释,可以列举的各种相似案例数不胜数。培训课程中入门练习的主要目的是鼓励学员接受风险并且积极讨论这一话题。从亲身经历中引出这些例子表明我们已经在不断地思考与风险有关的问题。在经营一家金融机构时,不应该有什么不同。在公司内部,至关重要的是要找到各种办法,激励员工以尽可能多的方式思考和讨论风险。

定义操作风险

操作风险的定义及其演变

众所周知,《巴塞尔协议》给出的操作风险定义是"由于不完善或有问题的内部程序、员工、信息科技系统以及外部事件造成损失的风险"。[1]简而言之,监管部门的结论是:金融机构可能会因信用风险和市场风险以外的风险而遭受重大损失。因此,如图1-1所示,一系列的威胁被归入操作风险的范畴,并且金融机构首次被要求预留资本以抵御此类损失。

按照这个定义,操作风险学科的范围当然是非常广泛的,包括员工的故意或意外行为、技术系统故障和有缺陷的业务流程。这一定义涵盖了不同的风险类别，其性质各不相同，管理这些风险需要庞杂的专业知识。这就出现了一个有趣的现象：人们常常疑惑操作风险从业者到底是个什么身份，因为他们几乎需要精通所有行业的知识。

图1-1 操作风险示意图

然而，这种宽广的范围应该被视为操作风险学科的最大优势：在金融服务行业，没有哪个学科有如此宽泛的范围，如此包罗万象。再加上操作风险仍然是一门相对年轻、正在不断发展的学科，对于要探索和建立职业生涯的从业者来说，操作风险可能是最激动人心、最充满乐趣的领域。

操作风险不等于运营风险

"操作风险"这个名字并不恰当，无论在英语还是其他语言中，它都经常被错误地与运营部门以及运营过程中产生的潜在错误和失败联系起来。当我的培训幻灯片被翻译成各种语言时，我总是反复检查定义，经常发现这个词被翻译成"运营风险"，我不得不进行纠正。10年前令人困惑的事情，今天仍然如此。所以，强调一下，这是很重要的：

操作风险 ≠ 运营风险

无论是在金融服务公司内部还是在监管部门内部，教育之旅都远未完成。2017年，欧洲证券和市场管理局（ESMA）发布了一份开创性文件，是关于分布式账本技术在证券市场的应用。[2] 然而，在"关键风险"部分，操作风险仍然只包括错误和故障；而操作风险的其他子部分，如网络、欺诈和洗钱（本应在同一标题下提及）出现在其他标题下。

近年来，"行为风险"概念被毫无益处地引入，并被许多公司作为有别于操作风险的一类新的风险来处理，这在一定程度上加剧了思维混乱。重申一下，在本书中，操作风险是含义最广泛的一类风险，它包罗万象。在一些公司中，操作风险甚至被重新命名为"非财务风险"，以强调其广泛性，同时避免与运营风险混淆。

仅仅财务损失还不够

操作风险这门学科源于《巴塞尔资本协议》（简称《巴塞尔协议》）；"资本"一词体现了审慎监管要求，主要是关注风险计量和资本充足性。巴塞尔银行监管委员会（简称"巴塞尔委员会"）在对30家主要银行的研究中披露：1998～2000年，因操作风险管理失败而损失的金额高达26亿欧元。[3] 因此，操作风险已经成为一个重要的问题，完全有必要增加资本成本。

在现实中，除了公司本身的财务损失，操作风险事件（ORE）还带来其他重要影响。这些影响包括客户侵害、声誉损害和市场冲击。随着大量不当销售丑闻和重大技术故障的出现，今天的公司和监管机构都在密切关注经营方式和运营韧性。虽然《巴塞尔协议》本身主要关注公司的财务资源，但世界各地的监管者都认为，公司也需要有一个外部视角：考虑它们的不当行为可能给客户和市场造成的伤害。越来越多的公司认为，只包含损失的操作风险定义已经不能完全适应今天的环境了。因此，通过修改《巴塞尔协议》中操作风险标准定义的第一部分，操作风险的范围得到了扩展：

- 因……而造成直接或间接损失的风险。
- 因……而造成实际或潜在经济损失或客户侵害的风险。
- 或者更广泛地说：因内部程序、员工和信息科技系统的不当或失误，或者因外部事件造成无法实现战略目标的风险。

与战略以及价值主张的联系

操作风险管理作为一种商业价值主张，有着明确的目的。它的主要目标是为一线业务单元提供管理工具，使它们能够做出明智而审慎的决策。尽管《巴塞尔协议》明确地将战略风险排除在操作风险范围之外，但将操作风险的定义扩展到更宏观的整个公司层面，并明确地将其与商业目标联系起来，这是非常有意义的，并能立即产生积极效果。与首席执行官或高级管理人员讨论究竟是什么让他们夜不能寐，必然会带来更多战略方面的讨论。此外，定义的范围过小会给自由对话制造障碍，这意味着与商业相关的问题被明确划分出来，操作风险的重点仅限于"操作"层面的问题，例如欺诈等。

国际标准化组织（ISO）对风险的传统定义是"不确定因素对目标的影响"。[4] 这个定义特别关注目标；不是整个领域的不确定性，而是它们对目标的具体影响。同样，特雷德韦委员会赞助组织委员会（COSO）也强调了风险与使命以及战略的关系。[5]

操作风险与其他学科相比，可能有个缺失环节。在操作风险领域有一种倾向，即按照自己的方式创建一个详细的列表，包含所有可能由于程序、员工或系统而出错的事件。但是，在列表里总是看不到最重要的东西：公司的商业目标。

拓展操作风险的定义，将它与商业目标联系起来，可以提升操作风险管理部门的地位，让操作风险从业者直接参与公司的战略制定。

2018年，我进行了一项调查研究来了解操作风险定义的行业实践，其结果如表1-1所示。结果表明：虽然大多数从业者仍在使用《巴塞尔协议》的初始定义，但我们也看到行业正在积极转变，重新定位操作风险以帮助公司创造尽可能多的商业价值。

表1-1 行业研究：操作风险的定义

操作风险定义	公司占比
使用《巴塞尔协议》的定义	56%
扩展到比财务损失更大的范围	13%
扩展到包含战略，或者与目标相联系	23%
其他扩展	8%

作为该项研究的一部分，操作风险专业人员就他们是否参与战略制定进行了投票。从表1-2中的结果可以看出：从业者普遍抱怨，操作风险管理部门并没有参与公司的重大讨论和战略决策。这一研究结果给大家提供了动力，那就是要进一步扩展操作风险的定义，进而提升该学科的地位。

表1-2 行业研究：操作风险管理部门是否参与战略决策

参与程度	公司占比
一直参与	25%
偶尔参与	49%
不参与	26%

操作风险的分类及其演变

操作风险管理的核心是风险分类法，它对该学科的范围做了定义和进一步的解释。

操作风险分类法

操作风险分类法是一种分类系统，用于定义和区分不同类型的操作风险，有助于公司识别出全部的操作风险。

分类的主要目的是什么？在实践中，它有几种不同的用途，如下所述。

通用语言和重点领域

通过风险分类，我们引入了一种通用的语言，使公司内部能够使用一致的术语。它还使公司能够聚焦特定的风险主题，并具体地将它们划分为不同的类别，从而在风险识别活动中重点关注这些主题。还有一个好处：可以将公司内部的分类法与《巴塞尔协议》的标准分类法对应起来，这也是监管部门要求的，本章后文将进一步介绍。这样做，就意味着公司不仅有内部通用语言，而且还有行业通用语言，可以用于行业基准分析。

风险计量

在早期，分类的主要用途往往是风险计量。它使公司能够将财务损失（可以认为是操作风险的具体化事件，如第 4 章所讨论的）分配到某个特定的命名类别。这有助于公司分析其财务损失情况，了解损失金额在各种可能类别中的分布，并评估其资本的充足性。

风险识别

随着操作风险学科日趋成熟，为风险管理目的而使用分类的情形逐渐增多。例如，在第 5 章和第 6 章所概述的风险评估程序中，风险分类提供了一个有用的清单，提示我们需要处理从欺诈到系统故障等一系列风险主题，确保检查过程中不遗漏任何重大风险。

回溯测试

分类法是重要的黏合剂，可以将操作风险管理框架的各个组件黏合起来。如果后续章节中介绍的工具都采用相同的分类规则，就有可能将它们的输出进行比较，这有助于我们将其贯穿起来，讲述一个连贯的故事。

汇总和报告

在前面工作的基础上，分类法还可以让大量的业务风险数据变得结构化、条理化，进而以有意义的方式进行汇总、分析和报告，还能够突出需要关注的领域。

操作风险分类法简介

《巴塞尔协议》分类法由 7 个类别（或类型）组成，如图 1-2 所示。（注："类别"和"类型"这两个词在本章其余部分将交替使用）。

在操作风险学科的早期，《巴塞尔协议》分类法就被许多组织采用，现在已经深深嵌入数据的收集、处理和分析等核心框架工具之中。

图 1-2 《巴塞尔协议》中操作风险的七大类别

每个主要（或一级）类别下面都有进一步细分的分类法，我们可以把这些细分风险类别看作主要风险的子类别（或二级类别）。例如，《巴塞尔协议》将内部欺诈分成更详细的子类别，如未经授权的活动、盗窃、欺诈等（见表1-3）。

表1-3　分类法中的子类别

一级类别	二级子类别
1. 内部欺诈	1.1 未经授权的活动
	1.2 盗窃和欺诈

通常情况下，公司定义的层级结构有两三个层级，有些公司会增加到五个层级，创建更为详细全面的风险目录。然而，超过三个层级的分类法可能会过于细化，使用起来也很麻烦。

操作风险分类法的演变

虽然很多公司都在沿用最初的《巴塞尔协议》分类法，但业内人士普遍认为它已经过时了。越来越多的机构正在利用这个机会，设计一种适合自己的定制化的分类清单。操作风险损失数据交换协会（ORX）发布了一种更新的参考分类法（见图1-3），使一些公司在这方面加快了步伐，采用新的分类系统。[6]

为了创建一个适合自己的分类方法，各公司应该着眼于：

- 使用简单的语言，让公司的各个层面都能理解。
- 适当调整类别，以反映业务中最重大的风险。
- 尽可能地为风险识别和目标管理创造价值。

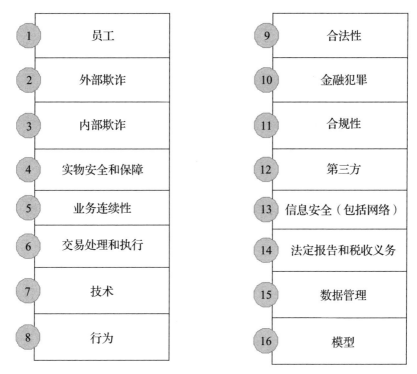

图 1-3　ORX 将操作风险分为 16 个类别

简化语言

由于基层员工可能不太熟悉操作风险这门学科,《巴塞尔协议》中的命名惯例对于他们来说并不直观易懂。虽然执行、交割和流程管理这些术语很容易被大多数风险从业者所理解,但对其他部门来说,其含义却不那么明显。为了提升嵌入性,让风险管理与业务深度融合,更好的做法是用业务人员实际使用的语言构建风险框架。例如,如图 1-3 所示,雇佣政策和工作场所安全已被 ORX 重新命名为员工。这样做很有效,对该风险类型的表述更合理、更直观。

反映最新的情况

对《巴塞尔协议》分类法进行更新的另一个理由是：这些年来，操作风险环境发生了明显的变化。比如：

- 外包。鉴于公司对第三方的依赖越来越强，并且考虑到新的监管要求，如欧洲银行管理局的指导方针[7]，外包风险需要被提升为操作风险的一级类别，而不是作为执行、交割和流程管理的一个子类别。
- 网络。金融稳定委员会（FSB）已经为此开发了一整套词汇表，需要用适当的语言来表述。[8]
- 客户、产品和业务活动。该类别范围太广，包括几个不同的主题，比如法律和金融犯罪。如果一家公司正在评估法律风险敞口和偏好——《巴塞尔协议》特意将法律风险列为操作风险的一部分，那么将法律风险作为一个单独的类别是更有帮助的。
- 此外，支票造假（一种未经授权的支票账户活动，被《巴塞尔协议》列为执行、交割和流程管理的第三级子类别）等风险类别在数字时代正变得不那么重要。

为风险管理目的考虑最佳价值

正如本章前面所讨论的，风险分类法让金融公司和操作风险相关从业者有意识地将注意力集中在特定的主题上，因此，它是一个强大的风险管理工具。例如，如果金融公司使用大量复杂的电子表格和终端用户计算（EUC）应用程序，它可以引入模型风险作为一级类别。这样做可以突出该主题的重要性，鼓励终端用户识别和评估模型风险，包括模型设计不正确或实施不当的风险。交易、融资和市场风险等领域通常使用精心设计的模型，有时是电子表格的形式，这些模型接受假设、进行计算并产生用于决策的关键输出。大量的行业案例表明：模型错误会给公司带来巨大的财务损失和声誉损害，这意味着模型风险管理非常重要。

同样，如果公司正在积极开发新产品，它可能觉得应该将产品划分为一级类别，如表 1-4 所示。

表 1-4　分类法实例：产品类别

一级类别	主题专家	定义	二级子类别
1. 产品	产品开发负责人	产品存在缺陷或瑕疵，不符合产品规格	1.1 产品缺陷 1.2 不符合产品规格 1.3 新产品/产品变更的审批程序不完善

在《巴塞尔协议》分类法和 ORX 的分类法中，产品都没有作为一级类别出现；模型在 ORX 分类法的一级类别中出现了，但《巴塞尔协议》分类法的一级类别中没有。这种差异表明：应该把行业资源作为指南而不是规则，并且可以开发一个定制化分类方案。当然，挑战还在于：商业活动会随着时间的推移而发展变化，该方案不仅在创建时必须是有意义的，还要有灵活性，以适应不同时期的需要。

原因、事件和影响：领结模型的使用

一般来说，建立操作风险分类法的目的是对事件进行分类。这一点值得更加详细地讨论，原因、事件和影响这三者的关系构成了操作风险管理的永恒挑战。

- 原因导致了事件。
- 事件是一件具体发生的事情或出错的事情。
- 影响是一个事件的后果。

如图 1-4 所示，员工疲劳可能是交易错误或未能完成付款（事件）的原因，进而导致财务损失、客户侵害和其他后果（影响）。

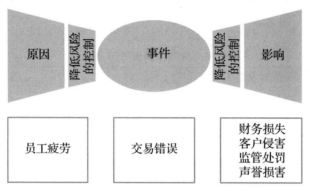

图 1-4　领结模型：原因—事件—影响

这个众所周知的模型，因与领结相似而得名，它有助于区分原因、事件和影响，从而形成只包含事件（排除原因和影响）的更清晰的风险分类。领结模型将在本书的后续章节中进一步提及。在前面的例子中，事件属于交易处理和执行的范畴，而员工疲劳是原因，不属于事件分类的范畴。

尽管如此，但我们必须承认，在操作风险管理中，由于学科的广泛性和各种元素的相互联系，存在着无穷无尽的原因—事件—影响链条。一个事件可能成为另一个事件的原因，例如，沟通失误（原因）可能导致错误交易（事件）；反过来，错误交易（原因）可能摧毁系统，导致系统故障（事件）。

实用小贴士：扎领结

为了厘清原因—事件—影响链条，操作风险从业者可以采用"扎领结"的方法，即先确定原因，进而区分事件；或者，操作风险从业者也可以选择"固定"影响（例如，找到对终端客户的影响），然后倒推至事件。后一种方法更容易，也更容易被业务单元和支持部门所理解。

这里解释一下排他性，它是在设计分类法时一个有用的设计概念。分类法要提供明确的分类指导，防止出现交叉重叠，即一个风险或事件被放入两个或更多的类别。例如，第三方（也称为外包）类别可能被设计为收集由服务提供商引起的所有事件。在这种情况下，处理数据丢失、失窃或意外泄露等信息安全风险类别应明确表示排除第三方服务提供商引起的数据相关事件。分类法要指出外包和信息安全各自的覆盖范围。

总而言之，在设计分类法时，要采用一种切合实际的方法，并且尽可能地设置"清晰统一"的事件类型，这些类型应当是：

- 详尽的，包括全部风险。
- 相互排斥，没有交叉。
- 能够与终端用户产生共鸣。
- 对风险管理的帮助最大。

重要的是，要对收集的数据不断地进行分析，在必要时对其进行重新分类，但要清楚，在这个领域要达到完美是不可能的。此外，还要和《巴塞尔协议》的初始分类保持对应关系，以便进行行业基准分析。

备受争议的分类类别

在分类法中，有一些类别存在着激烈的争论，值得关注，如下所述。

员工

第一个是员工类别，《巴塞尔协议》分类法和ORX分类法都只统计已经发生的事件，如劳动诉讼（事件）等。然而，公司常常希望识别和监测到与员工过度劳累或不具备适当技能有关的风险。如果在公司敦促下，业务单元记录了来自员工工作能力方面的风险，那么公司在收到这些信号后，就有机会在问题变得严重之前主动采取行动。在这种情况下，从入职到离职的整个员工生命周期（包括健康状况）就都包括在风险事件分类中，就能捕捉到与员工相关的全部风险。

变革

另一个需要探讨的话题就是变革，它经常引起争论。变革管理不足通常是发生风险事件的原因，如向监管部门错报或者漏报信息。由于变革是原因不是事件，所以它在原来的《巴塞尔协议》或ORX基于事件类型的分类法中没有位置。然而，由于各类公司内关于变革的议案越来越多，现在变革本身往往也被纳入分类系统，以促使员工思考公司变革的规模，及时应对变革带来的各种压力，以防止问题出现。

行为

虽然行为风险有时被单独提出（包括ORX），但最好将其作为一个概括性的术语来识别可能对客户造成不利后果的众多风险（进一步的定义见第12章）。可以说，许多存在于员工、金融犯罪、信息安全等类别中的风险都可能对公司行为产生影响，甚至是存在于技术类别中的风险。例如，对信息系统投资不足导致技术故障也是一个行为问题，因为它反映了公司对客户缺乏关怀：客户没有被作为战略决策和预算分配的核心，并予以优先考虑。由此可见，行为视角可以应用于几乎任何风险或事件，以反映具有特定（客户或市场）后果的事件。因此，我们可以通过合并一个或多个分类法的类别来报告行为风险。

运营韧性

根据《巴塞尔协议》的说法，运营韧性是"受益于有效操作风险管理的结果"。[9] 与行为类似，最好不要将其单独归类，因为它可能与其他风险类型重复（详见第 14 章）。

2020 年，我牵头对金融服务行业的操作风险分类进行了比较分析。表 1-5 给出了来自 6 家公司的例子，为了保密，这些例子被匿名化处理并稍加修改。该研究结果符合预期，公司之间的差异很大，这证明分类问题没有"正确"的答案。各公司都在积极调整术语来满足它们的需要——拆分或合并类别，并引入自己的术语。虽然有一些共同的类别，如欺诈和信息技术，但也有各自独特的风险类别，例如透明度风险或客户和员工的沟通管理。

风险分类在风险管理中的作用

良好的分类法不仅为整体上的操作风险管理奠定了基础，而且为各个类别的风险管理奠定了良好基础。在这一点上，命名规则和分类法的适当性显得更加重要。公司很可能已经管理着各种类型的风险，专家也已就位并开始提供专业建议，因此，操作风险管理部门的主要作用是协调各方的工作，将现有的丰富专业知识汇聚在一起，同时避免不必要的重复劳动。

表 1-5 行业研究：操作风险分类法

公司 1	公司 2	公司 3	公司 4	公司 5	公司 6
内部欺诈	经济犯罪	金融犯罪	欺诈	第三方责任	欺诈
外部欺诈	流氓交易和市场操纵	员工健康和安全	金融犯罪	健康和安全	健康、安全和保障
未经授权的活动	雇佣政策	模型	员工健康和安全	建筑物和住所	模型治理
雇佣政策	健康、安全和环境管理	行为	估值	透明度风险	技术
个人和实物安全	产品缺陷	技术与网络安全	合规性	通信	业务韧性
合规风险	监管合规	运营韧性	合法性	信息技术	业务流程
信息技术风险	法律合规	数据安全系统	税务	网络	变革管理
连续性风险	客户和员工的沟通管理	执行、交割和流程管理	系统	业务连续性	供应商管理
流程风险	信息技术管理	变革管理	数据	数据质量和真实性	
控制风险	付款交易	供应商	订单和处理	实物资产管理	
	会员服务		会计	报告	
	金融、监管和关键指标报告		抵押	第三方风险	
			保险		
			项目		
			外包		

特定风险类别的主题专家（SME）可以定义为知识渊博的高级专业人员，能够就该类别的风险提供专业知识和建议，包括：

- 对该类别及其二级子类别的构成范围做出专业贡献。
- 对该类别下记录的操作风险数据提供专家意见。
- 制定操作风险政策和标准。
- 为操作风险偏好声明和风险计量做出贡献（在第9章中讨论）。

主题专家这个概念往往自然而然地贴合了公司的组织架构，人力资源部门的负责人是员工类别的主题专家，首席技术官负责技术，法律部门的负责人负责法律等。操作风险管理团队要和主题专家建立伙伴关系，使双方能够就每个类别达成共识，并为操作风险管理方面的持续合作奠定基础。操作风险管理团队不能采用过于死板的方法，而是要与主题专家协商，吸收他们的意见。最好是找到合适的中间地带，形成一个合理且有意义的分类，而不是追求一个不被大家接受的"完美分类"。

在没有与主题专家建立伙伴关系的情况下，操作风险从业者面临的挑战是：他们的活动高度分散、缺乏协调；他们在总体上管理操作风险，而各领域的主题专家在一线单独管理各个类别的操作风险。要用框架将各方力量集中起来，协调整合各项风险管理工作，这样做有助于实现有效、增值的风险管理。如图1-5所示，按照风险类别举办风险治理研讨会很有效。

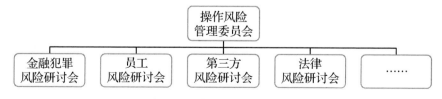

图1-5　按照风险类别举办的风险治理研讨会

这类较为底层的研讨会使公司能够投入足够的精力，对某个风险类别进行深入研究。研讨会还可以将操作风险管理部门、主题专家、业务单元和支持部门聚集在一起，实现跨部门的沟通协调，这一点是迫切需要的。并非所有的风险类别都需要平等对待，有些类别需要更频繁地召开会议，而其他不太重要的类别可以放在年度审查里或作为全面风险管理委员会的项目议程。组织专门研讨会的收益还必须与召开额外会议的成本相权衡。

各公司对风险管理的角色设置有差异，下面列出了一份职责示例。

操作风险管理部门负责：

- 与风险主题专家进行磋商，牵头操作风险分类法的设计和开发。
- 与各风险主题专家密切合作，定义每个一级风险类别及其二级子类别。
- 组织和主持各类风险的治理研讨会，研讨会主题要与风险类别保持一致，针对每种风险类型开展较为深入的、高质量的风险管理讨论（注：研讨会可能由风险主题专家或操作风险管理部门主持，这取决于公司的风险管理方法和治理安排）。
- 分析操作风险数据，根据需要对其进行验证和重新分类。
- 牵头定义总体风险偏好和各类别风险偏好。
- 报告操作风险总体水平和各类别风险的情况。
- 监督和质询第一道防线的业务单元。

第一道防线的业务单元和支持部门将依次完成：

- 运用分类法来识别可能妨碍其实现目标的重大风险。
- 根据需要让主题专家参与风险与控制的识别和管理。
- 参与风险治理研讨会。
- 正确地报告和分类操作风险数据。

常见的挑战和良好的做法

下面描述了制定操作风险分类法时常见的挑战和良好的做法。

常见的挑战

没有完美的解决方案

我曾与一位行业资深人士讨论,他希望有一个完美的操作风险分类法,使原因、事件和影响之间没有任何交叉,数据整齐地归入相应的类别。事实上,要达到完美是不可能的,也是无法实现的。但是,使用"脏数据"也是不可取的。"脏数据"这个术语通常适用于这种情形:事件、原因和控制失效同时出现在分类系统里,最终形成混杂不清的风险数据集合。最好的办法是采用一个实用的解决方案,比如领结结构的解决方案,以形成一个对公司来说富有意义的合理分类;同时,我们也得承认需要进行一些详细的数据分析才能实现。

数据清理和重新分类

延续第一个挑战,要持续对操作风险数据进行清理和重新分类,这项工作非常重要,但有时会被大家低估。例如,在记录事件时,工作人员可能会错误地将付款差错归入员工风险项下,理由是这是一个人为错误。这类操作风险事件需要转移到正确的类别,如交易处理和执行。这种清理是一项持续的活动,必须纳入操作风险从业者(无论是第一道防线还是第二道防线)的日常职责,因为他们才是分类方面的主要专家。不过,通过对终端用户持续地进行培训,可以应对这种挑战。

变更分类法的艰难过程

一旦分类法被嵌入操作风险管理软件,任何更改都需要付出巨大的努力。这是因为历史数据（与过去的操作风险事件、风险与控制有关）将需要重新映射到新的分类。在大型国际化公司中，可能需要几年的时间才能切换至一个新的分类方案。因此，最好是在前期投入足够的精力，从一开始就考虑周全，开发一个相对完善的分类系统。

操作风险管理力量的分散化

操作风险管理部门有时是作为一个独立的职能部门运作的，没有注意到需要与主题专家协作。实际上，主题专家是真正在业务一线管理着特定类别风险的人。操作风险管理部门与主题专家缺乏联系，角色和责任不明确，没有召开联合研讨会以强化各类别风险的管理，这些都可能导致重复劳动，甚至使管理活动像一盘散沙，大家各自为政。因此，关键点就是：注重发展工作上的关系，设置明确的角色和责任定位，从而实现有效的风险管理。

良好的做法

发展专业知识

有时候会出现一些不寻常的案例，人们不知道如何将其纳入现有的风险类别。针对这些案例，在操作风险管理部门内发展专业知识至关重要——甚至可以指定一个分类"专家"，他可以解释所有的案例，同时提供有效的分类指导。

创建补充分类系统

一些公司把"分类法"应用得更广泛，除了按事件类型进行分类之外，还创建了其他数据分类结构。最常见的是按原因和影响（即领结模型的左边和右边）的分类。例如，基本的原因分类法可以基于操作风险的定义，包括：

- 员工。
- 信息科技系统。
- 程序。
- 外部事件。

更深层次的原因类型很广泛，包括员工缺勤、治理失败、气候变化——尽管大家还没有就这些话题形成定论，但它们正受到公司和监管者越来越多的关注——需要从分类学的角度进行处理，将它们视为原因，可以检查它们如何影响各种具体的风险。ORX 发布的原因和影响参考分类法，为各家公司提供了一个良好的起点。[10]

还可以为控制措施制订单独的分类方案，如使用预防性、监测性、指导性、纠正性几个类别，如第 5 章所探讨的。

对分类法的一致性使用

一个好的做法是：让各职能部门尽可能地使用相同的分类法。合规和内部审计，以及信息技术（IT）和设施管理等专业领域可能有单独的系统记录技术事件或健康及安全违规行为，但如果方法不统一，可能会导致工作重复、标准不同，终端用户就容易搞混，有价值的风险数据变得零散化。相比之下，如果所有职能部门都使用统一的分类系统，就能够有效地对比数据，从而提高分析的质量和深度。

行业基准（2020 年）

操作风险分类法是重要的黏合剂，可以将框架的所有组件黏合在一起。操作风险最佳实践论坛调查了该工具的成熟度以及各公司在应用上的差异，也认识到了分类法的极端重要性及其在操作风险管理框架中的地位。

只有 20% 的受访者认为自己公司的分类法是正确的，而其余 80% 的受访者要么正在重新设计分类法，要么正在实施改进计划，如图 1-6 所示。

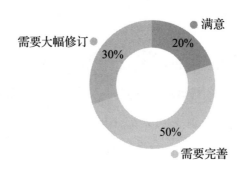

图 1-6　行业调查：对分类法的满意度

资料来源：Best Practice Operational Risk Forum, 2020.

如图 1-7 所示，只有少数公司（30%）仍在使用《巴塞尔协议》分类法，同时它们也致力于转向更先进、更直观的分类法。比如，员工、外包和数据这样的类别就比执行、交割和流程管理更容易理解。受访者一致认为：对于考虑更改分类法的公司来说，ORX 发布的参考分类法是非常有用的指南。[11]

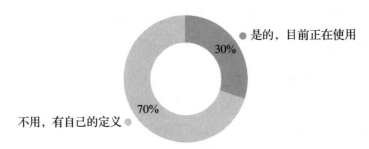

图 1-7　行业调查：《巴塞尔协议》分类法应用情况

资料来源：Best Practice Operational Risk Forum, 2020.

分类法变更是一项庞大的工程，需要将大量的历史风险事件重新映射到新类别中。然而，正如纳尔逊·曼德拉所说，"在事情完成之前，事情总是显得不可能"。所以，要定义和采用正确的分类法，充分反映公司的商业模式，让整个公司都熟悉风险类别。在这些工作的基础上，风险识别、风险管理和风险报告会更有意义。

实践练习

思考本章的内容，回顾操作风险的定义和贵公司现在所使用的分类系统，考虑以下问题：

1. 操作风险的定义是否符合目的？它是否将学科定位于服务公司的商业目标？
2. 分类法是否易于理解，是否及时更新，是否有效？
3. 分类法的类别是否详尽并尽可能地相互排斥？
4. 哪些类别是有效的，应该保留？
5. 哪些类别可以改进？记下可能的改进。

> ☐ **有所作为**
>
> 记下你在阅读本章后将采取的一项行动，该行动将对贵公司定义和实施操作风险分类产生积极的影响。

本章介绍了操作风险，讨论了风险分类法的重要性，以及制订和实施分类方案面临的挑战。

下一章将概述操作风险管理框架，以及用于识别、管理和降低操作风险的核心工具。

注释

1. Basel Committee on Banking Supervision, Basel Framework
2. European Securities and Markets Authority (2017) *The Distributed Ledger Technology Applied to Securities Markets*
3. Basel Committee on Banking Supervision (2002) *The Quantitative Impact Study for Operational Risk: Overview of individual loss data and lessons learned*
4. International Organization for Standardization (2009) ISO 31000:2009
5. Committee of Sponsoring Organizations of the Treadway Commission (COSO) (2017) *2017 Enterprise Risk Management: Integrated framework*
6. Operational Riskdata eXchange Association (ORX) (2019) *ORX Reference Taxonomy*
7. European Banking Authority (2019) *EBA Guidelines on Outsourcing Arrangements*
8. Financial Stability Board (2018) *Cyber Lexicon*
9. Basel Committee on Banking Supervision (2020) Consultative Document, *Principles for Operational Resilience*
10. Operational Riskdata eXchange Association (ORX) (2020) *ORX Cause and Impact Operational Risk Reference Taxonomy*
11. Operational Riskdata eXchange Association (ORX) (2019) *ORX Reference Taxonomy*

第 2 章

Chapter 2

操作风险管理框架及其实施

本章内容：本章介绍了操作风险管理框架，重点阐释了框架的核心组件，这些组件是全书的基础，将在后面章节中陆续使用。接下来的每一章都会以一张可视化框架图开始，它清晰地展示了各章涉及的组件，使用框架图可以把各章联系起来。本章概述了实施和嵌入操作风险管理的结构化三步法，还介绍了一系列有助于框架部署的实用工具。

■ 延伸阅读

- Basel Committee on Banking Supervision (2020) Consultative document, *Revisions to the Principles for the Sound Management of Operational Risk*
  推荐理由：从早期开始，巴塞尔委员会的《操作风险稳健管理原则》就一直是操作风险从业者学习的核心文件。2020 年的修订版为基准分析工作奠定了坚实的基础。

- Gerd Gigerenzer (2015) *Risk Savvy: How to make good decisions*, Penguin Books
  推荐理由：建立操作风险管理框架需要使用简单实用的方法，要采用一种能与最终用户产生共鸣的方法。这本优秀的图书就是采用了这种思维模式，该书作者相信，最好的决策是基于常识、按照自己的直觉做出的。

框架及其组成部分

当一家公司开始实施操作风险管理时，它需要一个框架，让实施过程得到有效组织。框架可以呈现出一幅简单而连贯的拼图，从中可以看出各个板块是如何结合在一起的。框架要尽量简化、易于理解，因为内容不仅要汇报给高级管理层，还要传达至基层一线。要将框架作为一个重要的支点和参照系，来开展一系列与操作风险管理有关的讨论。

没有通用的框架，图2-1给出了一个示例，我们将它作为本书各章的基础。接下来，我们详细研究一下框架的各个组成部分。

首先，每个操作风险从业者都需要回答一个问题：我的操作风险管理工具箱里需要什么工具？图2-1的中央有四个核心工具，它们将紧密配合，共同发挥作用，以确保金融机构能够识别、评估和管理其面临的操作风险。各核心工具的完整生命周期将在本书的后续章节中介绍。

核心工具

操作风险事件

操作风险事件（ORE）是四个核心工具中最古老的，也是最常见的。它使得公司能够在事件发生后迅速采取行动，将影响降至最低，并且从事件中吸取宝贵的经验教训。更重要的是，它可以帮助公司搞清楚损失状况，并评估其资本的充足性。

风险评估

风险评估是"面向未来"的前瞻性风险管理工具，它是对操作风险事件这种"面向过去"的工具的有益补充。它在风险演变为事件之前，帮助管理层尽早识别并降低风险。风险评估为管理层提供了一个强大的工具，使公司能够把关注点放在差距和弱项上，进而不断改善内部控制环境。

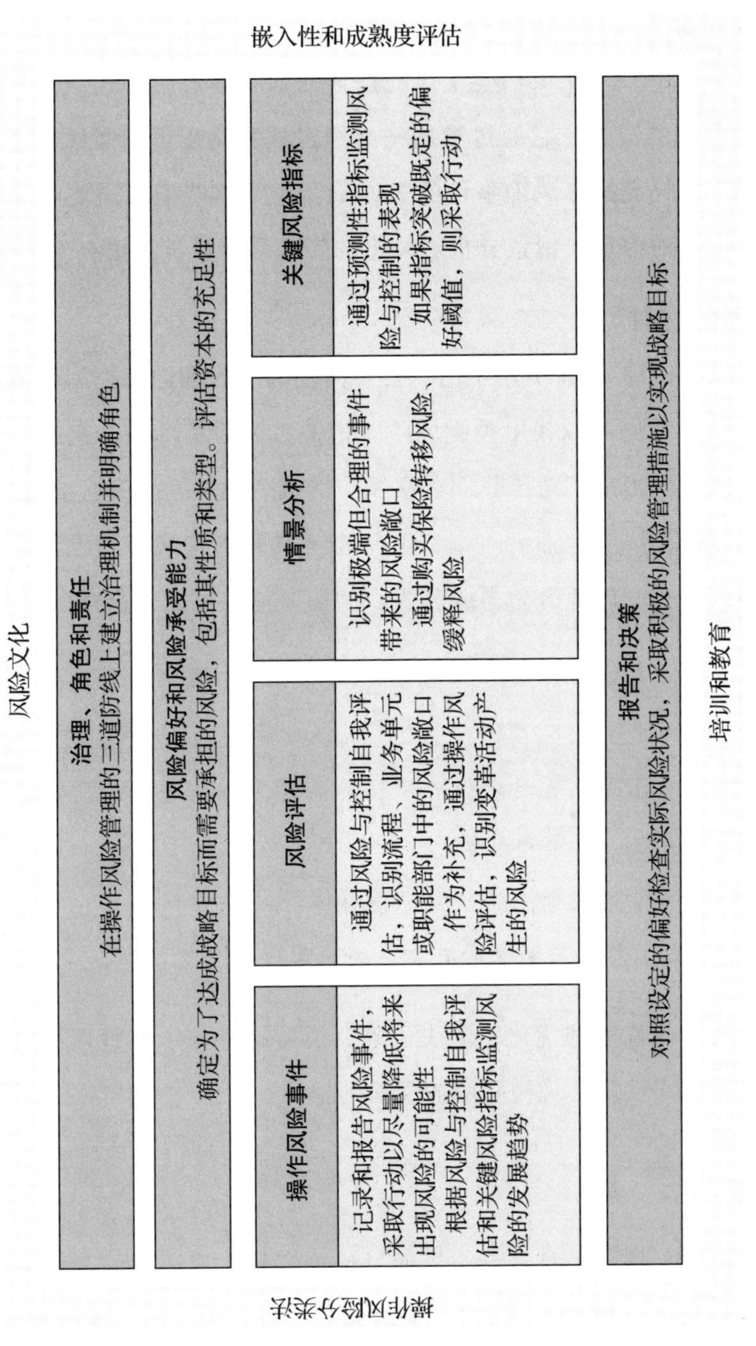

嵌入性和成熟度评估

			关键风险指标
			通过预测性指标监测风险与控制的表现，如果指标突破既定的偏好阈值，则采取行动

治理、角色和责任
在操作风险管理的三道防线上建立治理机制并明确角色

风险偏好和风险承受能力
确定为了达成战略目标而需要承担的风险，包括其性质和类型。评估资本的充足性

		情景分析	
		识别极端但合理的事件带来的风险敞口，通过购买保险转移风险、缓释风险	

	风险评估		
	通过风险与控制自我评估，识别职能部门中的风险敞口作为补充，通过操作变革活动产生风险评估，识别变革活动产生的风险		

操作风险事件			
记录和报告风险事件，采取行动以尽量降低将来出现风险的可能性，根据操作风险与控制自我评估和关键风险指标监测风险的发展趋势			

报告和决策
对照设定的偏好检查实际风险状况，采取积极的风险管理措施以实现战略目标

风险文化

培训和教育

图2-1 操作风险管理的整体框架

情景分析

情景分析（SA）工具借鉴了风险评估的前瞻性思维方式，将其应用于极端但合理的情景。它通过增加一些经过认真构思的情景（即使它们是虚构的）来补充操作风险事件的数据集，设计这些情景需要收集来自其他核心工具的信息。情景分析对风险的管理和计量都是很有价值的。

关键风险指标

关键风险指标（KRI）用于监测公司面临的风险和内部控制环境。通过风险评估，我们可以找出关键风险。把关键风险指标组合起来，以仪表盘的形式呈现出来，对于我们观察风险的演变趋势是很有必要的。

当然，操作风险从业者可以修改整个工具箱的构成，用更合适的组件来替换或补充，以适合公司的需要。例如，他们可能会这样做：

- 将外部损失数据归入一个单独的组件（在本书中，它是操作风险事件的一部分）。
- 将控制鉴证或流程映射作为单独的组件（在本书中，两者都作为风险评估的一部分来处理）。
- 剔除关键风险指标工具——尽管在本书中它被认为是一个非常有用的管理工具，但并非所有公司都采用这一框架组件。

对工具箱的修改和优化，取决于第二道防线操作风险管理部门能否找到最适合公司性质、规模和商业模式的工具。

连接组件

一旦商定了核心工具，就应该通过治理安排、风险偏好和风险报告将它们联系起来，如图2-1所示，沿着核心工具集向上方和下方延伸。

治理、角色和责任

由于操作风险管理的职责既可以由第一道防线操作风险协调员承担，也可以由独立的第二道防线操作风险管理部门来承担，所以要明确究竟是谁的责任，这对操作风险管理特别重要。同样重要的是主题专家、风险与控制所有者（权属部门或者责任部门）、董事会、高级管理层和治理委员会的作用，所有这些人都需要协同工作，共同增强风险管理的力量。

风险偏好和风险承受能力

操作风险偏好是框架组件中最新的部分，然而，一旦发展成熟，它就和其他核心组件一样，成为一种不可替代的决策机制。

报告和决策

报告是操作风险管理部门与管理层、董事会和高级委员会进行沟通的窗口。在报告里，所有工具中的结果都被有效整合起来，用来回答至关重要的问题——"那会怎么样"，以此来支持公司的各种战略战术决策。

辅助组件

最后，在框架主要组件的周围还有其他辅助组件，我在图 2-1 中突出显示了它们，包括：

- 风险文化。操作风险与公司文化密切相关，操作风险管理的成效在很大程度上也依赖于公司文化。
- 培训和教育。不开展教育培训，框架就不可能在全公司范围有效实施。
- 成熟度评估。公司一旦开始实施风险管理，可能就要开展这种评估，以便了解实施的进度，进而通过与期望状态进行比较来制定改进战略。

- 操作风险分类法。这为按风险类别进行操作风险管理奠定了基础（详见第1章）。

实施操作风险管理的三个基本步骤

要在公司中实施操作风险管理，该从哪里开始？这个问题在操作风险学科建立之初就是一个热门话题，现在仍然如此。基于各种各样的原因，一些公司会完全从零开始实施，比如新设一个分支机构或刚刚拿到了银行执照。但是，我们很有必要对照框架进行基准分析，这一点很重要。即使对一个成熟的公司来说，也是如此。在这个过程中，你要明确前进的方向，合理确定下一步的行动。无论你所在的公司属于哪一类，都有一些关键的步骤需要遵循，其中有些步骤是富有挑战性的，有些则比较容易完成（见图2-2）。

图2-2 实施操作风险管理的三个步骤

步骤1：了解外部和内部要求

了解法律法规

第一步总是包括明确相关监管机构的最低要求，收集适用的法律法规文件，吃透文件精神。你最好是坐在一把舒适的椅子上，戴上眼镜，认认真真地进行一番研究。这个阶段很关键,金融机构要了解它们有哪些基本义务,包括各种细枝末节的监管要求,为后续工作打下坚实的基础,例如:

- 第二道防线的操作风险管理部门的地位存在细微差异。在一些司法管辖区,监管部门期望第二道防线的操作风险管理部门对业务单元提出质询,但在其他司法管辖区则期望它们为业务单元提供帮助和支持。这些期望影响着第二道防线的操作风险管理部门的工作方法,例如,在管理情景分析和关键风险指标时,第二道防线的操作风险管理部门是应该去监督第一道防线的业务单元,还是协助业务单元完成任务目标。
- 与控制测试有关的要求。例如,如果公司受到《萨班斯－奥克斯利法案》的约束,则需要遵守与控制测试相关的要求。[1] 这些法律法规对风险与控制自我评估该采用什么方法有重要影响,要求使用明确的方法开展内部控制测试,而不是仅仅进行判断性的主观评估。
- 在某些司法管辖区,金融机构必须设立内部控制部门,这是监管部门的强制性要求,这些要求直接影响公司风险部门的设置和运作。

与法律法规要求保持同步

了解操作风险管理的监管要求不是一项一次性的工作,需要持续跟踪最新变化,并实时收集。至关重要的一点就是:要明确由谁来负责跟踪。明确职责有助于消除合规部门和操作风险管理部门之间常常出现的空白和盲区。有时候,人们会认为合规部门正在全面跟踪,然后完全依赖他们的工作,但实际上,合规部门可能会将某些主题排除在外,例如，审慎监管的某些要求、行业最佳实践指南，甚至特定地区的政策。操作风险管理部门需要确保大家已经对这些工作的职责边界达成了一致。对于不断变化的监管议程，在必要的情况下，操作风险管理部门还是要形成自己的独立评判。

一般来说，在跨国公司的整个组织架构里面，遵守的是最严格的监管要求。跨国公司的分支机构和子公司，特别是那些位于监管要求更严格地区的分支机构和子公司，经常推动着整个公司（通常包括总部）的操作风险的价值主张。当然，总部与分支机构和子公司之间可能会产生一些摩擦。有时候，分支机构和子公司的声音得不到应有的关注。如果遇到这种情况，分支机构和子公司必须针对总部政策做些必要的补充，确保自己执行更高的标准，以能经受住当地监管部门的严格审查。

制定内部价值主张

在了解外部法律法规的同时，也需要了解公司内部的各种诉求，在实施操作风险管理的初始阶段就要重视这一点。从本质上讲，要考虑操作风险管理给公司带来的正面和负面影响，进而确定其价值。审慎的风险管理确实能够带来很多好处，这一点毋庸置疑，但哪些具体的好处会引起最大的共鸣呢？在和首席执行官以及业务单元的同事们一起讨论时，要特别强调这些具体的好处。在随后的对话中，风险管理部门可以把这些内容拿到桌面上来，作为自己的底牌。表 2-1 列出了操作风险管理带来的好处的例子，以及实现这些好处的相应框架工具。

提醒一下：减少操作风险损失经常被视为建立框架的一个诱人的理由，但对于没有太多损失历史的中小型公司来说，这个理由可能缺乏说服力（详见第 13 章）。

表 2-1 操作风险管理带来的好处和相应的框架工具

操作风险管理带来的好处	有助于实现这些好处的框架工具
制定更为完善的战略，对达成战略目标将面临的风险有充分的了解并加以权衡	• 与首席执行官和高级管理团队进行自上而下的战略风险评估 • 情景分析，探讨极端事件的影响
完善内部控制环境，保障经营收入	• 自下而上的风险识别过程，优先考虑需要加强的控制，尽可能多地做控制测试 • 从操作风险事件中吸取经验教训，减少错误
改善决策	• 如第 6 章所述，风险和机会评估使公司能够权衡风险和机会，以便做出平衡的决策 • 应用风险偏好和关键风险指标来帮助降低风险，同时对在哪些情况下可以坦然接受风险而不采取后续行动达成一致
优化流程、提高效率和增强运营韧性	• 自下而上的流程风险评估；在创建端到端流程图的同时了解风险与控制，使公司能够理顺全部经营活动，并且针对业务流程或服务构建完整的视图
强大的风险文化	• 全部框架工具；强调提高透明度、不责备、问责制、风险意识和风险收益
监管合规性	• 全部框架工具；合规是一个极其重要的因素，但也是清单上的最后一个因素。公司需要找到风险管理带来的好处，从而迈向合规，而不是相反

步骤 2：基准分析

监管要求通常是原则性的，不会详细规定框架如何落地实施或工具如何使用。从历史上看，巴塞尔委员会制定的《操作风险稳健管理原则》在这方面提供了非常有用的方向性指导。[2] 该原则在过去几年中多次修订，并于 2020 年发布了最新的咨询文件，简明扼要地阐明了基本要求，这仍然是公司针对现有做法开展基准分析的主要标准。尽管这些原则主要是针对银行业提出的，但它们可以广泛地应用于保险、资产管理或任何其他金融服务活动，特别是那些与银行业相比资料来源较少的行业。

第二道防线的操作风险管理部门与相关的主题专家一起工作时，必须根据这些监管要求开展基准分析——至少要将巴塞尔委员会的《操作风险稳健管理原则》中的12条原则和60多条详细的支持性声明与公司的现行做法逐一进行比较。

巴塞尔委员会的《操作风险稳健管理原则》可以用行业最佳实践来进一步补充，例如，可以参考历史经验、同行间的交流以及专业的行业指导意见，包括操作风险协会发布的文件。[3] 在本书中，每一章的最开始都列出了相应的推荐读物。

与行业最佳实践保持同步

行业最佳实践总是在不断地发展变化。在开始实施操作风险管理的过程中，最重要的事情之一，就是与行业内的其他从业者建立紧密联系。整个金融行业有很多论坛、讨论小组和专业组织，第11章概述了其中的一些例子。参与这类互动有助于与同行保持联系，并在与他们联系的过程中遵循行业良好实践。

基准分析的部分目的是判断和评估对于巴塞尔委员会的《操作风险稳健管理原则》已经应用到了什么程度，并找出差距和需要改进的地方。结论可以是针对每项原则的；或者，可以做得更细一点儿，按照操作风险管理框架组件对应的主题，分别介绍各个主题的情况，如图2-1所示。也可以使用圆形比例图帮助记录和分析结果。圆形比例图通常用于定性比较分析，用来显示一个项目达到特定标准的程度。图2-3中提供了一个这种分析的例子。

图2-3中的基准分析摘要表明：相对于其他框架组件，该组织认为风险评估和报告的嵌入程度最低，最需要加强；培训和教育的嵌入性很

好，无须过多关注。

图 2-3　基准分析的示例摘录

步骤 3：计划实施

基准分析工作概述了操作风险管理的"现状"，有效地界定了出发点。这项工作构建了起点，使公司能够计划下一步。

随后，基准可以转化为一个现实的实施计划，其中有具体时间表、路线图，并且得到高级管理层的认可。该计划需要考虑完成每项任务所需的资源，并设定一个现实的时间段来完成它。

图 2-4 给出了一个类似"泳道"的计划示例，图 2-3 中突出显示的关键主题现在被划分为需要实现的一个个里程碑。

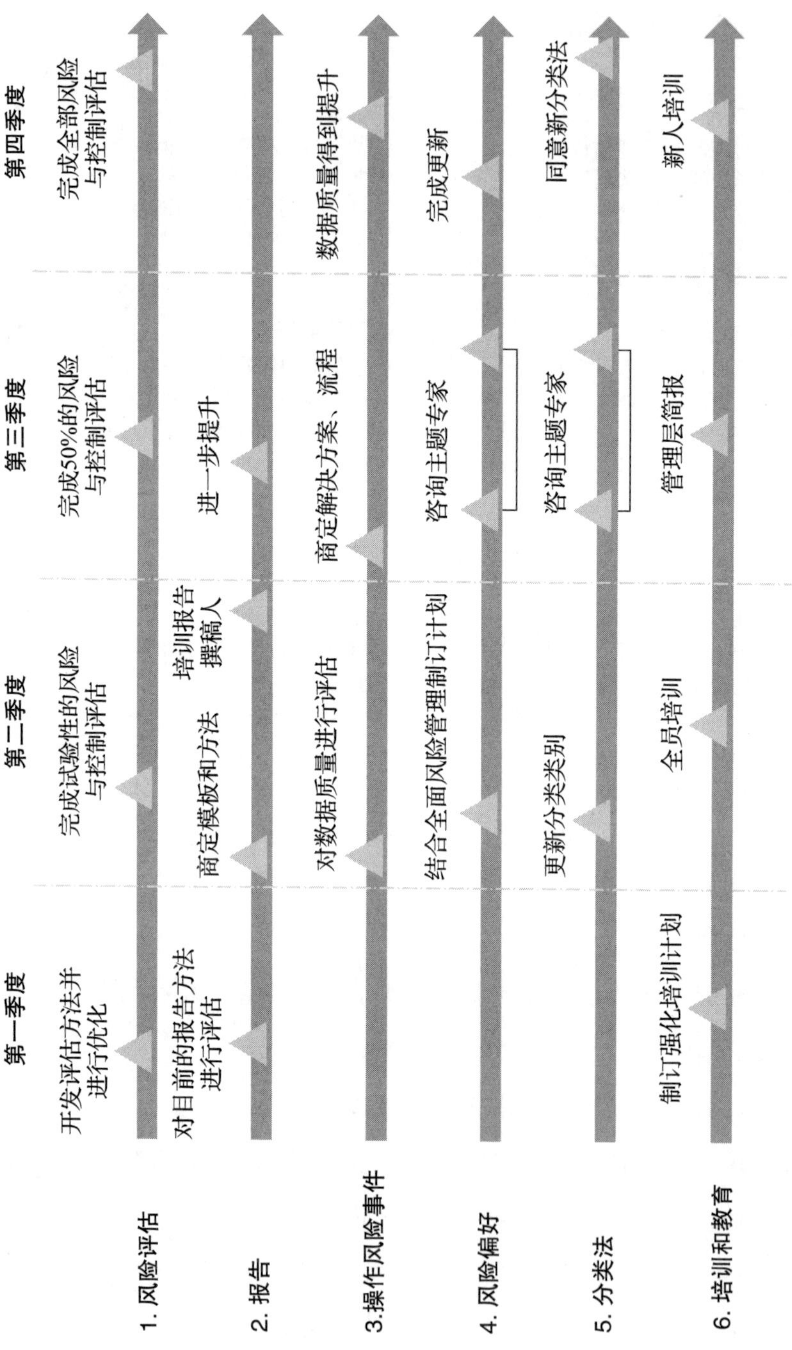

	第一季度	第二季度	第三季度	第四季度
1. 风险评估	开发评估方法并进行优化	完成试验性的风险与控制评估	完成50%的风险与控制评估	完成全部风险与控制评估
2. 报告	对目前的报告方法进行评估	商定模板和方法；培训报告撰稿人	进一步提升	数据质量得到提升
3. 操作风险事件		对数据质量进行评估	商定解决方案、流程	完成更新
4. 风险偏好		结合全面风险管理制订计划	咨询主题专家	
5. 分类法		更新分类类别	咨询主题专家；管理层简报	同意新分类法
6. 培训和教育	制订强化培训计划	全员培训		新人培训

图 2-4 "泳道" 计划：操作风险管理的实施

总之，完全从头开始设立一个新的职能部门，并牵头实施操作风险管理，这似乎是一项令人望而生畏的任务。如果你遇到了这样的情况，请记住：这将是一次激动人心的多彩之旅。所有的操作风险专业者都不得不从某个地方上路，而大多数人，包括我自己，后来都喜欢上了这门非常有趣的学科。

常见的挑战和良好的做法

常见的挑战

对价值主张思考不足

操作风险管理的实施，常常是由严重的审计问题或监管部门的某次谴责触发的；然后，合规性要求成为开展管理活动的主要动力。缺乏对内部价值主张的考虑，以及缺乏对它的明确阐述或宣传，导致操作风险管理被认为是一种负担，它没有创造明显的价值。这导致了第一道防线的业务单元的反抗，拒绝使用操作风险管理工具或嵌入相关实践。即使在时间紧迫的情况下，操作风险从业者也务必要投入足够的精力来宣传、阐明他们的价值主张。要引起大家的兴趣，得到大家的赞同，让第一道防线的业务单元真正参与进来。

没有遵循三步程序

在咨询实践中，偶尔会有从业者向我咨询问题，这些问题反映出第一步工作（了解外部和内部要求）没有做到位。例如，有学员问道：监管部门是明确要求公司开展控制测试，还是说可以进行判断性的主观评估？对这些问题的简短回答是：视情况而定。正如三步法所阐述的那样，可能有（也可能没有）对控制测试的监管要求，这取决于公司所在的司法管辖区；或者，公司希望开展控制测试，如果这样做符合其内部价值主张。采用结构化三步法，可以使公司在开始实施操作风险管理前，对这些问题进行彻底的研究并找到正确的答案。

没有框架图或框架图过于复杂

一些公司已经制定了它们的操作风险政策和程序，却没有形成一张图来描述框架及其关键组件。这不利于初学者掌握相关知识，因为他们习惯于通过图片吸收信息。这也可能意味着：操作风险管理部门本身也搞不清楚不同的组件在工作中是如何结合在一起的。另一个极端是，框架图太复杂，我见过一些非常大（如 A3 尺寸）的框架图，无法放入普通的 A4 页面。框架图要可视化，要易于理解，正如爱因斯坦的那句经典名言所说："如果你不能简单通俗地解释某个事物，你就还没有充分地理解它。"

良好的做法

制订一个计划

无论是从零开始设计一个框架，还是对现有框架进行微调（在更成熟的实践中），在任何情况下，制订年度计划无疑都是良好的做法。操作风险在很大程度上仍然是一门发展中的学科，新的指导方针不断出现。巴塞尔委员会的《操作风险稳健管理原则》就是很好的证明，该原则在 2020 年再次被更新。在与行业从业者讨论如何落实巴塞尔委员会的咨询文件时，我明显发现，那些成功的操作风险管理部门总是及时地完成了差距分析、评估了差异、考虑了自己的价值主张，并将额外的任务纳入了年度计划。

确定任务的优先次序

确定优先次序听起来是一个显而易见的概念，但有的公司的计划中还是会出现"多个任务同一时间到期"的现象，而不是让任务分布在整个年度以便于管理并完成。好的做法是让操作风险管理部门（甚至更广泛的业务单元）参与排序，投票选出最重要、最优先的三项任务。可以向团队成员提供模拟货币，要求他们把钱"投给"他们认为会产生最大价值的三项任务；然后对投票进行汇总，得到最多支持的任务优先完成。

实施注重增值的平衡计划

越来越多未受监管的公司也希望实施可靠的操作风险管理。应该为这些公司点赞！它们直接从内部价值主张的角度，结合行业最佳实践来实施操作风险管理，这样做正是为了增加公司的价值。然而，即使是监管驱动的优先事项，其实施计划也必须平衡多重因素，要将核心监管目标与公司希望实现的目标结合起来。从这个角度来看，要重视与监管者展开建设性对话，适当推迟截止日期和里程碑时间，实施更加正确的计划，这对公司和监管者都是最重要的。

行业基准（2020年）

操作风险环境的巨大变化，如金融科技（FinTech）的快速发展和应用，促使操作风险最佳实践论坛的参与者开始思考当前的框架及其工具是否仍然适用。

操作风险与金融科技

随着金融科技的不断发展，我们有必要审慎地质疑：当前的工具是否能够让公司有效识别、评估、管理和报告金融科技导致的操作风险？巴塞尔委员会已经审议了这个重要专题，并探讨了相关问题，[4] 包括：

- 捕捉和控制金融科技导致的新风险。
- 及时报告和降低风险。
- 在启动金融科技驱动的新流程之前，进行变革风险评估。
- 适当的风险偏好和风险文化。
- 足够的员工技能和能力。

行业从业者就他们将金融科技纳入操作风险管理框架的各个方面已经取得的进展进行了投票，结果如图 2-5 所示。

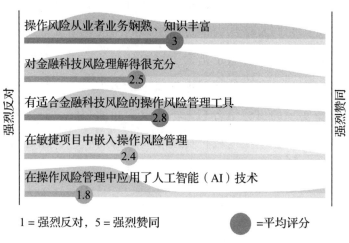

图 2-5　行业调查：操作风险与金融科技

资料来源：Best Practice Operational Risk Forum, 2020.

从图 2-5 可以看出，总体而言，各机构要么处于金融科技之旅的早期，要么处于中期，都没有接近尾声。这些公司似乎拥有令人满意的员工技能和能力，体现在它们有意识地招募技术专家进入第二道防线，监督和检查信息技术部门的工作。然而，将人工智能等创新技术用于操作风险管理的做法仍处于起步阶段，因此得分最低。

总体来说，框架组件被认为是充分的，也非常适合金融科技。特别有效的组件是：

- 情景分析，使公司能够审查极端但合理的事件。
- 新产品和变革活动的操作风险评估（ORA），让公司在新产品推出或者变革实施之前，及时、主动地了解新技术的发展情况。

其他工具也被认为同样有价值，有时还可以通过具体的信息技术控制活动来补充。

- 风险与控制自我评估：这是一个很好的工具，它鼓励操作风险从业者与技术专家直接对话，使用简单的语言提出关键问题，通常还伴随着更详细的以技术为驱动的评估。
- 关键风险指标：监测关键风险和控制行为，突出显示信息技术的监测结果，信息技术监测是扫描威胁和漏洞的更直接的工具。
- 操作风险事件：这仍然被认为是重要的，但也有人质疑外部损失数据联盟是否捕捉了与金融科技有关的全部事件。

因此，从业者应致力于发展更多与金融科技相关的情景（见第 8 章）；采取措施加入敏捷项目和变革计划，使他们能够发起更多的风险对话（如第 6 章所述）；除此之外，还要坚持使用所有其他的框架组件，以便为整个公司创造价值。

操作风险和新冠疫情

新冠疫情以及人们普遍转向在家工作（WFH），也对操作风险管理框架的适用性提出了挑战。大多数从业者（58%，见图 2-6）认为他们框架的核心组件仍然是适用的和有效的。具体来说，自上而下和自下而上的风险与控制自我评估被认为是一种有价值的工具，通过它可以及时获得关于风险增加和控制减弱的信息。然而，框架组件的使用需要进一步优化，以适应新的工作环境。成功的操作风险管理部门总是积极主动地与第一道防线业务单元和支持部门联系，共同评估不断变化的风险和控制状况，使管理层能够及时做出正确的决策。

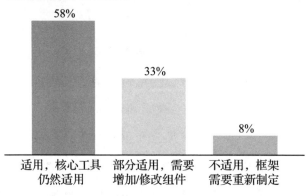

图 2-6　行业调查：操作风险和新冠疫情

资料来源：Best Practice Operational Risk Forum, 2020.

总之，操作风险专业人员的职责是在不断变化的环境中保持警惕，并且敢于挑战现状。这将确保我们建立最合适的框架，无论是直接采用传统工具，还是对工具的应用和操作方式进行优化。最重要的是框架不要过于复杂。如果框架很直观，设计简单，那么它将引导员工通过运用常识（甚至直觉）做出风险决策，格尔德·吉仁泽将这种风险直觉定义为"迅速出现在意识中的判断，其产生原因我们并不完全了解，却足以帮助我们采取行动"。[5]

实践练习

回顾一下本章提出的观点和要点。获取贵公司的操作风险管理框架，阅读并思考下面的问题：

1. 对于框架组件如何有效整合并共同运转是否有一个清晰的画面？

2. 公司是否对照巴塞尔委员会的《操作风险稳健管理原则》和其他行业文件进行了基准分析？

3. 是否有一个明确的操作风险管理实施计划，请列举出本年度的优先事项？

4. 哪些工作做得好，应该继续保持？

5. 哪些方面可以改进？记下可能的改进之处。

☐ **有所作为**
记下你在阅读本章后将采取的一项行动，该行动将对贵公司的操作风险管理框架的定义和实施产生积极影响。

本章介绍了操作风险管理框架，探讨了一些可能的实施方法。

下一章开始深入介绍框架的每一个组成部分，首先是三道防线在操作风险管理中的作用。

注释

1. The Sarbanes–Oxley Act of 2002
2. Basel Committee on Banking Supervision (2020) Consultative document, *Revisions to the Principles for the Sound Management of Operational Risk*
3. Institute of Operational Risk (2021) Sound Practice Guidance
4. Basel Committee on Banking Supervision (2018) *Implications of FinTech Developments for Banks and Bank Supervisors*
5. Gerd Gigerenzer (2015) *Risk Savvy: How to make good decisions*, Penguin Books

第 3 章
Chapter 3

三道防线模型：在操作风险管理中的应用

本章内容：本章讨论了三道防线的概念及其在操作风险管理中的应用，以及位于不同防线的人员如何履行职责（见图 3-1）。本章分析了第一道防线的操作风险协调员的作用，介绍了"救火员""邮递员"和"领军者"三种角色定位。接着，本章重点讨论了第二道防线的操作风险管理部门的作用，并介绍了"流浪汉""除法领导者"和"乘法领导者"三种角色定位。然后，本章简要介绍了内部审计的作用。第三道防线执行的任务比较清晰。最后，本章介绍了常见的挑战和良好的做法，还给出了一个行业基准。

■ 延伸阅读

- Institute of Internal Auditors (2013) IIA Position paper, *The Three Lines of Defence in Effective Risk Management and Control*

- Institute of Internal Auditors (2020) *The IIA's Three Lines Model*
  推荐理由：对于那些愿意从源头学起的人来说，第一份文件是国际内部审计师协会（IIA）发布的关于三道防线基本性质的重要读物。2020 年发布的第二份文件对其进行了补充，提供了该协会对三道防线模型的最新观点。

- Dr Simon Ashby, Dr Cormac Bryce and Dr Patrick Ring (2019) *Risk and Performance: Embedding risk management*, ACCA
  推荐理由：由三位知名教授撰写，是研究风险管理的必读论文，对嵌入式风险管理的具体问题进行了深入探讨。

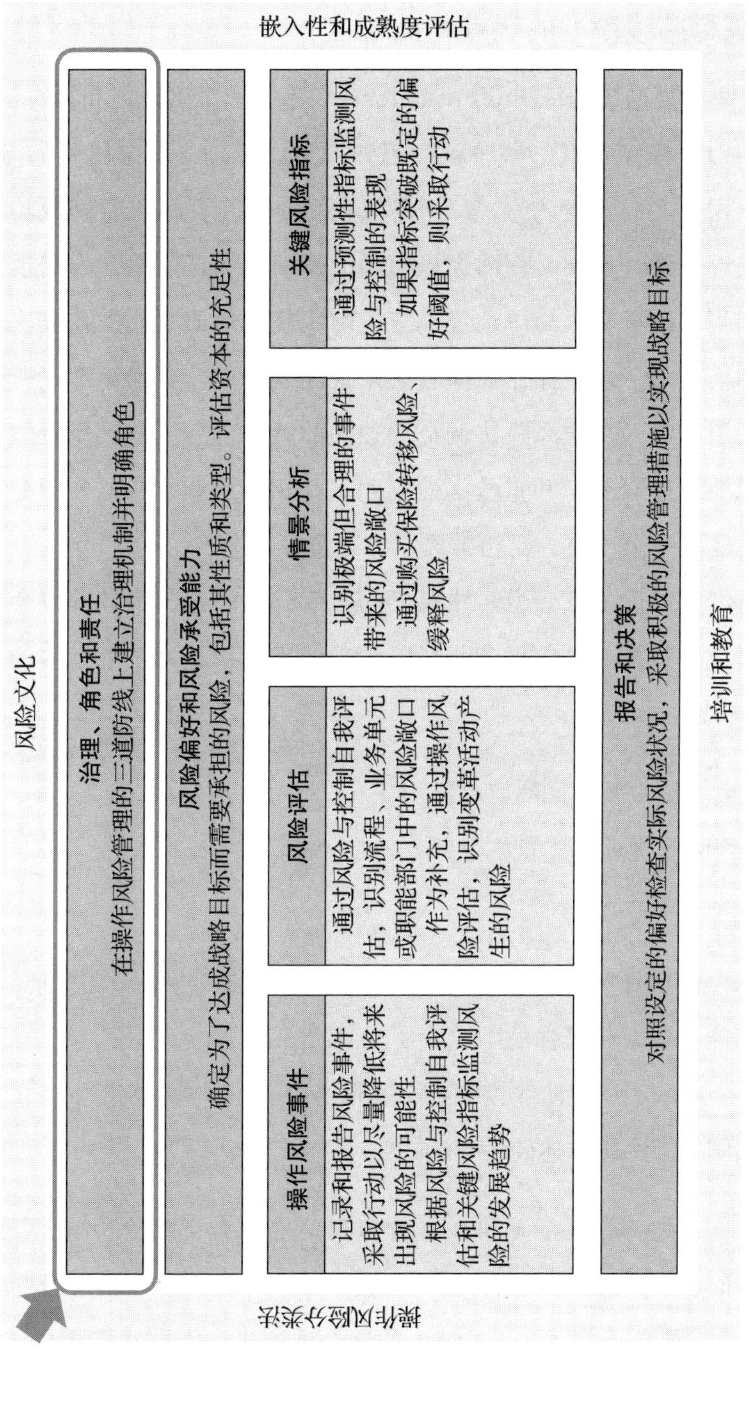

嵌入性和成熟度评估

治理、角色和责任			
在操作风险管理的三道防线上建立治理机制并明确角色			

风险偏好和风险承受能力

确定为了达成战略目标而需承担的风险，包括其性质和类型。评估资本的充足性

风险评估	情景分析	关键风险指标
通过风险与控制自我评估、识别流程、业务单元或职能部门中的风险敞口作为补充，识别操作风险评估，识别变革活动产生的风险	识别极端但合理的事件带来的风险敞口 通过购买保险转移风险、缓释风险	通过预测性指标监测风险与控制指标的表现 如果指标突破既定的偏好阈值，则采取行动

报告和决策

对照设定的偏好检查实际风险状况，采取积极的风险管理措施以实现战略目标

培训和教育

图 3-1　本章焦点：三道防线的职责

操作风险事件
记录和报告风险事件，采取行动以尽量降低将来出现风险的可能性
根据风险与控制自我评估和关键风险指标监测风险的发展趋势

风险文化

概述：三道防线模型的优点和挑战

三道防线模型（three lines of defence）起源于军事计划和体育运动，虽然人们对该模型还有一些争议，但如今它已经融入金融机构的基因，被广泛应用。人们普遍认为，三道防线模型是将全面风险管理成功嵌入公司的关键要素。但同时，因为该模型的烦琐性和低效率，人们也对它提出了相当多的批评。简单地说，三道防线模型的成功或失败取决于在实践中如何应用，对于操作风险管理来说尤其如此。正如第 2 章所阐述的，第一道防线的操作风险协调员和独立的第二道防线的操作风险管理部门的职能可能有交叉和重叠，他们到底是相互协调配合、共同完成工作，还是经常产生冲突、互相推诿，导致重复劳动？

让我们先讨论一下三道防线模型的概念，国际内部审计师协会的建议书中对此有过描述，它把参与风险管理的人员划分为三个基本的小组（或三道防线）：[1]

- 产生风险并管理风险的部门。
- 对风险管理进行监督的部门。
- 提供独立鉴证的部门。

国际内部审计师协会认为，"当有三道独立的、界限分明的防线时，风险管理能力通常是最强的"。[2]

图 3-2 展示了三道防线模型在金融服务领域的典型应用。

正如图 3-2 中所描述的：

- 第一道防线是业务单元和支持部门，它们是"风险所有者"（risk owner）——国际标准化组织也使用这个术语，它们有管理风险的权限并要为此负责。[3] 它们主要负责建立健全的内部控制，遵循管理政策，完成日常风险管理，实施内部控制。
- 第二道防线负责监督第一道防线的工作，进行客观的审查，建设性地开展质询，如果风险水平与董事会设定的风险偏好不符，则向董事会和高级委员会发送报警信号。尽管各家公司略有差异，但是一般来说，风险管理和合规等职能都属于第二道防线。
- 第三道防线，即内部审计，它独立于业务单元、支持部门和第二道防线，通过实施基于风险的审计计划，为操作风险管理框架和内部控制框架的设计与执行提供独立鉴证。

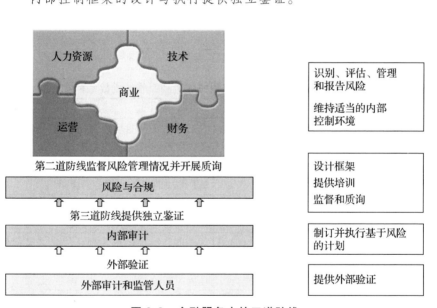

图 3-2　金融服务中的三道防线

三道防线的概念可以用一幅图来说明。1895 年，在法国巴黎的蒙帕纳斯火车站，一列从格兰维尔开往巴黎的火车，为了抢时间，以过快的速度进入车站，撞破了车站的墙，开到了大街上。奇迹是，这场事故竟然没有造成任何乘客死亡。[4]

你可以想象一下，控制室的工程师向司机发出警告信号："请注意，请注意,你开得太快了,请减速。"司机没有理会控制室传来的信号,他加快了速度。

第一道防线是火车司机,他们承担风险,并对是否有效控制风险负责。在前端向客户销售产品的人员、处理付款业务的人员和维护系统的信息技术人员都属于第一道防线。

第二道防线是控制室的操作人员,他们在风险水平过高时发出警告信号。然而,由于不在第一线,他们无法阻止火车撞墙。

第三道防线负责检查火车轨道和控制室的设置,确保由第一道防线和第二道防线组成的整个体系能够有效地实现其目标。

表3-1列举了三道防线模型的一些优势和面临的挑战。

表 3-1 三道防线模型的优势和面临的挑战

优势	挑战
清晰的架构在一定程度上为公司董事会和高级管理层提供了信心	三道防线可能导致重复劳动。例如,谁来执行控制测试
分配了明确的角色——风险管理、风险管理监督和风险鉴证	哪些部门构成第二道防线,这是有争议的;整个行业的应用各不相同
该模型旨在将全面风险管理嵌入整个公司的各个层面,并加强风险沟通	这个概念可能会在公司内部造成混乱,员工知道自己属于哪道防线吗
它是一种保护机制。各部门在各自的防线内有效地协同工作,以防止重大故障和/或减轻重大故障的影响	三道防线模型的主要挑战之一是信任。如果各道防线完全隔离,则它们之间的信任度可能较低
监管部门和许多专业机构,包括国际内部审计师协会和董事学会,都认可这一概念	仅使用三道防线模型不应被视为成功的保证

三道防线模型对操作风险具有特别的意义。为了让良好的做法、流程和行为实现嵌入,第一道防线的业务单元和支持部门通常会任命操作风险协调员。这种做法对传播操作风险知识有很大的帮助。然而,这种做法也可能打乱三道防线的职能架构。

从理论上讲，把操作风险专家放在第一道防线应该会带来更多好处。位于第一道防线和第二道防线的操作风险从业者毕竟属于同一门学科，所以他们必须协同工作，增加风险管理的价值，这是大家的共同目标。然而，在实践中，模型总是由人来实施的，因此，作用的发挥在很大程度上取决于人们的个性和他们驻守防线的方式。协调员和风险管理部门之间的关系和互动，可能会带来富有成效的结果，但也可能产生不愉快的冲突，当然，这是需要尽量避免的。

因此，对操作风险管理人员的角色进行更详细的研究就很重要了，重点是找到有效的解决方案，使图3-3中展示的两道防线如蛛网一样密集分布，上面的操作风险专业人员高效地、有效地工作。我们要注意的是：第三道防线即内部审计，它的职能通常是清晰的，有明确的定位，很少产生疑问或异议。

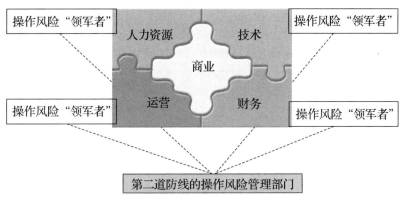

图3-3　第一道防线和第二道防线上的工作人员

第一道防线的角色定位：救火员、邮递员和领军者

通常，公司政策要求所有业务单元和支持部门的负责人提名一位操作风险协调员，这个人既是该领域操作风险事项的主题专家，又是和第

二道防线的操作风险管理部门之间的主要联络人。

这些道理大家都懂，但是实际执行的时候，事情就变得有趣了。在实际工作中，操作风险协调员是谁？他们该干什么？下面介绍一下图3-4中的三种类型的协调员。

图3-4　第一道防线的操作风险管理人员的角色类型

救火员

"救火员"有时也被称为"风险猎手"，他们的任务是识别风险并通过制订行动计划、加强内部控制或改进实施流程来"解决"风险。在这种模式下，为整个业务单元提供操作风险管理的责任落在一个人身上，而其他员工则坦然地放弃他们的责任。"我们如何管理操作风险？我们在这方面做得很好，请看拐角处的同事，这是他的职责，他会告诉你所有的事情。"

救火员还肩负着重任——要对自己发现的风险采取补救措施，从而降低风险。他们被大家寄予厚望，通过修复破损的流程、修补内部控制的裂缝来增加公司价值。他们发现的风险越多，他们要解决的问题就越多。

风险文化不太成熟的公司使用"救火员"模式，通过"勾选操作风险框"的方式，向外部证明有人正在执行规定的动作。"救火员"模式表明：各业务单元或支持部门的负责人没有接受分配给他们的操作风险管理责任。

邮递员

"邮递员"认为他们的作用就是接收来自中枢部门的信息,并将其传递给业务单元或职能部门。在许多公司里,位于第一道防线的操作风险协调员是一个兼职角色。协调员是大忙人,整天忙于自己直接负责的各种重要任务。在常规职责之外,当第二道防线的操作风险管理部门召集会议时,他们会与操作风险管理部门接触,接收信息并将其传递给自己部门的同事和主管。比如:

- "操作风险管理部门正在实施一项新的政策,请查收这个附件。"
- "操作风险管理部门正在启动全公司范围的风险与控制自我评估更新,请在规定期限内完成。"
- "损失报告的模板已经更新了,请熟悉新的模板。"

第二道防线的操作风险管理部门通常会向协调员提供核心工具和流程方面的培训,因此,有时候信息也会从另一个方向传递,即从业务单元到第二道防线的操作风险管理部门。例如,当发现损失或风险事件时,"邮递员"知道从哪里可以找到相关的表格以及如何填写并与第二道防线的操作风险管理部门沟通。

由于时间有限,"邮递员"的精力主要集中在操作风险流程的事务性工作方面,而不是风险管理的实际工作质量,后者需要更多的时间思考。他们经常抱怨,在他们的本部门常规工作之外,还要额外承担繁重的协调员职责。在专门为第一道防线的从业者提供的公开和内部培训课程中,我与协调员进行了很多交流互动。在过去的15年里,我调查了200多名协调员,他们中有相当一部分人像"邮递员"一样工作。一般来说,他们只会花费2%~15%的时间在操作风险管理工作上。

领军者

"领军者"是第一道防线上勤勉敬业、充满激情的操作风险专家。他们专注于风险管理的本质,确保识别出和降低重大风险。他们积极主动地带领大家一起改进工作,是风险管理的倡导者。业务单元的员工给予他们适当的支持,同时也理解风险管理是每个人的责任。

例如,"领军者"不仅亲自参与风险与控制自我评估过程,而且还会考虑:

- 如何有效地让所有员工参与风险识别,以确保他们的声音被听到——或许可以建议在下次部门会议上进行风险讨论或现场问卷调查。
- 如何更好地分享结果,让所有员工都能回答什么是本业务单元的最大操作风险。
- 对于重大风险的状况和变化趋势,是否采取行动加以补救,以及业务单元如何与其他职能部门合作。
- 风险与控制自我评估的结果是否被用于其他项目,例如,开发新产品或实施监管计划。
- 哪些经验(无论是成功的还是失败的)可以与其他业务单元或支持部门分享(另见第 5 章"风险与控制自我评估")。

注意:本书随后的章节包含工作清单,列出了每个核心操作风险管理工具(操作风险事件、风险与控制自我评估、操作风险评估、关键风险指标和情景分析)中"领军者"的职责。

公司如何从使用"救火员"和"邮递员"模式,转而发展出一个有力的、参与性强的操作风险"领军者"团队?答案是各种积极因素的组合，包括复杂的因素（例如，正确的文化）和简单的因素（例如，对协调员职责有一个清晰的认识）。

- 高层重视：无论是在整个公司层面，还是在各个业务单元或支持部门层面，都认识到了操作风险管理的价值。
- 理解风险管理的原因，将风险纳入决策，调整工作方式，以带来更好的客户体验和股东收益。
- 责任明确：管理风险并维持稳健的控制环境是第一道防线的职责，这需要整个团队的努力，每个人都要对稳健的风险管理负责。
- 对于分配给"领军者"的额外责任给予认可，让他们有足够的时间有效地承担这些责任。
- 激励：这些激励可以是经济上的，通过提高工资或对重大成果给予专项奖励；也可以是职业发展方面的，例如，进修或获得操作风险管理方面的专业资格，参与跨部门的活动以增加与其他部门和学科的接触，或者加入相关的外部论坛和专业委员会。实务中，后一种激励措施没有得到充分的利用。在过去20年里，我主持过各种操作风险行业论坛，据我观察，通常只有不到10%的与会者来自一线。
- 对杰出工作的肯定和赞扬：这听起来再应该不过了，但实际上并没有多少公司真正做这些事。
- 明确的职责描述：这听起来也是很基本的，但许多"领军者"都是在盲目地工作，没有一个明确的角色定位。
- 由第二道防线的操作风险管理部门开发适当的框架和工具，促进风险管理的实施，而不是阻碍风险管理。
- 还有一个关键因素：第二道防线的"乘法领导者"广泛参与，提供足够的指导和培训（见下文）。

第二道防线的角色定位：流浪汉、除法领导者和乘法领导者

第二道防线的操作风险管理部门作用的发挥是风险管理成败的关键。这种作用的发挥，不仅指设计适当的框架和工具，还包括他们在工作中表现出来的态度和价值主张，这些影响同样非常重要，对风险管理的结果有重大影响。图 3-5 中显示了不同的角色类型。

图 3-5　第二道防线操作风险管理部门的角色类型

流浪汉

虽然有些人在第二道防线的操作风险管理部门工作，但是他们的表现就像"流浪汉"一样，他们似乎搞不清楚自己的角色定位，不知道人们对自己工作的期望，不知道应该拿出什么样的风险管理成果。运营部门处理付款，信息技术部门维护系统，人力资源部门负责管理工资单，这些部门的产出很清楚、很好理解。而第二道防线操作风险管理部门的"流浪汉"们呢？除了定期向治理委员会提交报告，他们经常发现自己考虑的是"潜在"的产出。"流浪汉"明白自己的目标是提供独立的监督和质询，却不知道如何在实践中实现。他们的简历上罗列了太多毫无价值的事情，例如：

- 参加业务单元的会议。
- 定期更新信息。

- 从业务单元收集信息，用于撰写风险报告。
- 沟通确定风险与控制自我评估的截止日期，并监督按计划完成。

他们从一场会议"流浪"到另一场会议，但很少发言，也提不出什么有用的见解。他们更关注风险管理的事务性工作（"风险与控制自我评估是否在期限内完成""是否使用了正确的模板报告操作风险事件"），而不是对风险进行真正的管理。对于公司来说，对风险进行实质性管理才是最重要的。多年来，我对 50 多个第二道防线操作风险管理部门的求职者进行了面试，虽然有些人表现得很出色，但我也发现，很多人很难说清楚自己为公司增加了什么价值。哪些风险由于他们的作用而降低了？哪些内部控制措施得到了改善？他们对公司实现战略和商业目标有什么贡献？

除法领导者

在关于领导力的励志书《成为乘法领导者：如何帮助员工成就卓越》中，莉兹·怀斯曼介绍了"除法领导者"和"乘法领导者"的概念。怀斯曼认为，除法领导者"压制他人，稀释了组织的智慧和核心能力"，而乘法领导者"激发他人的智慧，创造了像病毒一样传播的集体智慧"。[5] 有关领导力的这两个概念，也可以用来描述两种类型的第二道防线操作风险管理部门。

除法领导者往往强调董事会和高级管理层授予他们的独立质询权。他们认为自己是公司高级管理层的顾问，强调业务单元和操作风险管理部门之间分离的必要性。这可能包括物理上的隔离，除法领导者位于不同的楼层或独立的办公区域，这样做具有扩大第一道防线和第二道防线之间差距的视觉效果。他们显得高高在上，不易接近，不爱社交。除法领导者认为：

- 他们有权参加第一道防线的业务单元或支持部门的会议。
- 不需要让别人喜欢自己。
- 他们要保持独立性，因此不能参与讨论，不能提出建议，更不能去主持研讨会。
- 应该向他们提供各种信息（例如，风险与控制自我评估结果、关键风险指标、行动方案），然后他们将提出独立质询意见。

在这种模式下，第一道防线就会对操作风险管理流程缺乏了解，无法获得第二道防线操作风险管理部门充分的解答和培训指导，也无法获得工作建议，最终只会产生较差的结果，然后面临批评和负面评论。这不仅使双方关系紧张，而且也打击了第一道防线的管理自身操作风险的积极性。除法领导者对第一道防线的业务单元和支持部门的工作效果产生了负面影响，最终形成一个负面的风险管理品牌形象。

乘法领导者

相比之下，乘法领导者积极地与第一道防线合作，为其指明成功的方向。他们不拘小节、平易近人，很讨人喜欢，并大胆地与业务单元及支持部门紧密合作。他们有明确的价值主张，专注于对风险本身的管理，而不是风险管理的事务性工作。

在特许公认会计师公会（ACCA）的一份研究报告中，作者强调，除了正式的风险政策和治理架构，非正式的风险管理机制非常重要，风险团队的人际关系能力尤为关键。[6]作者认为，要建立一种非正式的、复合型的责任分担模式,既要承认这三道防线的不同角色定位,又要"允许承担这些角色的个人之间有更高水平的协同与合作"。

修订后的三线模型(three lines model,注意:去掉了"defence",即"防御"的含义)也采用了这种非正式、更综合的方法,国际内部审计师协会指出,第一道线和第二道线的作用可以"重合或分开",并且强调第二道线"协助"第一道线管理风险。

思考第二道线操作风险管理部门责任的一个好方法是先列举一系列的角色,然后用不同的颜色(红色、琥珀色、绿色英文简称RAG)评级。[7]

- 第二道线操作风险管理部门的核心角色(绿色区域)。
- 第二道线操作风险管理部门的辅助角色(琥珀色区域)。
- 第二道线操作风险管理部门不应承担的角色(红色区域)。

勾勒出这些区域,将指导乘法领导者找到恰当的平衡点:既提供支持又有独立的立场,提供足够的帮助,但不会越俎代庖去完成第一道线该做的工作。

绿色区域

第二道线操作风险管理部门乘法领导者的核心作用包括:

- 构思框架,设计适合公司规模、性质和文化的工具,根据反馈不断改进它们。
- 分析信息,了解公司的总体情况和风险概况,向治理委员会报告,同时也向业务单元和支持部门反馈。
- 作为一个值得信赖的顾问,为公司的战略和商业计划建言献策,认真研究并积极影响风险决策,提供早期风险预警。

- 教育和培训。开发有吸引力、有趣、轻松的培训项目（见第11章）。
- 与业务单元和支持部门通力合作，实现高质量的工作成果。在这一点上，研讨会的主持工作尤其值得一提。如果研讨会由第二道线各操作风险领域内的专业人士亲自主持，则可以带来很大的价值，而且与三线模型不冲突。在研讨会期间，可以完成必要的质询，并随手记录下来作为工作痕迹和证据。需要注意的是，如果第一道线的"领军者"经过充分的培训，拥有适当的技能和专业知识，由他们来主持研讨会也是可以的。然而，如果第一道线的人员没有做好准备或者不具备必要的技能，要求他们承担这种主持工作是有害的；或者可以进行两次单独的操作风险研讨会，一次是与第一道线的人员讨论，随后再举行一次会议让第二道线的人员进行质询。
- 建立一个由"领军者"组成的人际关系网络，帮助提升他们的能力，激发他们的潜力；定期举行会议，分享成功经验和各种挑战。
- 作为操作风险的卓越中心；参与外部行业论坛，加入专业组织，积极拓展专业知识，将自己的实践与行业标杆进行对比分析。
- 根据第一道线需要，随时随地提供非正式的建议。

琥珀色区域

该颜色区域内的工作代表操作风险管理的责任，只要不取代（不到万不得已不要取代）第一道线的风险管理责任就应该履行。

- 针对热门风险话题和风险主题进行专题述评。
- 执行鉴证工作，进行定期或不定期的抽查和控制测试。
- 向业务单元或支持部门提供临时帮助，例如，协助推动风险与控制自我评估的实施。在特殊情况下，可以短暂借调操作风险专业人士到第一道线工作。
- 与高级管理层紧密合作，促进风险文化的建立。

红色区域

第二道线的操作风险管理部门不应该做的事：

- 代替第一道线直接管理操作风险。这是热门话题，争论在 10 年前就已经开始了。此后，行业人士已经开始认识到各自的角色和责任。
- 代表业务单元或支持部门完成风险与控制自我评估（或管理其他工具）。
- 承担对控制进行改进的职责，亲自采取行动实施改进，而不是让第一道线完成。
- 代表业务单元决定是否接受或降低风险。
- 从风险管理经理蜕化成行政助理或记录员。
- 总是同意，从来不提反对意见。只有来自第二道线操作风险管理部门的真实意见才真正具有价值，而不管是否与第一道线的意见相同，也无论其立场如何。

关于第三道线，请大家注意：英国特许内部审计师协会制定了类似的审计责任范围，也是使用颜色区分和描述审计职能。这是一份非常实用的文件，值得一读。就操作风险管理而言，内部审计人员的任务是独立完成审计工作，这一点很少出现混淆。[8] 但是，审计发现的问题的责任主体，则经常出现争议。有时，与操作风险有关的审计问题，都被错误地归咎于第二道线操作风险管理部门，即使问题产生于第一道线的业务单元。重要的是，必须承认第一道线的业务单元在风险管理过程中的职责，将审计发现的问题归入相关业务单元。

成功的秘诀：乘法领导者与"领军者"搭档

当第二道线的乘法领导者与第一道线的"领军者"通力合作，风险管理的力量会大大增强。

首先，至关重要的是：第二道线的操作风险管理部门对要管理什么、以何种方式管理进行认真研讨，并达成一致意见。通常情况下，可以放在战略研讨日或外出研讨日完成，通过这样的形式，能让人们不受干扰地进行充分的讨论。

第二道线操作风险管理的基本问题

- 除了制定的政策和向治理委员会提交的定期报告，第二道线的操作风险管理部门还输出什么成果？业务单元和支持部门会从这些成果中受益吗？
- 第二道线的操作风险管理部门如何与第一道线的业务单元以及嵌入其中的"领军者"合作？需要建立哪些正式和非正式的互动机制？正如特许公认会计师公会的研究报告所揭示的，正式机制和非正式机制是否平衡？[9] 如果不平衡，什么方式更恰当？第二道线操作风险管理部门如何去实现？

也可以在第二道线的工作人员和第一道线的工作人员之间举办类似的研讨会，讨论如何采取联合行动，以达成风险管理的目标，研讨会同样可以放在战略研讨日进行。在讨论过程中，需要考虑几个基本问题。

第一道线和第二道线合作的基本问题

- 职责是否明确，是否充分了解彼此的责任，以避免出现管理盲区和重复劳动？例如，遇到新产品或者变革计划，第一道线的操作风险协调员如何与业务单元接洽？第二道线又该做什么？
- 第二道线与业务单元是否有效互动？例如，如果两个小组都需要审阅某些内容（无论是战略决策、业务计划还是风险与控制自我评估），是否可以让所有相关人员参加同一个会议，而不是分别举行会议？
- 第二道线的工作成果与第一道线的工作成果有什么不同？例如，如果第一道线为治理委员会编写报告，可以让第二道线在报告中附上意见。在这种情况下，治理委员会将从两种观点中受益。
- 成功意味着什么？如何衡量它？如何实现它？

与其他第二道线的职能部门（如合规部）以及内部审计部门定期联系也是不错的做法，可以增进合作，尽可能地提升效率。

总而言之，乘法领导者与"领军者"通力合作将产生巨大的化学反应，不仅带来细致周全、成效显著的风险管理，还会给工作增添不少乐趣。

常见的挑战和良好的做法

常见的挑战

公司在按照三道防线模型实际履行操作风险角色和责任时，可能遇到的挑战包括以下几点。

信息不共享

防线的概念在体育运动中也有应用。在足球比赛中，球员互相传球，帮助球队进球。然而，在金融服务中，不同防线的员工却不怎么传球。内部审计或风险部门不太愿意互相分享信息，业务单元不愿意向第二道防线和第三道防线提供完整的信息。建立开放的文化，培育良好的关系，这是团队有效合作的必要前提。

扮演"超级英雄"

在 21 世纪初，还有另一种典型的第二道防线操作风险从业者，即"超级英雄"。他们脱离了监督和质询的主责主业，冲到第一道防线代表公司去具体实施操作风险管理。现在这种类型的从业者已经很少见了，因为操作风险实践已经成熟化，角色和责任也随之成熟了。

缺乏对"领军者"的支持

公司往往对第一道防线的风险协调员支持不足，他们在本部门的日常工作之外还要承担额外的操作风险事务，却没有得到奖励或认可。这是一个文化问题！不幸的是，有时只有遭受重大损失、收到糟糕的审计结论或受到监管部门的谴责时，公司才会关注第一道防线是如何执行风险管理的。

重复活动

如果各团队没有相互协调，大家各行其是，可能会出现不必要的重复活动。例如，开发新产品的业务单元往往会与第一道防线的风险协调员举行风险识别会议。随后，第二道防线的操作风险管理部门会要求召开单独的会议进行独立质询。这种重复的会议只会造成混乱（"又要和操作风险管理部门开会"）。通过在战略研讨日一起讨论，就各道防线的合作方式取得一致意见，有助于减少这种低效行为。

质疑第二道防线的操作风险管理部门的价值

如果第二道防线的操作风险管理部门都是不会带来任何产出的"流浪汉"，那么第一道防线的业务单元和支持部门就很难理解其工作，导致人们质疑其价值。

业务单元不参与

业务单元和支持部门可能会质疑操作风险管理工具，并将这一点作为不愿意参与风险管理的借口。拥有一个合理的操作风险管理框架固然很重要，但是让员工积极地"做正确事情"的公司文化总是需要放在首位，尤其是当操作风险管理工具仍在开发中且还不尽完善的时候。

对法律部门归属的困惑

法律部门属于第一道防线还是第二道防线？这个问题经常出现。整个风险行业在这个问题上还没有形成定论，存在很大分歧。我这么多年来遇到的公司中，大约有一半认为法律部门属于第一道防线，另一半认为属于第二道防线。

对三道防线模型的批评

整个行业里，有许多三道防线模型的批评者，包括领英网上就有一个团体使用"干掉三道防线模型"标签，他们主张彻底取消这个模型。这个团体使用的论据包括：由于需要第一道防线和第二道防线的部门同时签字，决策速度较慢，在这个技术进步和技术革命的时代其弊端尤其突出。该模型也被批评为促进了错误的行为，包括鼓励员工依赖他人的监督工作（"我身后还有两道防线，它们肯定会复核我的工作"），而不是自己独立承担责任。

良好的做法

协同工作

乘法领导者与"领军者"紧密合作的模式蕴含很大的力量。两道防线通力合作，有助于塑造良好的做法和行为。下大力气，创建一个稳固的"领军者"网络，不断培育这种人际网络体系，你会得到回报的。

分享经验

其他相关风险学科（如信用、市场和流动性风险）在三道防线模型下没有这类问题，因为它们不需要在人力资源等部门设立信用风险协调员。因此，一种良好的做法就是：操作风险管理部门定期与其他使用分布式模型的职能部门（如业务连续性和信息安全部门）展开磋商并分享经验。

评估

第一道防线的"领军者"通常会听命于他们所在的业务单元或职能部门。好的做法是：当这些部门的经理对"领军者"开展绩效评估时，同时征求第二道防线的操作风险管理部门同事的反馈意见。这样，第二道防线的操作风险管理部门就能对"领军者"的表现提出评价意见。

与风险所有者的讨论

即使有第一道防线的协调员，第二道防线的操作风险管理部门也必须与业务单元以及支持部门的风险所有者和决策者直接对话。第一道防线的协调员，尤其是全职的，有时会阻碍第二道防线的操作风险管理部门与业务单元接触。让这些风险所有者参与交流，可以确保沟通内容的完整性，提高沟通的有效性，避免出现沟通障碍。

让所有权具体化

有位读者在看了我在领英网上写的一篇文章后对"所有权"一词进

行了评论并指出：在他看来，这里有一层"关心"的含义，要将风险管理工作与员工关心的有形事物联系起来，例如，增强客户体验或更具韧性的流程，这样做有助于向他们提出要求并解释为什么风险管理如此重要。

第二道防线的咨询能力

操作风险管理框架成功嵌入公司以后，第一道防线变得更加熟练，第二道防线就可以退居幕后，更多地发挥咨询顾问的作用。第二道防线被第一道防线咨询的次数可以作为指标来衡量其咨询顾问职能是否履行成功，如果业务单元和支持部门经常向操作风险管理部门咨询，这就表明它得到了大家的信任，人们对其价值很认可。

行业基准（2019年）

操作风险最佳实践论坛的现场投票结果显示：当操作风险"领军者"是兼职角色时，他们没有足够的时间从事操作风险管理，如图3-6所示。

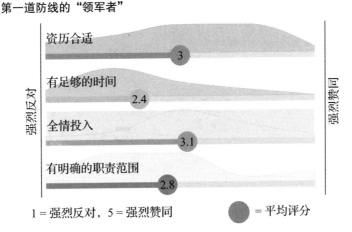

图3-6 行业调查：第一道防线的操作风险角色定位

资料来源：Best Practice Operational Risk Forum, 2019.

在第一道防线上拥有一个积极参与、富有成效的操作风险"领军者"团队，对于将风险管理实践嵌入整个公司至关重要，这是许多公司实施风险管理的一种通用模式。

总的来说，虽然现场投票的分数描绘了一幅积极的画面，但也表明还有进一步改进的空间（见图3-6）。

- 参与度：这一要素的评分相对较高，可以通过物质和非物质奖励进一步提升，包括提供培训机会，通过信息分享、参与专题评审和其他活动让"领军者"这个角色更加精彩。
- 资历：这是一个有趣的问题。究竟什么才是"领军者"的正确级别？如果级别很高——有时由部门主管来担任这一角色，则会在上层树立正确的基调，但由于工作量太大，这样做可能并不现实。如果级别很低——"领军者"缺乏足够的经验和认知水平，可能不会带来多少价值。
- 明确职责范围：清晰地描述职责很重要，可以帮助人们理解职责并就责任达成共识。这一点很容易做到，可以很快完成。
- 主要的挑战——没有足够的时间，反映了"领军者"的兼职性质，即操作风险任务被视为"附加的"工作，属于第二优先事项。

中国有一句名言——"时间是挤出来的"。说"我没时间"就等于说"我不想干"。

操作风险是一门令人兴奋的学科，从业者需要继续努力维护品牌、提升声誉，使第一道防线的操作风险"领军者"成为一个理想的、受欢迎的职位，帮助其朝着"快乐的时光总是显得那么短暂"这一目标前进。

实践练习

思考本章讨论的观点。获取第二道防线操作风险管理部门的职责简介；如果有的话，获取第一道防线"领军者"的职责描述。阅读这些描述，思考下列问题：

1. 角色描述是否足够清晰？是否解释了各部门该如何合作，以避免职责盲区和工作重叠？
2. 对第一道防线和第二道防线的操作风险人员是否有成功的衡量标准？
3. 在支持第一道防线和第二道防线的操作风险从业者之间的合作方面，有哪些好的做法，例如战略研讨日、关系建设、教育和培训或类似活动？
4. 哪些方面可以改进？记下可能的改进。

附录 A 提供了一些对"领军者"职责描述的参考建议。

> **☐ 有所作为**
>
> 在阅读本章后，请概述所学的主要内容，并记下你将采取的一项强化三道防线模型相关实践的具体行动，包括它们在操作风险管理中的应用。

本章讨论了三道防线模型的概念，提出了加强第一道防线、第二道防线工作协同的方法来提升操作风险管理。

下一章将开始深入探讨该框架的第一个核心工具——操作风险事件。

注释

1 Institute of Internal Auditors (2013) Position paper, *The Three Lines of Defence in Effective Risk Management and Control*

2. Institute of Internal Auditors (2013) Position paper, *The Three Lines of Defence in Effective Risk Management and Control*
3. International Organization for Standardization (ISO) (2018) *ISO 31000:2018, Risk Management – Guidelines*
4. History Daily (2019) Montparnasse Derailment: When a train went through a station walls
5. Liz Wiseman (2015) *Multipliers: How the best leaders make everyone smarter*, HarperBusiness
6. Ashby, A, Bryce, C and Ring, P (2019) *Risk and Performance: Embedding risk management*
7. Institute of Internal Auditors (2020) *The IIA's Three Lines Model*
8. Chartered Institute of Internal Auditors (2017) Position paper, *Risk Management and Internal Audit*
9. Ashby, A, Bryce, C and Ring, P (2019) *Risk and Performance: Embedding risk management*

第 4 章
Chapter 4

操作风险事件

本章内容：本章包含多个行业基准调查，还包括操作风险事件报告的模板示例（见图 4-1）。操作风险事件（包括损失）是最古老、最常见的操作风险管理工具，如今世界各国很多公司都在运用。本章从回顾基础知识开始，包括定义和实例，然后深入探讨实际问题：研究如何建立一个有效的事件收集程序，考虑上报过程中的人为因素，以及确保数据的完整性和准确性。本章讨论了在技术故障、监管违规和数据泄露频发的情况下，该工具的演变过程，并且主张扩大该工具的使用范围，从只关注损失到关注操作风险事件，从只关注风险计量和资本计算转向更为积极的风险管理。

■ 延伸阅读

- European Banking Authority (2008) Compendium of Supplementary Guidelines on Implementation Issues of Operational Risk (CP21)

  推荐理由：虽然这份文件有点儿过时，但对于那些寻找损失、边界事件和其他概念的实际例子的人来说，它是最好的解释指南之一。

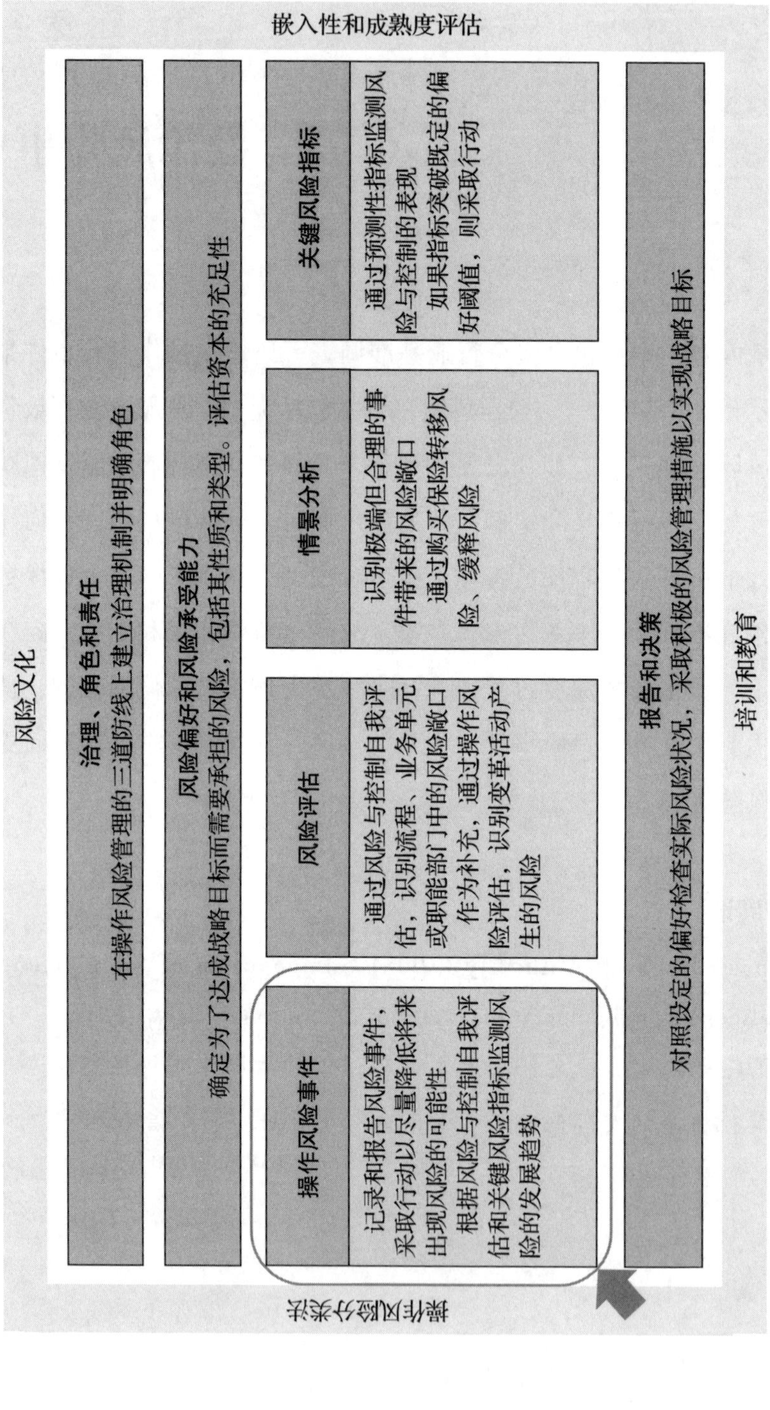

嵌入性和成熟度评估

治理、角色和责任
在操作风险管理的三道防线上建立治理机制并明确角色

风险偏好和风险承受能力
确定为了达成战略目标需要承担的风险，包括其性质和类型。评估资本的充足性

操作风险事件	风险评估	情景分析	关键风险指标
记录和报告风险事件，采取行动以尽量降低未出现风险的可能性。根据风险与控制自我评估和关键风险指标监测风险的发展趋势	通过风险与控制自我评估、识别流程、业务单元或职能部门中的风险敞口作为补充，通过操作风险评估，识别变革活动产生的风险	识别极端但合理的事件带来的风险敞口。通过购买保险来转移风险、缓释风险	通过预测性指标监测风险与控制的表现。如果指标突破既定的偏好阈值，则采取行动

报告和决策
对照设定的偏好检查实际风险状况，采取积极的风险管理措施以实现战略目标

培训和教育

风险文化

图 4-1 本章焦点：操作风险事件

概述：操作风险事件的重要性

让我们从最初的定义出发，操作风险是由于不完善或有问题的内部程序、员工、信息科技系统以及外部事件造成损失的风险。如果公司对其损失状况没有清楚的了解，没有浏览过常见的失败案例，那么风险管理的前瞻性、有效性就会大打折扣。

从历史上看，损失是各公司采用的第一个操作风险管理工具，而其他工具，例如风险偏好，则是在较晚的阶段引入的。对于银行来说，损失数据的收集是巴塞尔委员会最早的要求，它是开发可靠的风险计量系统的先决条件，利用这项数据能够评估操作风险需要占用多少资本。早些时候，银行纷纷建立了数据收集程序，通过不断努力，银行已经积累了多年的准确、全面的损失事件数据。因此，根据巴塞尔委员会的说法，相比操作风险管理框架的其他组件，损失这一工具现在已经相当完善，已经全面嵌入金融服务公司，实施得比较充分。[1]

然而，实施之旅还远未完成。本章提到的多个行业调查的结果表明，金融服务公司需要坚持不懈地强化这一看似很初级的工具。它们需要摆脱单纯地满足监管合规要求，要与其他部门合作，避免形成多个平行的报告流程；还需要继续鼓励和发扬不责备文化，这有利于员工畅所欲言，勇于提交风险事件报告。

定义范围和门槛值

操作风险成为现实事件时，就会形成操作风险损失。操作风险损失的例子包括：

- 一个收银员从收银台偷了1000美元。

- 一笔 200 000 美元的付款打错了客户,而且没有退回。
- 一家银行的自动取款机遭到破坏,需要花费 7000 美元进行维修。
- 一名员工对公司提起诉讼,最终达成 70 000 美元的庭外和解。
- 逾期提交监管报告,导致 10 000 美元的罚款。

还有各种类型的潜在结果,我们通过进一步的例子来说明:

- 一笔外汇交易的入账金额有误,纠正错误时,由于市场的有利变化,获得了 37 000 美元的收益(产生意外的收益而非损失)。
- 技术故障恰好发生在非营业时间(很侥幸)。
- 错误地重复支付了一笔 50 000 美元的款项,但是五天内被退回了(也是侥幸,有时也被称为迅速追回的损失)。
- 支付系统的中断导致了对客户的多次延迟付款(这一事件不仅会对客户产生影响,而且可能在将来给公司带来经济损失)。

这些案例说明了操作风险的复杂性,它会产生各种财务以及非财务(客户、声誉、监管)影响。

损失数据的收集范围取决于公司的业务模式以及当地的监管要求和规定事项。一些公司专注于负面的、可量化的财务影响——实际操作风险损失。然而,金融行业正朝着更积极的操作风险管理方向发展,越来越重视非财务影响。采用这种更具包容性的做法是有好处的,因此,我们采用了更具包容性的术语——操作风险事件(或事故),它的含义比损失更宽泛。

操作风险事件(ORE)是指由于有问题的程序、员工、系统或外部环境导致实际或潜在的财务风险和(或)客户侵害、声誉损害或监管谴责的交易或事件。

为了便于解释，操作风险事件可以说成是导致业务流程的实际结果偏离预期的事件，强调事件的错误或非预期性。

为了把概念解释清楚，各种监管出版物列举了构成操作风险损失的不同项目。它们指导金融机构关注实际损失，[2] 同时认为最好把其他类型的事件也记录下来，无论影响是否可以量化。

界定操作风险损失的范围

1. 实际损失（包括计入利润表的直接成本，以及因事件产生的对外赔偿、减值准备和或有损失）。

2. 几近损失事件。

3. 操作风险利得/收益。

4. 机会成本/收入损失。

5. 对记账时间的影响（财务错报，即操作风险事件产生的负面经济影响计入了特定会计年度，但是其影响涉及多个年度的现金流）。

2012年，我以英国外资银行协会操作风险专家小组主席的身份，领导了一项针对外资银行分支机构和子公司的小组研究，了解不同公司收集了哪些损失项目。表4-1中的结果显示了不同公司在方法上的差异。

表 4-1 行业研究：损失数据的收集范围

收集的项目	收集的公司占比（%）
直接成本	100
因事件产生的对外赔偿	80
减值准备	40
或有损失	40
几近损失事件	60
操作风险利得/收益	70
机会成本/收入损失	20
对记账时间的影响	20

直接成本和对外赔偿很容易识别，大多数公司都能捕捉到。但是，只有部分公司捕捉到了操作风险收益和几近损失事件。由于很难估计金额，只有少数公司考虑机会成本。不过，人们越来越希望识别到商业机会损失，特别是因技术停工而错失的商业机会。巴塞尔委员会也承认这种差异，认为"只有少数银行收集、分析与内部操作风险事件相关的全部信息，包括损失、几近损失事件和收益"。[3]

下面是对常见事件类型的进一步定义。

几近损失事件，或者虚惊事件、未遂事件，是指已经发生但最终没有造成损失的操作风险事件。实际上，在这种情况下，公司是侥幸的。然而，由于控制已经失效，下次再发生此类事件时，很可能会导致财务损失或其他重大非财务影响。

请注意行业内使用的以下两个备选定义。

1. 由于受到辅助性、补充性控制的阻止，原来可能发生但没有发生的事件，例如，某个交易录入错误被授权人员及时纠正了。这种定义可能会增加管理负担（说到底，这就是公司无论如何都会有各种补充控制的原因），因此我不太建议大家使用。

2. 第二种定义与第一种定义存在细微差别，将"补充性"替换为非常规的或公司无法掌控的因素，例如，授权人员也没发现交易录入错误，但由于整个批次的交易都失败了，随后手动重新录入全部交易，该笔错误录入被偶然发现。当然，定义最好简单点儿，不要太复杂。在实际应用中，最上面的定义更好，更容易被最终用户理解。

边界事件涉及相邻学科，如信用风险和市场风险，下面是一些例子。

- 由于电子身份欺诈（网络钓鱼），银行向冒名申请的客户提供了贷款，导致 15 000 美元的损失。这是一个同时涉及操作风险和信用风险的边界事件，这两种风险都已成为现实。另一种描述是：损失是由员工、程序和系统的错误造成的，如果没有这些错误就不会产生损失。
- 交易员的头寸超过规定的限额，再加上不利的市场走势，造成了 20 万美元的损失。这也是一个边界事件，分别涉及操作风险和市场风险。

门槛值设置

设置损失数据收集的门槛值，有助于讨论多大的损失才应该收集。巴塞尔委员会对 119 家银行开展了调研，10 家受访银行采用了零门槛，另外 10 家将门槛值设定为 10 000 欧元，而大多数银行选择了一个介于两者之间的金额。[4]

2012 年，我领导了一项针对英国小型银行的类似调查。这项调查的结论是：这些银行都采用了低于或等于 5000 英镑的门槛值，其中 50% 的银行设定了零门槛，有效地收集了所有的操作风险事件，无论其金额大小（见表 4-2）。这一结果似乎支持这样的观点：较低的门槛值对较小规模的银行是有益处的。

表 4-2　行业研究：损失数据的收集门槛值

门槛值（英镑）	采用的公司占比（%）
0	50
500	10
1000	20
1250	10
5000	10

要设置适用的门槛值，应充分考虑以下因素：

- 公司的规模：较低的门槛值适合规模较小的公司，它们的操作风险事件损失通常较少，影响值通常较低。
- 损失事件的历史：初创型公司或没有足够历史数据的公司，可以用较低的门槛值，这使得公司可以收集更多的事件，这样可以从自己的经验中学习，并在此过程中完善内部控制环境。
- 资本计算：低于门槛值的亏损对于资本计算无关紧要，统计证据可以支持这一点。
- 收集成本：操作风险事件的收集成本很高，规模较大的公司必须在收集的成本与收益之间取得平衡。在这种情况下，较高的门槛值是合适的。需要注意的事项包括：员工的时间是否足够，以及员工是否会使用系统或软件，而不是基于电子表格手动完成。
- 风险管理模式：主动型风险管理倾向于收集所有具有重大非财务影响的事件。
- 管理层的态度：门槛值的设置在一定程度上反映了管理层对操作风险事件收集能力和数据质量的心理预期。

统一的影响评级体系

撇开监管合规不谈，从本质上讲，一家公司需要捕捉它认为相对重要的那些事件，而不是建立一个收集每一个小错误和小问题的"作坊"。这就需要理解什么是重要的。如果没有集体商定的书面指导方针，解释就会因人而异。

为此，操作风险管理部门应牵头制定统一的针对影响程度的评级体系，适用于评估操作风险事件，以及评估第 5 章和第 6 章中讨论的各种风险的影响。合规和内部审计部门也可以采用这个体系对它们发现的问题进行评级，信息技术部门的同事也可以采用这个体系对技术事件进行评级。图 4-2 展示了一个统一评级体系的例子。它引导终端用户通盘考虑各方面的影响，包括财务、客户、声誉和监管。影响最大的类别决定了总体评级。

影响	描述
很大	财务：实际/潜在损失大于×美元 客户：客户侵害严重/受影响比例大 声誉：持续的媒体报道，对品牌和市场价值造成严重损害 监管：正式调查直至吊销执照
大	财务：×美元至××美元之间的实际/潜在损失 客户：较大程度的侵害 声誉：市场上出现负面评论，损害了声誉、品牌和价值 监管：很可能引起调查或监管行动
中等	财务：×美元至××美元之间的实际/潜在损失 客户：中等影响/小比例客户或细分市场受到影响 声誉：一次性媒体报道，对声誉、品牌和价值有轻微损害 监管：有可能引起调查或一次性罚款
小	财务：低于×美元的实际/潜在损失 客户：轻微影响或投诉 声誉：无关紧要 监管：不太可能导致任何监管行动

图 4-2　统一的影响评级表格

统一的影响评级体系有很多好处，包括：

- 在整个公司中引入一种共同的语言，包括"低"（"小"）与"高"（"大"）的通用含义，使相同等级的事件、问题或调查结果具有可比性。
- 帮助终端用户找准工作重心，确定行动的优先顺序。

- 根据重大程度判断是否需要上报给高级管理层。
- 在设定的风险偏好下管理风险、事件和问题。

每一类影响都需要进行正确的参数校准，由合规、财务、内部审计和其他相关主题的专家提供意见，并最终由治理委员会批准。为了确定什么是重大财务影响，需要对内部和外部的损失数据进行分析。

通过这种方式，使用统一的评级体系，可以定义操作风险事件收集的范围和门槛值，例如，影响程度在中等及以上的事件。

这种方法的优点是，除财务影响外还考虑了其他影响；同时，我们还是可以剔除一些小问题，避免数据集出现混乱，简化管理以免让员工不堪重负。总而言之，在实践中，商定操作风险事件范围的基本步骤就是积极思考和制定策略。从本章后面的行业基准可以看出，参与现场调查的公司中，只有不到一半的公司认为自己设置的范围比较适用。

操作风险事件的生命周期：从识别到根本原因分析

操作风险事件的生命周期描述如下。

- 识别和通知：员工识别，并指出可能的风险事件。
- 上报：把重大事件上报给高级管理层。
- 报告：在规定时间内完成操作风险事件报告。
- 解决和结束问题：制订行动计划；跟踪行动进展，直至问题解决；对比较重要的事件，查找产生的根源。
- 分析：分析研究、判断趋势、汇总和形成报告。
- 验证：对于来自账簿、记录以及其他渠道的信息，开展核对和验证工作，以确保信息的完整性和准确性。

识别和通知

由于操作风险学科的广泛性,以及事件发生的各种可能性,很难在账簿和记录中找到(提取)全部的操作风险事件。在此背景下,其他信息渠道可能会提供帮助,包括:①日常性的内部控制检查和对账检查的结果;②罚款、处罚、赔偿和核销相关会计分录的原始文件;③客户投诉台账;④技术事故报告;⑤质量检验和库存审计的结果。

然而,当操作风险事件发生时,获取它们的主要机制还是依靠员工。处于基层一线的业务单元和支持部门需要能够:

- 理解什么是操作风险事件,能够举例说明,并在事件发生时识别它。
- 一旦事件发生,知道如何报告,并且有能力报告。
- 如果有疑问,知道该问谁。

事件报告的完整性对于许多公司来说仍然是一个挑战,原因有以下几点:

- 员工不想让别人注意到自己的失败。
- 对于一个操作风险事件应该归属哪个部门,还有一些争论。
- 报告会带来更多工作:要完成原因分析,要做很多补救工作。
- 对定义缺乏理解,操作风险事件定义不明确,可能会留下太多人为判断的余地。

对于解决最后一个问题,编制一份包含各种可能的操作风险事件的示例清单很管用,它可以明确概念,帮助员工识别事件。

对于人力资源部门来说,潜在的操作风险事件可能包括:

- 工资总额计算错误,给员工少发了工资。

- 负责制作工资单的外包公司将工资单送错了地址。
- 含有员工个人数据的电子表格被放在了公共硬盘上,被未经授权的人员访问。
- 一名心怀不满的员工威胁要提起诉讼,最终庭外和解(注意:庭外和解也要算作操作风险事件)。
- 薪资系统出现故障导致工资发放延迟。

对贸易公司来说,可能发生的操作风险事件包括:

- 交易金额输入错误("乌龙指")。
- 模型设计错误导致交易估值不正确。
- 价格更新失败导致估价错误。
- 交易系统升级导致提交给监管机构的交易报告出现错误。
- 手机接收客户订单却没有留下记录;随后客户不承认该订单;行情逆转,交易亏本,造成损失。

可以编制类似的清单,然后与每个业务单元和支持部门讨论。持续的、量身定制的员工培训和教育对于保持深入的理解至关重要。前文提到的2012年行业研究对员工按规定上报操作风险事件的信心水平进行了调查。如表4-3所示,只有60%的受访者认为公司大多数(超过90%)的操作风险事件被捕捉并得到上报。

表4-3 行业研究:对操作风险事件上报完整性的信心

信心水平	公司占比(%)
高:90%及以上	60
较高:70%	30
较低:50%	10

上报

重大事件需要及时上报。随着时间的推移，将事件上报给更高管理层变得越来越重要，包括在事件的早期阶段快速向高级管理层报警，实现与客户以及利益相关方的沟通，便于迅速解决问题。特别是在出现技术故障的情况下，受影响的客户可能会转向社交媒体，标识服务不可用。发现自身风险事件的最后渠道才应该是客户，这也是最不应该出现的渠道。发生重大事件可能需要迅速召集危机管理小组，由它牵头协调后续行动。

有些操作风险事件还必须通知监管机构，这取决于当地的监管规定，这些规定因管辖区而异。监管者通常会设定一个金额，超过这个金额的损失必须在一定时间内通知它们；或者列出特定的影响类型，产生这些类型的影响，例如，涉及客户侵害，需要迅速上报。

"重大"的定义也在变化。十年前，重要性大多以财务术语表示。

"重大"的定义

例1

重大操作风险事件，是指实际或潜在损失达到 50 万美元的事件。这些事件需要立即通知财务主管、风险主管、首席运营官和相关业务单元或职能部门的主管。

当加入客户侵害、声誉损害和监管谴责时，其重大程度可以通过财务和非财务影响的组合来表达。

例2

重大操作风险事件，是指统一的影响评级表中定义的任何类别（财务、客户、声誉或监管）中具有"大"或"很大"影响的事件。这些事件需要立即通知操作风险管理部门，该部门将通知利益相关方，并上报给首席运营官、首席风险官、合规部主管和相关业务单元或职能部门的主管。

首席运营官可以启动危机管理程序，并决定是否与客户或监管部门沟通。

根据事件的性质，这个链条上可能还有其他参与者。欺诈或金融犯罪的案件将被转交给人力资源部门、欺诈预防部门、法律部门或上述部门的某些组合。通过操作风险管理部门牵头所有事件的处置是有好处的，操作风险管理部门可以作为后续上报的中心点。

报告

操作风险管理部门通常会开发一个报告模板。标准格式有助于规定最低要求，包括重要日期——发生日期、发现日期和报告日期，本书附录 B 中提供了一个模板示例。报告需要在规定的时间内完成，不同的公司可能有很大差异，从 24 小时到 90 天不等。鼓励快速记录，反映问题的要点即可，而不是等所有事实都搞清楚再记录。最好的做法是把已知的内容先记录进去，如果有必要的话，在新的细节浮出水面时再把它加进去。在许多情况下，发现事件的部门并不是造成事件的部门，例如，财务部门发现运营部门做了一个错误的订单。谁负责提交该事件的报告？为了避免激烈的争论，好的做法是"谁发现，谁报告"，不管发现的部门是否有错。这有助于加快报告进度，并促使各部门协同工作。操作风险管理部门可以帮助协调复杂的、涉及多个领域的跨部门操作风险事件。

可以通过下面两种方式建立报告流程：

- 所有员工都有报告的权限和渠道，例如，聊天热线、公司内部网站上的相关表格链接或纸质模板。任何员工都可以完成一份报告，并将其直接提交给相关的收件人，从而确保快速报告。公司要在办公自动化上加大投资，通过内置菜单和预定义通信组列表来简化流程，提升最终用户的体验，使报告工具简单易用。这种全员报告对组织的成熟度要求更高，员工要对操作风险事件有充分的认识和理解。这种方式只有在这样的公司文化里才能发挥最好的效果：能够接受坏消息并做出建设性反应，专注于解决问题而不是相互指责。
- 只有业务单元和支持部门指定的第一道防线操作风险"领军者"才有权限报告。这些操作风险"领军者"通常接受过风险评估和其他操作风险管理工具的培训，使得报告的质量有了明显的提高，消除了误报。然而，这种方式会减慢报告进度，因为主要依靠操作风险"领军者"来完成。

可以综合这两种方式，通过两个步骤来完成报告：允许所有员工标记操作风险事件，然后将其转给操作风险"领军者"进行后续审核和上报。

2020年进行的一项行业研究表明，简化报告程序是一个明显的趋势。多达50%的受访公司有简短的在线操作风险事件报告表供所有员工使用，要么通过公司的内网提交操作风险事件报告，要么作为操作风险系统的一部分来完成操作风险事件报告。另有25%的公司使用纸质模板，其余25%的公司为了提高报告的质量，只有第一道防线的操作风险

"领军者"有权限报告（见表 4-4）。

表 4-4　行业研究：操作风险事件上报方式

操作风险事件上报方式	公司占比（%）
纸质模板，所有员工均可使用	25
操作风险系统或内网在线模块，所有员工均可使用	50
仅由操作风险"领军者"报告	25

解决并结束问题

到目前为止，我们一直在讨论事件的识别和报告流程。操作风险专业人士面临的一项根本挑战是：确保操作风险事件不只是被看作一种报告工作。《巴塞尔协议》中给出的"内部损失数据"这个名称，很容易让人联想到"收集"一词。人们将很多注意力放在了收集方面——范围、模板、时间表，以至于有时最重要的元素——主动的风险管理——没有受到足够重视。

当我们投入脑力、时间和精力，去了解哪些控制出现失效以及失效的原因时，就可以从操作风险事件中获得重要的知识。对于重大的操作风险事件，有必要进行详尽的问题根源分析，有时也称为深刻反思或吸取教训。操作风险管理部门可以推动这一过程，提供专业知识和指导，提供标准模板，确保方法的一致性。可以通过与主题专家召开研讨会完成分析，并与合适的利益相关方进行讨论。公司也可以运用诸如"5个为什么"或"鱼骨图"（石川图）等技术，这些技术在六西格玛流程改进方法论中被广泛采用。[5]

- "5个为什么"就是不断问"为什么"，深入追问，直到找到问题的真正根源。

- 鱼骨图有助于探索不同类型的原因，例如，事件中与员工、系统或程序相关的原因是什么。

如果不对操作风险事件的根源和内部控制的缺陷做更深层次的分析，公司最终将只是计算了损失发生的次数、涉及的金额和价值，而不知道发生的原因，也无法防止事件的再次发生。

在对操作风险事件展开深入研究之后，必须制订整改计划，包括责任人和整改期限，防止将来再次发生。第二道防线的操作风险管理部门通常会监督这些计划的执行情况，把那些没有在规定期限内完成整改的操作风险事件上报给治理委员会。操作风险管理部门也可以发挥更积极的作用，在整改方案上签字，确认整改后的内部控制能够真正解决问题。

最后，可以把操作风险事件作为一个契机，考虑是否要修改其他管理工具，如风险与控制自我评估、关键风险指标和情景分析。

分析

分析研究、判断趋势、汇总和报告，这些都是能给公司带来价值的重要活动。根据风险分类法对事件进行重新分类，并标记主要负责的业务单元和法人实体，可以为分析工作奠定坚实的基础。

第二道防线的操作风险管理部门可以看到全部的操作风险事件数据，最适合完成分析工作。需要考虑的问题包括：

- 公司的整体情况如何——操作风险事件的数量或损失金额是否增加（或减少）？分析事件与交易量的关系很有用：如果一个业务

单元的交易量增加了一倍,但操作风险事件只增加了10%,可以解读为积极的信号。

- 关于公司的风险状况,我们能了解些什么?哪些风险正在显现?
- 不同地区的操作风险事件是否存在相同的根本原因?六西格玛的另一个有用工具——帕累托分析,可以用于分析操作风险事件的数据,以找到导致大部分问题的几个关键驱动因素。[6]
- 在一个月里,是否某一天(如月末)是操作风险事件发生的高峰期?
- 哪些地方是薄弱环节,控制反复失效?如果已经采取了预防性控制措施,这尤其让人担忧。
- 几近损失事件的可能损失与实际经济损失的比例是多少?这反映了预防性控制措施的强度。
- 事件发生日期和发现日期之间的间隔是多久?由此可以了解监测性控制的性能。
- 是否有一系列事件在短时间内发生,而且这些事件可能相互关联?
- 是否在政策规定的时限内报告了操作风险事件?这个问题很好地反映了公司的文化。
- 与其他工具的整合——报告的操作风险事件与其他工具的输出结果是否一致,包括风险与控制自我评估(见第5章)和关键风险指标(见第7章)的结果?

简而言之,我们需要将与操作风险事件相关的全部信息拼接成一个有意义的故事,汇报给高级管理层和相关治理委员会(见第10章)。

另一种强大的方法是将趋势分析和调查结果反馈给第一道防线的业务单元和支持部门,这些部门常常觉得它们报告的操作风险事件消失在一个黑洞里,没有任何后续反馈。例如,反馈可以在业务部门的季度会议上进行，在会议上，第一道防线的部门讨论自己部门的风险事件，第二道防线的操作风险管理部门就全公司的情况做进一步分享。

验证

验证阶段主要关注数据的准确性和完整性。稳健的数据收集机制，以及数据的质量和完整性，对于风险计量和风险管理至关重要——可以计算出与风险敞口对应的资本需求。《巴塞尔协议》要求银行"拥有独立的程序来验证损失数据的完整性和准确性"。[7]

验证步骤包括定期检查操作风险管理系统或电子表格中记录的操作风险事件，看看公司总分类账的会计分录中是否有相关记录，这样可以确保总分类账中的损失记录是正确的；在相反的方向上，检查总分类账中的每笔会计分录，看看是否与操作风险管理系统中的记录一致。

可以使用一个额外的认证机制，要求业务单元对报告期内操作风险事件的完整性和准确性提供保证。为了推动这一过程，最佳做法是向各部门提供它们提交的操作风险事件集，要求部门负责人书面确认再也没有发生过其他事件。

公司可能会发现，最好是开立一个单独的总账账户来记录操作风险事件，这样可以保证透明度，也易于核对。举例来说，在贸易公司中，通常所有的收益和损失都在同一个损益账户中记录。这使得从正常的利润表中提取与操作风险事件有关的会计分录变得非常困难，如果使用专门的操作风险账户就简单多了。

外部损失数据

外部事件可以作为很好的案例来研究，使公司能够主动思考这样的问题：这种情况会发生在我们身上吗？数据可以从各种来源获得，包括报纸文章或付费订阅的外部损失数据联盟。操作风险管理条线人员，包括第二道防线的工作人员和第一道防线的"领军者"，要采用有组织的方法，经常关注各种外部事件，选择与公司相关的案例，并及时召开研讨会和主题专家一起讨论，然后采取相应的行动。

解决人的因素

操作风险事件的另一个重要挑战与公司文化有关：让员工感到轻松舒适，在问题出现时能够畅所欲言。营造一种无责备的环境，强调吸取经验教训的价值，鼓励员工反映问题。操作风险管理部门通常是推动公司朝这一方向迈进的催化剂，它向员工提供有关操作风险的培训，要求高级管理层不要对事件做出负面评论，不要出了问题就问责任人的名字。操作风险管理部门也可以成为一个调解人，特别是在向公司高层报告坏消息时，敦促大家以建设性的方式集中精力分析原因，而不是点名和羞辱员工。在对操作风险事件的后续问责处分流程中，第二道防线的操作风险管理部门不要参与，更不要去推波助澜。

操作风险管理部门要帮助管理层重塑管理风格，从追问"谁干的"过渡到思考"我们如何解决这个问题"。这是一个更广泛的文化挑战，仅靠操作风险管理部门是无法解决的，即使付出了巨大的努力。在一些公司中，对报复的恐惧极大地阻碍了公司做出有效报告的能力，大家无法吸取经验教训，也无法获得真正的价值。

不幸的是，操作风险事件大多是"坏消息"，只有极少数的例外——产生了意外的收益而不是损失。随着时间的推移，这可能会给报告工作带来负面影响，如果不加以管理，会不断蔓延，最终影响整个操作风险学科的声誉。需要通过以下方式有意识地注入正能量：

- 专注于吸取教训。
- 展示深层次的调查结果，展示因操作风险事件而实施的流程改进。
- 在各部门中分享事件的细节，促进共同学习，避免在其他领域出现类似问题。
- 分享成功的喜悦，在流程改进后，分享来自员工或客户的积极反馈。

系统故障、数据泄露和与行为相关的事件的处理

正如在第 1 章中讨论的，操作风险学科正从仅仅关注监管资本计算转向更广阔的领域，将操作风险定义为"造成损失的风险"已无法真正反映当今环境。在最近几宗技术事件发生后（包括英国议会对信息技术故障及其对客户的影响进行的一次重要调查），运营韧性受到大家的关注。[8] 监管部门常常要求金融机构评估这些故障将如何影响客户和市场。巴塞尔委员会早年的文件要求和金融服务环境的演变之间产生了冲突，造成了认知分歧。对于金融机构来说，要么扩大操作风险损失的定义范围，以纳入其他非财务影响，要么创建替代的并行程序，捕捉那些会造成客户、声誉和监管影响的事件。

具体来说，挑战来自三个领域：系统故障、数据泄露和与行为相关的事件。

系统故障

由于操作风险事件处理流程和信息技术部门的事件管理流程之间缺乏整合，操作风险管理部门和信息技术部门的同事之间一直存在争论。重大的（不是所有的）技术事件通常会演变成操作风险事件，因此需要建立一种机制来指导决策：在什么时候系统故障会变成操作风险事

件？举一个例子，可以通过建立统一的影响评级体系来达成一致，正如本章前面所讨论的那样。但还需要教育终端用户，告诉他们应该遵循什么样的报告路径，是通过信息技术部门还是使用操作风险事件的上报渠道。

系统故障可能不会立即转化为公司的显性财务损失。然而，随着金融行业对信息技术的日益依赖，它们对客户的影响也越来越大。向上级报告的速度、与客户和监管部门的沟通以及事件的解决都是至关重要的。操作风险从业者是否能认识到这一点，主动迎接挑战，将技术故障纳入操作风险评估过程？或者，随着运营韧性的发展，会不会出现新一代运营韧性专家？作为事件协调员，这些新专家将担任核心角色，协调所有与重大技术事件有关的工作流程，包括与不同领域的必要利益相关方联络。第14章讨论了操作风险和运营韧性之间整合的必要性。

数据泄露

欧盟《通用数据保护条例》（GDPR）大幅提高了对数据管理不善的处罚力度。各公司的当务之急是及时发现和报告实际的与潜在的违规行为。良好的做法是使用现有的操作风险事件报告渠道来处理与数据有关的问题，同时更新操作风险事件报告政策以明确报告范围。但这也依赖于加快操作风险事件的报告速度，以遵守《通用数据保护条例》的时间表，以及操作风险管理部门和数据保护管理者之间的相互协调，以便果断采取行动，确保报告迅速流转。与技术故障类似，数据泄露可能不会立即产生显性财务损失，但会对客户（如果是与员工相关的事件，则包括员工）产生影响。此外，数据泄露可能源于第三方外包服务商的问题。这类问题应被记录为操作风险事件，公司必须督促事件的解决，确保外包服务商采取整改措施，以防止再次发生。

另一种方法是创建单独的数据泄露报告程序，为终端用户提供不同的（单独的）模板，单独的政策、培训和教育。不幸的是，许多公司正是因为选择了这种方法，使基层员工感到困惑，因为他们已经有太多的模板要完成，用于不同的目的。

与行为相关的事件

这是另一个领域，可以将操作风险事件的处理流程作为捕捉和上报重大违规事件的渠道，而不是创建一个平行的合规报告机制。例如，在新产品审批委员会还没有正式签字的情况下，与客户进行新产品交易。虽然这件事的财务影响为零，但它是一种严重的不当行为，严重违反内部政策。同样，在客户尽职调查（CDD）完成之前为客户开立账户，虽然在 10 天后尽职调查完成，没有发生任何意外，但这只是侥幸逃脱而已。如果新客户受到制裁，或者在公司目标市场之外开展了经营活动但是最终未获得监管部门批准，那么可能会给公司造成严重后果。即使没有受到经济处罚，从风险管理的角度来看，分析事件原因并总结经验教训也是有益的。

操作风险管理部门需要与合规部门紧密合作，并就联合方法达成一致。终端用户总是倾向于有一个单一的渠道来上报例外情况，然后该渠道再将这些例外情况分发给相关领域的风险专家，无论是合规、操作风险、信息技术还是数据保护领域。

在报告具有行为影响的事件方面，操作风险事件模板可以包含一个标志或一个涉及行为要素的字段，使所有与行为相关的事件都可以很容易地从整个数据库中提取出来，并进行后续分析。

新冠疫情：是否属于操作风险事件

新冠疫情的暴发给操作风险事件处理流程带来了巨大挑战。在记录操作风险事件时，业内的做法各不相同。2020 年 5 月，我对操作风险最佳实践论坛的成员开展了一次现场调查，想了解：金融服务公司是否将新冠疫情这一看似典型的操作风险事件真的视为操作风险事件；各金融服务公司是否捕捉到了相关后果，如安排员工在家工作时产生的额外费用；它们是否将办公室的一次性深度清洁的费用、与建筑装修和安全维护有关的费用、因中断而造成的交易损失、外部咨询费用以及其他特殊费用视为操作风险损失。

近一半的受访者（47%）尚未做出决定，仍在考虑正确的处理方法；41% 的受访者没有将额外费用归因于新冠疫情，而是认为它们是必要的投资，可能只是由于环境的原因而加速了；只有 12% 的公司按照操作风险损失数据交换协会发布的损失数据报告指南记录了损失。[9]

这种明显的方法差异，源于新冠疫情期间与正常情况下工作和生活方式之间的界限模糊不清。例如，在员工家中安装额外电脑设备的费用可以视为提高业务连续性的长期投资，也可以算作一种损失。办公室的深度清洁，虽然一开始是一次性事件，显然与疫情有关，但现在已经成为一种常规做法，不能无限期地归咎于病毒。

事件处理方法的一致性对比较分析很重要，特别是对于那些使用外部损失数据联盟的公司来说，更是如此。事件处理的差异将导致扭曲的损失数据，对于那些将新冠疫情的影响纳入操作风险损失的公司来说，损失会被夸大；对于那些选择在日常开支中反映新冠疫情影响的公司来说，损失会被低估。

角色和职责

第一道防线的业务单元和支持部门有责任按照政策规定对操作风险事件进行识别、上报,并制作操作风险事件报告。各业务单元需要就内部控制的改进达成一致意见,并提供资金、跟踪改进措施,直到完全整改到位,防止事件再次发生。它们还需要将操作风险事件作为一个触发点,考虑对其他操作风险管理工具——风险与控制自我评估以及关键风险指标进行必要的更新。

嵌入业务单元的第一道防线操作风险"领军者"作为风险协调员发挥着至关重要的作用,确保操作风险事件得到有效处理,来提升风险管理成效。

下面是为第一道防线的操作风险协调员准备的操作风险事件检查清单。

第一道防线的操作风险协调员工作检查清单:操作风险事件
- 本部门所有员工都接受了有关操作风险事件的培训。
- 员工了解到从事件中学习的重要性,并受到鼓励上报这些事件。
- 对根本原因和趋势进行分析,采取行动改善控制环境。
- 通过验证或鉴证,确保事件的完整性。
- 风险协调员分享从操作风险事件中获得的经验。
- 对相关的外部事件开展研究:它们会发生在我们身上吗?

第二道防线的操作风险管理部门负责制定内部政策,为终端用户提供培训和教育,进行整体趋势分析,剖析风险事件,以帮助从过去的事件中吸取经验教训。第二道防线的操作风险管理部门还要对照框架中的其他工具,对事件进行回溯测试,以确保结果的一致性,帮助准确地完成风险计量，评估资本的充足性。

操作风险专家往往是文化变革的催化剂，对于那些无法直言、不敢提出问题的公司尤其如此。操作风险管理部门要与第一道防线的业务单元紧密合作，推动和促进跨部门的学习交流。

常见的挑战和良好的做法

常见的挑战

操作风险事件相关的潜在挑战可能包括以下几个。

不愿上报操作风险事件

这是一个非常现实的障碍，特别是在以责备文化为特征的公司中，第一个问题通常是"谁干的"。操作风险管理部门在积极影响文化，提倡公开透明和不责备方面发挥着关键作用，但一个部门所能完成的工作是有限的。数据分析和人工智能可以提供帮助，让操作风险事件自动浮出水面，减少对人工的依赖，消除流程中的情感因素。虽然这些应用还处于萌芽阶段，但绝对值得进一步探索。

事件发生后缺乏行动

人们制定了明确的整改措施，但由于其他优先事项、预算不足、无人关心或其他原因，未能按时完成。在这些情况下，行动延期了，整改的完成日期延长了好几次。为了避免这种情况，需要采取一种务实的方法，区分次要事项和重要事项。对于无关紧要的事件，整改的成本可能太高，承担风险是最佳的解决办法。然而，如果风险事件和相应的整改措施是重要的，则需要像内部审计后续整改计划一样严格对待。

跨部门事件的责任人不明确

当一个事件涉及多个部门时，没有一个部门愿意站出来牵头整改工作，都想把责任推给别人：这不是我们部门的事件。在这种情况下，操作风险管理部门要牵头制订整改方案，促进各部门对话，以达成一致意见。

事件框架和模板设计过度

简单地说，业务单元不愿意使用操作风险事件处理机制。如果表格设计得过于复杂，并且好像也没什么真正的价值，大家就不愿意使用。从终端用户的角度来看，要让报告流程更加简化，这样可以确保花费的时间和精力真正让公司增加了价值。

行政管理代替风险管理

可能存在这样的问题：围绕操作风险事件开展的工作仅仅是为了完成表格；特别是，当事件门槛值过低，再加上操作风险管理部门的员工过分热心，他们会不顾重要性，去跟踪每个风险事件、整改行动和整改日期。虽然说采用严谨的方法去记录和分析事件很重要，但是对于一些很小的问题，运用风险思维和常识判断也同样重要。

不均衡的参与

人们时常批评操作风险管理部门，认为只有在发生操作风险事件时才看得到它们。而事件发生后，当业务单元专心调查、解决问题的时候，操作风险管理部门却帮不上忙，只知道不停地催报告。诚然，在风险事件发生后，第二道防线的操作风险管理部门需要积极参与事件管理的全部阶段，但是，这不应该是它们与终端用户接触的唯一时间。在风险管理的全周期中，建立联系，了解彼此的职责，结成伙伴关系，是有效风险管理的关键。

良好的做法

培训和教育

量身定制培训课程，包含了与业务单元以及支持部门相关的案例，集参与性、互动性于一体，加深大家对操作风险事件的理解，使操作风险管理流程更易于使用。教育项目需要持续进行，新手可以随时参与。

趋势分析

花时间进行全公司层面的风险趋势分析是个很好的做法，这样才能真正理解操作风险事件呈现的故事。损失状况在某种程度上揭示了公司的优势和劣势，这些宝贵的知识应该用于指导公司的重大决策，例如，重大业务变更、扩张或投资新产品线。

对操作风险事件减少验证

虽然事件的金额和数量增加令人担忧，应该进行调查，但事件急剧减少同样令人担忧。可能是因为公司实施了流程改进措施，但也可能是因为新领导上任后宣传零失误或零损失之类的目标，给报告坏消息的员工带来了恐惧感。因此，没有操作风险事件不一定是好消息，操作风险管理部门需要时刻保持警惕，评估情况，了解是什么导致了这种情况。

学习分享

第二道防线的操作风险管理部门可以组织论坛，和第一道防线的操作风险"领军者"分享相关事件、经验教训和成功案例。这一过程鼓励辩论，促使协调员们拓展自己的人际网络，增强他们相互联系和交换意见的能力。值得一提的是，在不同地区开展相同业务的大型公司中举办这类分享活动尤其有价值。欺诈者可能在发现公司系统的某个弱点后，在不同的司法管辖区和地点进行同样的欺诈。风险事件共享可以防止这种情况的发生。

数据保密性

各机构需要确保：所有事件报告的文本中都删除了客户或员工的姓名及详细信息。诉讼、欺诈和金融犯罪事件包含敏感的细节，因此重要的是在操作风险事件报告中只记录损失金额并备注上档案编号，包含完整细节的档案可以保留在人力资源部门或法律部门。在记录敏感数据（如员工薪酬）时，这一点尤其重要。

在公司受银行保密法或数据隐私法约束的司法管辖区，客户信息和交易信息应在当地隐私法允许的范围内向司法管辖区外传输。

庆祝成功

鉴于操作风险的名称本身就带有负面的含义（如事故、损失），对成功的鼓励尤其重要。操作风险管理部门需要强调改进的价值，注重教训的吸取，同时，要鼓励第一道防线的业务单元和支持部门采取同样的态度。对及时、规范的风险报告要提出表扬，对流程的改进要加以奖励，如果有客户对完善后的流程做出了正面反馈，尤其应该庆贺，让大家将关注的重点从出错的地方转向已经改进、运作良好的地方。这种做法在大多数公司中使用得还不够充分。

第二道防线操作风险管理部门的知识

由于操作风险事件直接用于风险计量，因此需要对其定义和属性有深入的了解并熟练掌握。例如，属性包括总额和净额、参考日期和时间影响（例如，当它们跨越一个以上的会计年度并引起法律风险时，应该记录时间影响）。[10] 正如第 11 章（涉及培训和教育）所述，操作风险政策制定者不仅要能够清楚地说明操作风险事件工具是如何运作的，还必须解释：为什么选择一个特定的事件收集方法和范围，决策中考虑了哪些因素，详细了解了母国和东道国的哪些监督规则，进行了哪些成本效益分析，以及是否考虑了文化因素。

行业基准（2020 年）

操作风险最佳实践论坛研究了操作风险损失这一主题，论坛成员包括一系列金融服务公司的从业者。

解决文化方面的问题：是取得了良好进展，还是仍有工作要做

如图 4-3 所示，当谈到文化时，只有 8% 的现场调查参与者认为他们的公司采取了一致的、建设性的方法来接受已经发生的错误，同时把重点放在解决问题和吸取教训上。这些良好做法要归功于管理层的正确定调。引用美国作家阿诺德·格拉斯哥的一句话："一个好的领导者承担的责任比他应该承担的要多一点儿，而得到比他应得的少一点儿的荣誉。"

大多数受访者认为，他们的公司有不同的文化，这主要是由于不同的管理者在各自的领地鼓励不同的行为——正确的或错误的。约 17% 的人担心，由于公司的氛围不佳，第一道防线的同事对操作风险事件的上报可能会有戒备心理。这些受访者已经采取行动，与人力资源部门以及高级管理层合作，鼓励公司采取更积极的做法。

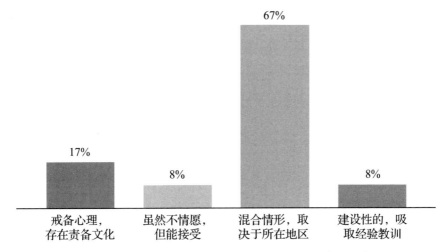

图 4-3 行业调查：第一道防线对上报操作风险事件的态度

资料来源：Best Practice Operational Risk Forum, 2020.

损失事件报告的完整性

参与调查的操作风险从业者承认，操作风险事件识别和报告的完整性仍然是一大挑战，如图 4-4 所示。只有 18% 的受访者表现出很大的信心，认为 90% 以上的事件都得到了识别和上报，使公司能够从这些事件中获得宝贵的经验；其余的受访者承认需要持续教育，不断培养员工的意识。害怕被报复可能是操作风险事件捕捉不太理想的原因之一。

报告门槛值

对数据完整性缺乏信心的另一个影响因素是报告的起点金额（或门槛值），超过这个金额的事件就必须收集。只有不到一半的参与者对门槛值感到满意，这是一个亟须关注的领域。从图 4-5 可以看出，46% 的人认为门槛值设置得太低，这导致第一道防线的员工忙于填写模板，第二道防线的同事追着他们问完成情况并跟进行动;超过一半的受访公司的报告门槛值为零。

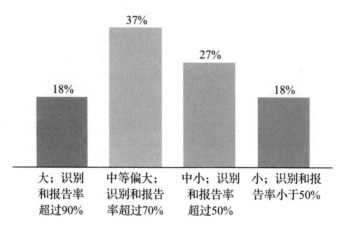

图 4-4　行业调查:对操作风险事件报送情况的信心

资料来源:Best Practice Operational Risk Forum, 2020.

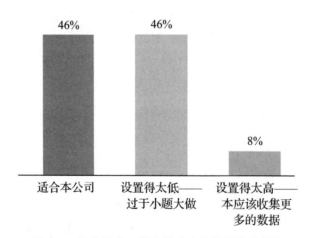

图 4-5　行业调查:操作风险事件的报告门槛值

资料来源:Best Practice Operational Risk Forum, 2020.

提高门槛值有助于将对风险的行政管理转化为对风险的实质性管理,从而将重点放在对于公司来说真正重要的事情上。

实践练习

回顾本章的内容，查看贵公司去年记录的操作风险事件样本，考虑以下问题：

1. 是否为操作风险事件设定了范围和门槛值，对公司来说是否适用？
2. 为了设定范围和门槛值，公司已经开展了哪些分析？
3. 是否有证据表明，公司对操作风险事件进行了主动管理，分析了根本原因，采取了行动防止再次发生？
4. 公司的文化是否有利于员工畅所欲言、记录事件，而不用担心遭到报复？
5. 公司流程的优势是什么？
6. 哪些地方可以改进？记下可能的改进措施。

> ☐ **有所作为**
>
> 在阅读本章后，请概述所学的主要内容，并记下你将采取的一项改进与操作风险事件相关的现有实践的行动。

本章讨论了操作风险事件，从历史上看，这是公司部署的第一个操作风险管理工具，其中仍然存在许多挑战；从复杂的（如正确的公司文化），到简单的（如设置正确的门槛值）。

下一章将重点讨论前瞻性的风险识别。

注释

1. Basel Committee on Banking Supervision (2014) *Review of the Principles for the Sound Management of Operational Risk*

2. European Banking Authority (2008) *Compendium of Supplementary Guidelines on Implementation Issues of Operational Risk (CP21)*
3. Basel Committee on Banking Supervision (2014) *Review of the Principles for the Sound Management of Operational Risk*
4. Basel Committee on Banking Supervision (2009) *Results from the 2008 Loss Data Collection Exercise for Operational Risk*
5. George, ML, Maxey, J, Rowlands, D and Price, M (2004) *The Lean Six Sigma Pocket Toolbook: A quick reference guide to 100 tools for improving quality and speed*, McGraw-Hill
6. George, ML, Maxey, J, Rowlands, D and Price, M (2004) *The Lean Six Sigma Pocket Toolbook: A quick reference guide to 100 tools for improving quality and speed*, McGraw-Hill
7. Basel Committee on Banking Supervision, Basel Framework
8. UK Parliament (2018) IT failures in the financial services sector inquiry launched
9. Operational Riskdata eXchange Association (ORX) (2020) *Capturing Operational Risk Impacts of Coronavirus*
10. Basel Committee on Banking Supervision, Basel Framework

第 5 章

Chapter 5

风险与控制自我评估

本章内容：许多公司都在使用风险与控制自我评估（RCSA），但是这项工具也招致了相当多的批评。本章将关注那些已经被证明行之有效的方法。本章提出了一种基于三个简单问题的风险识别方法，并且强调了通过人性化的、有意义的对话与利益相关方互动的重要性（见图5-1）。本章除了介绍基本概念，还重点讨论了如何避开各种陷阱以及成功的衡量标准，帮助评价风险与控制自我评估是否取得了预期的成果。本章还包含案例研究、操作示例和行业基准。

■ 延伸阅读

- Committee of Sponsoring Organizations of the Treadway Commission (2017) *Enterprise Risk Management: Integrating with strategy and performance*
  推荐理由：COSO方法的众多优点之一，是强调全面风险管理对于战略制定和实施的价值，把风险管理放在提升公司绩效的大背景下，而不是作为一项孤立的工作。如果你打算开展风险与控制自我评估，这本实用指南可以帮助你设计商业案例。

- Theodore Zeldin (1998) *Conversation: How talk can change your life*, The Harvill Press

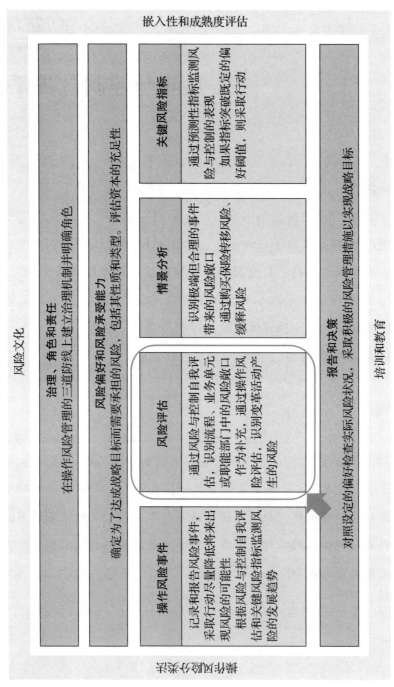

图 5-1 本章焦点：风险与控制自我评估

推荐理由：对于本章来说，这本书可能是一个非同寻常的选择，它为我们展示了对话的艺术，目的是强调这样一个事实，即风险与控制自我评估不是对照工作清单机械地完成任务，而是一场有意义的（甚至可能让人感到愉快的）心灵互动。

重新思考方法：完美配方的基本成分

在操作风险管理框架里，风险与控制自我评估是一个具有前瞻性的核心组件。它也是风险从业者可以使用的最具互动性和吸引力的工具之一。虽然许多金融机构都在使用风险与控制自我评估，但是人们对它的评价褒贬不一，无论是业务利益相关方，还是风险从业者。怀疑者质疑风险与控制自我评估是否真的带来了好处，批评者认为风险与控制自我评估是在浪费时间。操作风险数据交换协会在 2020 年发布的一项行业实践研究反映了这样一种观点：人们认为风险与控制自我评估没有提供足够的价值，是一种空有形式的"勾选框"游戏，并不能真正地影响商业决策。[1]

当风险与控制自我评估工具发展到今天这个阶段时，金融机构可能已经制定了详细的操作规程，针对需要采集的信息，已经在软件或电子表格中预定义了模板，同时还开发了风险和控制常用的词汇库。方法是不是变得过于规范？繁文缛节式的流程是否已经取代了价值创造？无论是从零开始构建，还是对现有的方法进行反思，重要的是要记住，完美的风险与控制自我评估必须包含以下基本要素：正确的利益相关方的参与，每个人主动投入并且积极贡献力量，充足的前期准备，以及有经验丰富的牵头人。

高度重视风险的主动识别

公司越来越关注操作风险的整体概况，这一点体现了监管部门的要求。在今天，除了对常规损失报告提出既定要求，还有大量监管规定要求公司阐释其最大的操作风险。现在，监管机构经常会这样问：

- 贵公司面临的十大操作风险是什么？
- 贵公司面临的五大新兴风险是什么？

举个例子，2014年，英国审慎监管局（PRA）进行了一次关于风险识别的专题审查。几家被审查的银行被要求提交它们历史上最重大的操作风险事件。然后，监管人员和银行高级管理层进行面谈，针对每一个事件进行讨论：

- 是否在事件发生前识别到了相关的风险？
- 如果是这样的话，在事件发生前是否已上报给管理层？
- 如果识别到了，是如何做到的？

这些问题探究了公司在前瞻性风险识别方面的能力：公司是否意识到操作风险事件可能会发生，或者它是不是在没有被预警的情况下发生的？有些问题还涉及公司文化，关于如何公开透明地上报不断升级的风险事件。

正如前几章所强调的那样，这些发展趋势正好印证了行业重心的转移：从单纯计算操作风险消耗了多少监管资本，转向更积极主动的风险管理。正因如此，风险与控制自我评估是一项重要的工具，它鼓励人们主动思考，为董事会和管理层描绘了公司风险和控制环境的完整视图，帮助他们做出审慎的决策。再加上监管部门一直推动强化个人问责，风险与控制自我评估正好可以帮助高级管理层证明自己在识别和管理风险与控制方面采取了合理的步骤，积极履行了职责。总之，有很多理由让我们最大限度地用好这项管理工具。

自上而下和自下而上的评估及其特点

定义风险与控制自我评估

在第 4 章中，我们讨论了操作风险事件，它们是过去已经发生的事件。相比之下，风险与控制自我评估鼓励公司思考将要面临的各种风险，以及未来可能出现问题的领域；帮助公司构建预防性和监测性的控制。

不同公司使用的术语差异很大。风险评估也被称为风险与控制评估（RACA）、控制自我评估（CSA）、自身风险自我评估（ORSA）。接下来，在本章以及本书的其余部分，我们把这些评估统称为风险与控制自我评估（RCSA）。

风险与控制自我评估是识别、评估公司面临的风险以及审查公司内部控制环境的过程，目的是找出那些控制失效或者相对薄弱，因而无法降低风险的领域，并且采取相应的行动。

虽然风险与控制自我评估的概念非常简单、直截了当，但围绕这一概念还是有许多问题需要回答。与其他工具的实施流程一样，成功实施风险与控制自我评估的首要步骤是确定正确的实施方式。由于没有统一的行业标准，每家公司都必须根据自己的情况选择合适的方法、路径、流程以及评估对象的粒度级别。

关于方法，我们需要思考的问题包括：

- 如何构建一种自下而上的方法，从基层员工那里收集信息，以及如何自上而下获得高层利益相关方的看法？关于这两个方面的讨论都是必要的。
- 应该采用什么样的评估标准？
- 对于内部控制，是只做判断性的主观评估，还是要积极地开展控制测试？
- 如何为公司增加价值？如何衡量实践的成功和失败？

以下是风险与控制自我评估方法的示例，包括它们的主要特征、优点和缺点。

精细评估

采取自下而上的精细评估，有助于公司更好地了解其风险与控制概况。在这一类评估方法中，有一种是流程风险自我评估（PRSA），其目的是针对一项特定业务活动制作端到端的流程映射图，找到其中的关键风险因素和控制。业务活动是根据特定标准选择的，例如，如果评估的驱动因素是《萨班斯－奥克斯利法案》（简称"SOX"，该法案曾在历史上推动众多公司开展内部控制评估），那么重点应放在那些会影响公司财务报表中重要科目的相关流程上。[2]

在驱动因素是运营韧性的情况下（就像最近的情况一样），公司就要确定哪些业务和服务对客户或市场最为重要。

有些公司曾使用SOX驱动的PRSA方法，它们在满足运营韧性需求方面更具优势。这是因为在前一阶段的分析中,它们已经完成了流程映射,已经了解了流程间的相互依存关系,这是一项基础工作,同时也非常耗时间(参见第 14 章)。

图 5-2 是流程风险自我评估示意图。

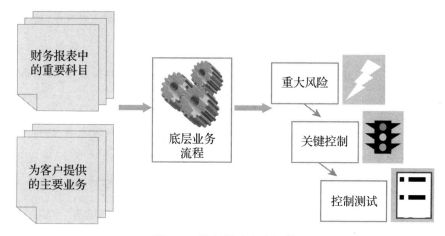

图 5-2　流程风险自我评估

下面是几个可用于 PRSA 的流程或服务的示例:

- 客户存款:端到端的流程映射从建立客户关系和进行尽职调查开始,一直到客户存入资金,并在资产负债表上生成会计分录。
- 外汇交易:同样,流程映射从与一家新公司/机构建立客户关系开始,一直到与交易员达成交易、确认、结算,最后计入总账会计分录。

PRSA 是一种自下而上的评估,可实现相对细致的风险识别,例如:

- 在开户阶段,由于没做客户尽职调查或者调查不力而产生的洗钱风险。
- 由于交易员"乌龙指"而产生的外汇交易出错的风险。

该方法的主要特点如下。

优点：

- 流程映射是一种强大的技术，这个过程本身就会带来明显的好处，我们可以识别出并消除多余的步骤，实现流程优化。
- 这是一种跨部门的工作方式，可以把前台、运营、财务、技术和其他职能部门的参与者聚集起来，鼓励大家开展富有成效的对话，增进大家对风险和控制环境的全面了解；可以加强业务单元和支持部门之间的协作。
- 由于建立了端到端的流程映射图，某项故障到底会对外部客户造成什么样的影响就变得透明化了，同时其影响也是可以衡量的。对于不直接面向客户的部门来说，确实很有必要了解这些信息，这也是该评估方法的核心特点。
- 通常，该评估方法要对流程中的控制开展积极测试（而不是判断性的主观评价），这会让评估更加客观和真实。

挑战：

- 要对流程设置正确的边界，并就流程的起点和终点以及包含（和不包含）哪些内容达成一致，这需要大量的思考，还需要不断试错。由于某些特定流程会横跨多个部门，为其寻找责任部门可能同样具有挑战性。一般来说，公司很少按流程组建责任部门，通常都是按部门组建的。
- 这种方法是劳动密集型的，需要按照严格的工作规范来创建流程映射图，并且不断更新。如果一家公司已经养成了习惯，将流程映射作为其文化的一部分，这种方法就很有可能取得成功。

- 这种方法需要考虑如何处理更广泛的风险，例如治理不善或行为不当；考虑如何汇总精细评估的结果，并将其提交给公司的董事会和高级管理层。

另一种精细的评估形式是部门的风险与控制自我评估，侧重于特定部门、业务单元或职能部门的风险和控制环境。这种方法很契合公司的组织结构，有明确的衡量单位——部门，它们已经建立并在运行，有明显的风险与控制自我评估责任主体——各部门的负责人。它还与高级管理层的问责机制密切相关，可用于个人履职证明，以满足认证和问责制度（如果有）的要求。然而，这种方法本质上是孤立的，因为每个业务单元都仅仅评估自己的环境，而不考虑相互依存关系，也不考虑风险或控制对客户或者资产负债表的整体影响。因此，总体而言，PRSA 是一个更强大、更有价值的方法，但是，如果你正好在部门层面上进行评估，要争取最大限度地探索部门之间的联系和相互依存关系。

高层次的评估

自上而下的评估方法可以让操作风险从业者与高级管理层保持接触，从而站在公司整体角度看问题。战略风险评估（SRA）侧重于识别可能阻碍公司实现其战略目标的风险，让公司可以制定控制措施以降低这些风险。该方法的起点是公司的顶层商业计划，该计划通常会转化为各个业务负责人的具体目标。这种评估方法可以产生直接的价值主张——操作风险从业者可以这样开启对话：评估工作可以帮助公司识别和降低风险，而这些风险有可能阻碍公司目标和商业计划的成功实现。这听起来比一句"你需要完成风险与控制自我评估"这类枯燥的陈述要好得多。

操作风险从业者经常抱怨公司没有邀请他们参与战略制定。在这种情况下，SRA 是一个可靠的工具，不仅能创造价值，还能提升操作风险专业人士的品牌和形象。评估最好在年初进行，以便与战略制定保持同步，帮助公司在充分了解和评估风险的情况下制定更为稳健的战略目标。选择这一时机很重要，可以确保 SRA 不再是一个孤立的行动，而是与决策工作的需要联系在一起——考虑公司战略将面临的风险，参与讨论并审定战略。正如 COSO 所指出的，全面风险管理这类活动，"丰富了对话，开阔了视野，帮助人们看清楚战略的优势和劣势"；使管理层"更有信心，因为他们已经研究了其他替代性战略"。[3] 图 5-3 以示意图的形式描述了这一点。

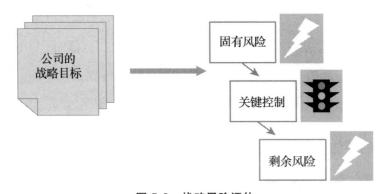

图 5-3　战略风险评估

SRA 是一种自上而下的评估，其结果是识别出顶层风险，这类风险超越了纯粹的操作风险，实际上进入了全面风险管理的领域。

案例研究 5-1

一家投资银行将其目标设定为"开发一系列富有竞争力的产品，以满足客户的需求"，并计划在来年大幅提升客户价值。在 SRA 期间，在讨论哪些风险可能会妨碍管理层实现这一目标时，公司发现了三个风险：

- 产品设计不完善，导致客户体验不佳。
- 无法及时满足新的监管要求。
- 新产品的审批过程太慢。

最后一个风险被认为是实现这一战略的真正障碍。公司启动了一项耗资数百万美元的改进计划，给相关的支持部门招募额外的人员，并且投资建立了一个平行的系统测试环境。大家就新产品的审批标准和审批时限达成了一致，并且严格按照规定时限来审查每个新产品。

可以说，这样的推理（关于"新产品的审批过程太慢"）并不属于操作风险领域。然而，在上面的案例中，这显然是公司面临的一个非常重要的风险；SRA方法需要足够灵活，以适应对利益相关方来说真正重要的内容，而不是那些千篇一律式的、可以归入标准分类的东西。

SRA方法的主要特点如下：

优点：

- SRA是了解公司面临的最重大风险的关键工具。这是随后设定公司的风险偏好的重要步骤（参见第9章）。
- 这项工作与公司管理层直接相关，因为这与他们的个人成就以及公司的战略目标密切相关。这种价值主张有助于为参与者建立令人信服的案例。
- SRA促进了高层次的风险对话，增强了管理层的风险意识，提升了风险评估的价值，推动了管理层对信息和报告的需求与认可。
- 从本质上讲，SRA涵盖的内容比操作风险学科更广泛，它是从整体层面评估风险与控制环境的，通盘考虑存在差距的领域以及可能出现过度控制的领域。

挑战：

- 按照设计，SRA 不会深入研究单个控制的细节。
- 由于参与者都很繁忙，手头有很多重要事情要处理，把他们组织起来并不容易，所以需要进行强有力的工作规划。
- 对控制的评价是判断性的而不是测试性的，这使得评估结果不一定符合实际情况。

公司需要同时开展既精细又高层次的评估，它们相辅相成，既要开展深入细致的研究，也要考虑到公司的整体情况，通过简单加总并不能直接得出整体情况。站在风险被发现的层面看，这些风险往往"看起来"很重大。因此，PRSA 常常把与流程相关的全部风险收集进来，但是却不大可能收集到高级管理层关注的风险（例如，关于失败的治理安排或商业战略风险）。

无论应用哪种方法，风险与控制自我评估都需要遵循一系列不同的步骤。

风险识别和评估

风险识别

风险识别的目的是找出风险与控制自我评估所覆盖领域的重大风险以及各种潜在问题，它们有可能影响公司的主营业务，妨碍业务单元或支持部门实现其经营目标。

为了获得稳健的结果，至关重要的是让正确的利益相关方参与进来，通常是各个部门的负责人以及他们的直接下属和选定的主题专家，在进行战略风险识别时，还有必要让首席执行官及其管理团队参与进来。

虽然风险识别没有通用的方法，但适合采用个别访谈这种形式，在经验丰富的操作风险从业者的协助下，与适当的参与者进行访谈。访谈后还可以举行研讨会，本章稍后将对此进行详细介绍。通过一对一的讨论，可以有效地和高效地收集意见。为了有一个良好的开端，我们可以围绕三类基本问题来展开对话，如图 5-4 所示。

图 5-4　风险识别的三类问题

开放性问题

开放性问题可以探究参与者的关注点，了解到底是什么麻烦事让他们夜不能寐。这类问题很宽泛，要以参与者听得懂的语言来提问（而不是用风险术语，比如"你的固有风险是什么"）。利益相关方很熟悉自己的业务领域，他们的回答能让你充分了解他们所关注的重点。

这一过程可能会收集到各种信息，但不一定都与风险相关。我们需要倾听、探寻信息，并将其转化为对我们有用的输出。许多经验丰富的操作风险经理将自己视为翻译者，将法规解释为日常实践，将利益相关方的输入转化为风险术语，化繁为简。

让我们稍微偏离一下操作风险学科，看看引导对话的艺术：引用西奥多·泽尔丁的话，"真正的对话会产生火花"。[4] 它涉及的不仅仅是发送和接收信息。在对话中，风险从业者不是一个行政记录人员，而是一位知识渊博、地位平等的伙伴，要能够安排和引导整场对话。要建立相互信任的关系，这样才会促成有益的探讨。

回到风险识别，另一类开放性问题是探究哪里可能出问题，或者询问利益相关方有哪些问题会妨碍他们实现年度目标。每一次风险评估都要和目标挂钩，这样可以与商业计划及其成果建立起必要的联系；或者，询问他们如果从零开始建立工作流程，他们会考虑哪些问题。

目的就是用利益相关方容易理解的语言来谈论风险，更好的做法是完全不使用"风险"这个词。

内部控制失效不是一种风险。

要注意，参与者的回答可能会偏离风险主题，例如他们会担心账户账实不符。如图 5-5 所示，账户对账是一种内部控制，可以监测多种风险的发生，包括交易错误或内部欺诈的风险。在这种情况下，主持人需要把焦点重新拉回到风险上，实现这一点的一种方式是使用第 1 章中介绍的领结模型。这个模型再次帮助我们清晰区分具体的风险（事件）及其原因和影响，以及本章后面讨论的控制。熟练的操作风险从业者会下意识地使用领结模型，自动将输入转化为风险的正确表述。

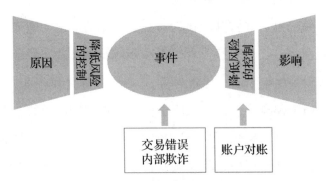

图 5-5　领结模型在风险与控制自我评估过程中的使用：风险

通常情况下，开放性问题的答案可以涵盖大部分风险点，剩下的风险点将在第二类问题中出现。

引导性问题

引导性问题是关于风险完整性的。简单地说，可以归结为：还有哪些事项会让利益相关方夜不能寐。这就是风险分类法（无论是巴塞尔委员会提供的还是内部开发的）特别有用的地方：让讨论具有方向性，或者说可以基于"菜单"展开讨论。风险从业者还要鼓励利益相关方思考以前没有提到过的风险主题。例如，考虑将来出现技术故障的可能性以及它们对业务的影响，考虑公司面临的洗钱风险是否正在增加，或者内部欺诈发生的可能性是否比以前更大或更小。

与利益相关方开展自由对话，并不意味着在毫无准备的情况下召开会议。相反，风险专家的技能越高，掌握的信息越多，他们就越有信心在会议上把握方向。

在会议之前，风险专家必须根据他们对业务活动和商业环境的理解，对预期会出现的风险形成自己的看法。装有补充信息的预习资料包是评估工作的重要辅助工具。资料包里可能包括：

- 战略和商业计划、财务数据、治理委员会会议记录、计划实施的重大变革方案。
- 操作风险数据，包括历史风险事件、关键风险指标，以及以前的风险与控制自我评估结果（如果有的话）（注意：这些数据固然有用，但重要的是不要让它们限制了当前的评估工作）。
- 其他内部控制部门的成果，例如合规评估和内部审计报告。
- 来自外部的数据，包括同行业公司的外部损失数据、有关监管政策的动态信息，以及母国和东道国监管机构关注的重点。

详细的准备工作包括：仔细检查资料包，让风险从业者能够平等地参与讨论，提供有效的监督和质询。

优先级问题

对话的第三类问题侧重于：各种令人担忧的事项，在多大程度上使利益相关方夜不能寐。从实际情况来看，预计明年会因该事项蒙受多少经济损失？预计会造成何种程度的客户侵害、声誉损害或监管谴责？这种提问方式有助于评估不同风险的重要性顺序。相比其他风险，有些风险的影响更重大。这样就把我们带到了风险评估这个话题。

风险评估

风险评估既需要在固有风险的基础上开展，也需要在剩余风险的基础上开展。

剩余风险

所谓剩余风险，直观来说，是指控制实施后剩余的风险。要让利益相关方回答：即使考虑到目前的控制环境，还有什么让他们夜不能寐。这种提问方式反映了当前的控制环境，即"现状"，参与者通常很容易进行评估。

固有风险

固有风险是指在现有控制生效之前的风险。这是一个不太直观的概念，因为对于业务单元来说，很难想象"没有控制"的工作环境。固有风险也是一个非常专业的风险术语，无论是用英语还是用其他语言来表达。因此，考虑到参与者对风险知识的熟悉程度和认识水平，最好的做法常常是先评估剩余风险，然后再评估固有风险。或许更直观的说法是：假如大部分控制都失效了，情况会有多糟糕？

风险通常从两个维度进行评估：发生的可能性和风险造成的影响。

可能性是指风险在未来发生的概率，用某个区间的数值表示。虽然各家公司用来描述可能性的方法有很大的不同——时间范围可能从 1 年到 100 年，但风险与控制自我评估通常仅限于当前的商业周期，因此主要关注近期（1～5 年）。该工具不用于分析最坏的情况或灾难性事件，例如一场百年一遇的洪水。正如第 8 章所讨论的，这些问题常常通过单独的情景分析来解决。然而，也有一些公司发现，将极端风险作为风险与控制自我评估的一部分来加以强调是很有用的，可以把它们记录下来，作为情景分析的候选项，在后期阶段进一步使用。

风险造成的影响，用来评估风险实际发生后带来的后果，包括财务和非财务的后果。在第 4 章中，我们已经介绍了统一的影响评级表（见图 4-2）。

虽然最常见的非财务影响包括客户、监管和声誉三个方面，但公司也可以增加其他类别，例如对员工的影响——包括评估对员工身体和心理方面的伤害，以及其他类型的影响。

这两个维度结合起来，反映了公司对已识别风险的总体暴露情况。可以在热力图上找到它的位置，图 5-6 中给出了一个例子。

人们常常批评热力图，因为它不太精确，而且评估过程中涉及大量人为因素和主观判断。很重要的一点是要充分认识这些局限。这项工作的价值在于通过比较各种风险，了解哪些风险更重要，以优先采取补救措施。这项工作的目的绝不是在图表上标记出每一个风险的精确位置。了解这些局限有助于我们更适当地使用该工具，将其作为辅助性的可视化工具，帮助完成风险评估。

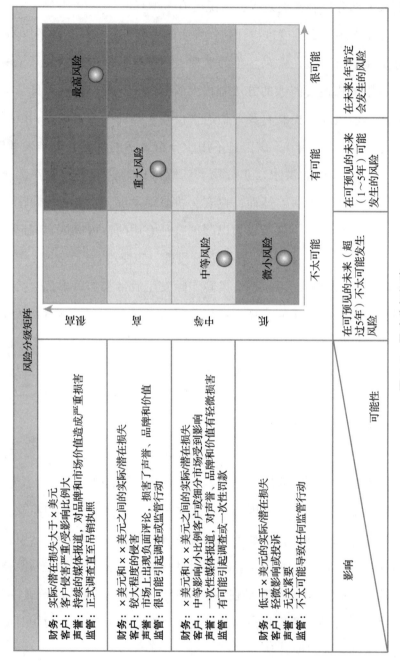

图 5-6 风险分级矩阵

量化评估表通常呈现为相对紧凑的"2×2"矩阵，还有一些非常大的版本，如"20×20"矩阵。通常情况下，"4×4"矩阵的就足够了，单元格最好是偶数（而不是奇数），以防止参与者在评分时盯住中间位置，企图保持不偏不倚的"中立"态度。

风险分级工具可以继续改进，下面介绍一些改进方法。

关于风险的更多信息：演变速度、致命风险、新兴风险

风险的演变速度

额外的第三个维度是风险的演变速度，它可以帮助我们理解给定风险在矩阵上的位置变化有多快。某些风险可能在一开始表现得不明显，但是会迅速发展，演变成重大风险，因此需要在早期阶段给予更多的关注。如果不使用"速度"这个概念，我们需要勾画出风险的演变方向（如增大、减小）。

致命风险

从新冠疫情中得到的一个重要教训是：人们可能忽视了一些重大风险，它们常常被认为不太可能发生。事实上，世界经济论坛（World Economic Forum）在其 2020 年 1 月发布的《2020 年全球风险报告》中早就发现了传染病威胁，并将其评级为"重大但可能性相对较低"。[5] 这是一个有趣的发现，风险界对此展开了广泛的讨论，包括风险行业在预防大流行病方面如何做得更好。因此，改进风险分级矩阵的一个方法，就是针对具有很大影响的风险，不再考虑它们发生的可能性。因此，可以将影响很大的这一整排风险视为最高风险或致命风险，如图 5-7 所示。

这样做，可以促使我们将重点放在如何降低风险上，而不再考虑它们发生的可能性。

上报、接受、偏好

热力图在帮助指导终端用户采取后续行动方面非常有用。例如，在热力图的帮助下，可以阐明剩余风险需要上报的层级，这取决于风险的大小，重要的风险需要提请董事会和治理委员会注意。还可以制定关于风险可接受程度的规则，确定接受每个风险等级所需的权限；定义哪些风险在公司的偏好之外，将不被容忍，需要采取措施降低风险。

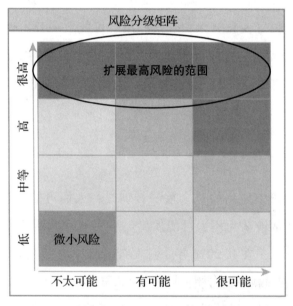

图 5-7 风险分级矩阵：扩展最高风险的范围

新兴风险

除了考虑现有风险环境外，采用结构化的方法来识别新出现的风险也是一种良好的做法。与银行业以及资产管理行业相比，保险业在这一领域更为先进，因为保险公司通常会尽可能多地了解那些有可能影响其投资组合的新兴风险。这些新兴风险的特点是：和现有的各种风险不同，人们并不熟悉它们，没有充分了解它们。尽管如此，它们仍然是潜在的重大风险，国际风险治理委员会和英国劳埃德保险公司对新兴风险做了各种定义。[6,7]

新兴风险是一个非常热门的话题，不光保险公司在关注它们，公共部门对新兴风险也非常感兴趣，一些智囊团和科研机构已经就这个主题开展研究，发布了各种参考指导。同时，管理咨询公司也在积极开发工具，以监测和应对新兴风险。

在操作风险方面，新兴风险可以定义为一种新的或不断增长的操作风险，它有潜在的可能演变成最高风险。

最高风险是指这样一类固有风险：如果不能很好地控制，将对公司产生最重大的影响。

最常用的新兴风险识别工具包括：

- 行业扫描，持续关注公司所处环境的特征和变化。
- 与主题专家一起开展情景分析或举办研讨会。
- 运用矩阵或指标。
- 访谈调查，可以考虑"你觉得还有哪些尚未有效降低的风险"之类的问题。

操作风险管理部门可以采取一种结构化的方法来监测公司内部和外部的风险数据，以便制定一份新兴风险观察清单。可以在操作风险管理部门或其他相关的治理委员会层面进一步讨论清单，随后可以选择某些候选风险开展进一步的情景分析，如第 8 章所介绍的那样。根据分析结果，这些候选风险有可能上升为最高风险。

记录风险

记录风险的正确方式是什么？有没有规范格式？文档编制方法根据活动类型的不同而有所不同：

- 在风险从业者的帮助下，让利益相关方用自己的语言（自由风格）表述风险。这种方法适用于有高级管理层参与的战略风险评估。
- 在风险是负面陈述的情况下，为利益相关方提供指导性语言。这种方法通常会使用诸如不能、不足和失败之类的词。比如，不能及时了解并执行新的监管要求，导致罚款、监管谴责和声誉损害。这种方法没有设定过多的条条框框，因此适合于大多数评估。
- 建立行文格式：由于……，存在……的风险，导致……。例如，由于员工对数据的滥用，存在数据泄露的风险，导致罚款、客户侵害和声誉损害。这样的句式结构比较合理，但是使用的时候还是要小心谨慎。"由于"一词可能会让我们探索同一风险的多个原因，无意中让我们识别出过多的风险。
- 建立一个风险词汇库，利益相关方可以在其中选择与自己相关的具体风险。

方法规定得越详细，对风险的记录就越整齐划一。然而，一些细微的差别和真正需要关注的点可能会被丢弃，这项工作的价值也会相应降低。毕竟，在制定公司的战略时，首席执行官及其团队没有预定义的目标清单可供选择。对于风险从业者来说，更好的做法是为利益相关方提供帮助，以规定的格式陈述风险，同时尽可能多地捕捉他们陈述的内容的真实含义。

识别出的风险需要映射到公司的风险分类，以便与其他框架元素进行对比分析。通常，操作风险领域的风险与控制自我评估会识别出与《巴塞尔协议》分类法或公司内部分类法中的风险类别相一致的风险。然而，高层次的战略风险与控制自我评估——识别可能阻止公司实现其目标的风险，则常常会反映出更广泛的风险，包括战略风险和商业风险。

控制的识别、分类和评估

控制是为降低风险而建立的活动或流程，正如 COSO 所指出的，其目的是"为目标的实现提供合理的保证"。[8]

通常，每一种风险都可以用多种控制来降低。基于风险与控制自我评估的目的，我们要找到关键控制，或者最能有效地降低风险因而绝不能不评估的那些控制。在确定控制是否关键时，这样思考会很有帮助：假如移除该项控制，会产生什么影响？

对于降低每种风险的控制数量，并没有相关的规定，但我建议要至少确定 1 个主要的控制，同时总的控制数量不超过 5 个。

控制的识别

与风险的识别类似，控制的识别可以通过与主题专家开展一对一访谈来完成。

和风险的记录一样，采用哪种方式来记录控制，以及格式的严谨程度，各家金融机构都不相同。

- 提供最基本的指导，确保大家都了解并理解涉及的相关流程，例如，账户对账、客户尽职调查、员工招聘；在高层次的风险评估中，这种做法肯定应该采用。
- 规定格式，对流程和结果的描述中至少要写清楚这些要素：谁、什么时候、干什么。在雇用前（什么时候），由人力资源部门（由谁）对所有员工进行筛选（干什么）。这是一种有用的格式，对控制进行了相当具体的描述，有控制的执行部门，有控制的所有者。
- 建立一个控制库，参与者可以在其中选择相应的控制来降低他们的风险。

一种有用的思考方式是将控制分为预防性控制、指导性控制、监测性控制和纠正性控制，如图5-8所示。

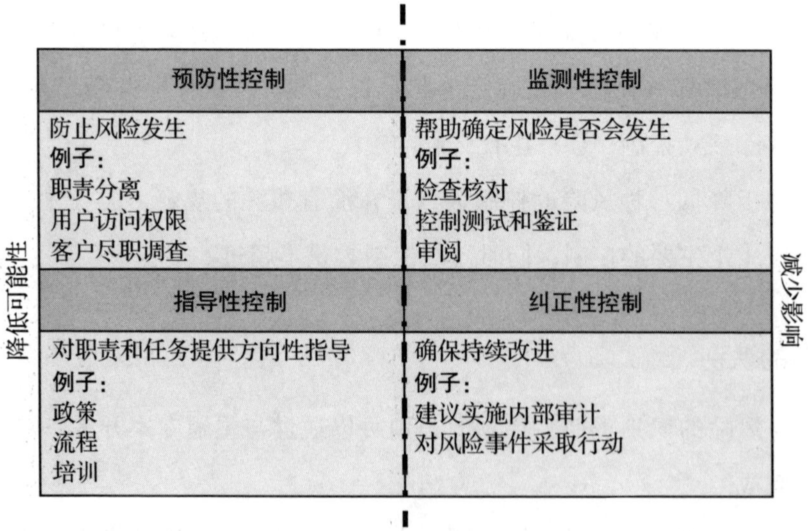

预防性控制	监测性控制
防止风险发生 例子： 职责分离 用户访问权限 客户尽职调查	帮助确定风险是否会发生 例子： 检查核对 控制测试和鉴证 审阅
指导性控制	纠正性控制
对职责和任务提供方向性指导 例子： 政策 流程 培训	确保持续改进 例子： 建议实施内部审计 对风险事件采取行动

（左侧：降低可能性　右侧：减少影响）

图 5-8　内部控制的分类

- 预防性控制和指导性控制,是通过建立防止风险发生的流程以及明确指导员工做正确的事情,来降低风险发生的可能性。
- 监测性控制和纠正性控制,是通过及时发现缺陷并快速补救来减少影响,同时防止影响蔓延。

图 5-9 生动地反映了上述区别。

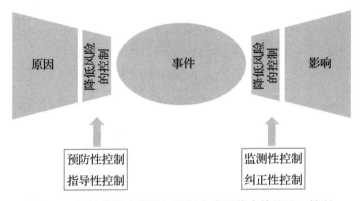

图 5-9　领结模型在风险与控制自我评估中的使用:控制

固有风险和剩余风险之间存在清晰的联系,这直接取决于现有的控制。针对一个固有风险(见图 5-10 中的风险 1),仅仅通过预防性控制或指导性控制来缓解,将降低其发生的可能性,即沿着热力图水平方向(向左)移动风险,使其处于风险 1.1 的剩余风险水平。相反,仅仅进行监测性控制或纠正性控制,将只能使风险沿着垂直方向(向下)移动,将其影响降低到风险 1.2 的剩余风险水平。

要想使风险沿着对角线方向移动(到风险 1.3 的位置),必须同时进行两种类型的控制,并且都要有效发挥作用才行。

这一点很重要,因为有时固有风险和剩余风险是独立评估的,它们在热力图上的位置也是随机的,看不出来相关控制发挥了什么作用。

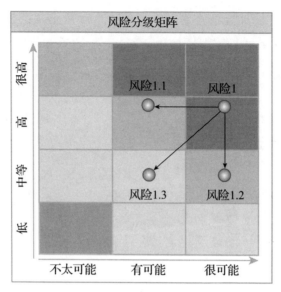

图 5-10　控制与剩余风险的关系

风险与控制自我评估鼓励用户直接评估他们正在执行的各种控制。如果其中某个关键控制属于另一个职能部门，仍然可以对其进行评估，这些控制也是值得依赖的（在得到相应职能部门的同意后）。这是一种良好的做法，它促进了员工相互合作，共同探讨风险和控制的相互联系。例如，公司可能面临这样的风险：无法及时了解和落实新的监管要求。在这种情况下，业务单元在做控制评估的时候，就可以将定期跟踪监管要求的相关控制统统纳入评估，不管是自己正在执行的控制，还是合规部门执行的监管跟踪方面的控制措施。

控制的评估

通过对控制进行评估，可以发现它们在实践中的运行效果，以及它们在多大程度上降低了固有风险。这种形式的评估主要有两种方法：判断性评估和基于事实的测试。

判断性评估

判断性评估包括主题专家根据他们的知识和经验对控制的有效性发表意见。评级可以是一维的,例如"有效""有点儿效果"或"无效",也可以是二维的:

- 控制设计:考虑的是控制在降低风险方面做得如何;是自动控制还是人工控制,能否降低所有风险。
- 控制性能:考虑控制在实践中是如何运作的,包括人的因素;员工是否有适当的技能,是否正确地执行了任务,是否达到了规定的频率和预期的质量标准。

在单独评估每项控制之后,最好评估整个控制体系,考虑它们在总体上是否提供了足够的风险降低能力。如果控制体系总体无效,则表明控制可能存在缺失,需要引起额外关注。

测试

测试是这样一个过程:通过选择具有代表性的、能体现控制性能的样本,确定控制运行的有效性。

案例研究 5-2

一家私人银行制订了一项控制测试计划,定期检查可以降低重大固有风险的关键控制。它创建了一个测试计划示例,描述了风险、控制、测试计划及其频率。

关于销售适当性和适宜性的风险

销售不符合客户风险偏好或投资配置文件的产品,导致出现与销售有关的投诉。

控制

在接受客户委托、开展交易或投资之前,要建立投资配置文件,反映客户的投资目标和风险偏好。要就投资配置文件与客户达成一致,并按照政策规定的频率进行更新。

测试计划

选择上个季度开立的 25 个账户作为样本,在系统中查询首笔投资交易的日期:

- 审查客户档案中是否包含投资配置文件,是否得到相关投资专家的批准。
- 确认投资专家的签字日期是否在该笔交易之前。
- 选择 15 个现有客户账户作为样本,确定投资风险概况是否按照规定频率进行了更新。

测试频率:每季度一次

该测试计划得到了公司的批准并有效实施。基于明确的控制目标和确定的样本量,通过应用自动化的测试脚本,让没有审计或风险背景的员工也可以像内部审计师那样有效开展测试。

风险与控制自我评估研讨会

风险与控制自我评估很适合举办研讨会,研讨会可以提供机会来汇聚集体的智慧,让大家互相辩论并对评估程序提出质询。研讨会通常是作为个人访谈的后续活动,参与者已经对风险与控制进行了充分的思考,从而为联席会议打下了基础。然而,研讨会是一种昂贵的工具,因为要在一段时间内将多名高级管理人员聚集在一起。因此,需要最大限度地做好准备,要明确会议的目标、会议如何进行以及需要多长时间。

良好的研讨会组织工作包括：为整个会议议程邀请各类风险所有者，同时安排特定的时间段来讨论特定的控制。使用这种方法，控制的所有者或主题专家只需要在分配的时间段内加入（例如人力资源部门负责与员工有关的控制，技术部门负责与信息技术有关的事项）。这样可以节省主题专家的时间，使会议更有针对性，便于引导会议进程。主持会议是一项关键的技能，研讨会负责人需要熟练掌握，这将在第11章进一步讨论。由操作风险专家团队主持简短而有针对性的会议，通常受到与会者的欢迎，对于达成预期结果很有帮助。

风险与控制自我评估的生命周期和成功的衡量标准

风险与控制自我评估的生命周期大致如下（本章前文已经介绍了前两个组成部分，即识别和评估）：

- 识别：找出有可能阻碍目标实现的重大风险，以及降低风险的控制。
- 评估：使用规定的方法对风险与控制进行评估。
- 总结和行动：在控制无效或不足以降低风险的领域，要形成多方同意的行动计划并签署协议。
- 更新：定期对风险与控制自我评估进行更新，或者根据特定的触发事件进行更新。

总结和行动

为了完成这项工作，执行的责任部门需要在风险与控制自我评估报告上面签字，证明风险与控制自我评估真实、公正地反映了它们所在领域的风险与控制概况。最重要的是：要考虑"下一步怎么办"的问题，确认行动和下一步计划。要以清晰的方式展示评估的结果，概括出关键信息和行动，对结论提供支撑。一份有意义的报告要包含一个执行摘要，它阐释了整体风险状况，无论是上升、下降还是保持稳定。摘要还需要说明自上次评估以来的主要变化，概述最重要的风险，指出无效的控制，提出应采取哪些行动。摘要还需要有额外的数据支持，这些数据已经在本章前面描述的准备资料中进行了分析，包括操作风险事件、问题、审计和合规发现的情况，这些内容和摘要中的关键信息要可以相互印证。

报告的主体部分需要包含一部分类似讲故事的叙述，这种叙述可以借助视觉辅助工具。例如，用热力图来提醒人们注意重大风险，或者用雷达图有效地指出风险与控制的关系，突出风险以及可能被过度控制的领域（参见第 10 章，了解更多关于制作有意义的、有效的报告的思路和想法）。

更新

风险与控制自我评估报告是一份鲜活的文件，需要保持最新状态。从历史上看，这一直是一项挑战，现在也是如此。正如 ORX 的行业研究报告指出的，"风险与控制自我评估经常是过时的"。[9] 通常来说，风险与控制自我评估是定期（如半年）更新的，同时要与基于触发的更新相结合。触发因素可以是商业模式、产品线或组织结构的重大变化以及其他各种变化，它们促使公司重新审视某种实现目标的能力。重大操作风险事件、外部事件或重大监管变化也可以作为触发因素，这些因素让人们对控制的有效性产生怀疑。在定期更新时，可以借鉴和遵循风险与控制自我评估流程所采用的结构：问三个问题，首先了解是什么让利益相关方夜不能寐；目的是找到自上次更新以来的重大变化。

通常来说，风险管理工作的生命周期是由识别、评估、管理、报告这几个部分组成的。因此，可能会出现一个合理的问题：怎么报告？重大风险的监测和报告要借助关键风险指标，这些指标可以描述整个生命周期的各个关键阶段，因此是一种比较合适的工具。该工具将在第 7 章进一步讨论。

成功的衡量标准

业界一直在讨论风险与控制自我评估的有效性，以及它是不是一个真正有用的工具，还是说它仅仅是"勾选框"游戏。我们知道，一个良好的风险与控制自我评估计划包括以下优点：

- 优化流程、增强运营韧性，以及树立良好的服务心态，服务第一道防线的业务单元（在使用 PRSA 方法的情况下）。
- 帮助制定合理的战略，对风险有很好的理解（在使用 SRA 的情况下）。
- 为高级管理人员工作认证和履职情况提供证据支持。
- 通过识别薄弱环节和实施适当的纠正措施，改善控制环境。
- 对于接受风险且无须采取进一步行动的情况，与相关部门达成书面协议。
- 积极的文化影响：提供风险对话，鼓励人们对风险进行思考，提高公司各个层面的风险意识和控制意识。

为了支持风险与控制自我评估的价值主张，一种很好的做法是制定具体的成功衡量标准。这些标准可能包括：

- 风险与控制自我评估成为变革的驱动力：了解从风险与控制自我评估中产生的各种行动（最好加上行动带来的经济价值）是衡量

这项工作有多大作用的好办法。

- 风险与控制自我评估成为提高风险和控制环境透明度的驱动因素。执行完风险与控制自我评估以后，随后的内部或外部审计就会较少出现意外情况，因为重大风险已经为公司所知晓并且得到解决。有鉴于此，由内部审计发现的新的或未知的重大风险的数量（可能是占风险总数的百分比），可以用作风险与控制自我评估有效性的具体衡量标准。一些公司采用了管理意识评级系统（MARS），这些公司的内部审计会提供两种评级，一种是对审计结果的评级，另一种是自我识别风险和问题的有效性的评级。

- 风险与控制自我评估是一个强有力的风险管理工具：可以通过问卷调查来获取利益相关方的反馈，特别是在首次引入风险与控制自我评估或在评估方法改变时。问题可以是关于风险与控制自我评估带来的价值的，要求员工概述风险与控制自我评估显著的好处；还可以询问利益相关方的整体体验以及收集大家的意见，包括哪些控制已经发挥作用，哪些方面还可以改进。

我在 2018 年开展的一项行业研究表明，很少有金融机构明确衡量风险与控制自我评估的成功程度，如表 5-1 所示。

表 5-1 行业研究：衡量风险与控制自我评估的成功程度

衡量风险与控制自我评估的成功程度	公司占比（%）
没有正式的成功衡量标准	72
具有可操作性（产生行动的数量）	10
风险意识（审计中没有意外）	22
其他衡量方式	5

资料来源：Institute of Operational Risk (IOR), 2018, webinar.

角色和职责

第二道防线的操作风险管理部门作用的发挥是风险与控制自我评估计划成功实施的关键。该部门负责：制定办法和措施；对利益相关方进行培训和教育，让他们了解整个流程以及要达到的预期成果；做好前期准备工作，熟悉相关领域的控制环境；掌握牵头、主持和推进工作的技能；对评估进行监督和质询，以确保结果能正确反映控制环境。总之，操作风险管理部门在很大程度上要为计划的成功（或失败）负责。

作为风险和控制的所有者，第一道防线的业务单元和支持部门负责对风险进行有效识别和管理。要确保认真对待这项工作，让真正的利益相关方参与进来，让风险与控制自我评估产生有意义的结果。第一道防线的部门必须制订行动计划来解决控制薄弱的问题，并持续跟踪直到问题彻底解决。如果已经在业务单元嵌入了操作风险协调员，他们就可以承担风险专家、访谈者和研讨会主持人的角色，领导整个风险与控制自我评估活动，前提是第二道防线的操作风险管理部门向他们传授了正确的知识和技能。

下面是一份操作风险协调员工作检查清单。

第一道防线操作风险协调员工作检查清单：风险与控制自我评估
- 管理层和员工始终能够清楚地阐明他们所在领域的最大风险。
- 使用 ORE 和其他相关数据为风险与控制自我评估提供信息。
- 采取行动管理风险，并且改善薄弱的控制。
- 围绕决策制定流程和管理办法。（可以承担何种程度的风险？由谁来承担？）
- 风险与控制自我评估报告是一份鲜活的文件，按照政策规定的频率和重大变化进行更新。
- 将风险与控制自我评估结果用于决策。

常见的挑战和良好的做法

常见的挑战

下面概述了在设计和实施风险与控制自我评估时可能遇到的挑战。

利益相关方不参与

风险与控制自我评估是一项前期投资，用于了解和改善控制环境，以防止潜在风险在未来演变成现实。对于利益相关方来说，投资的收益总是不那么明显。毕竟，在没有发生任何坏事的情况下（可能永远不会发生），他们为什么要现在花时间呢？在公司刚刚经历了严重损失的情况下，牵头对操作风险事件进行补救是比较容易的，而要想在风险评估中引起大家的关注，达到同样的参与度，则相当困难。重要的是要让高级管理层积极参与这一过程，让其投入足够的时间，熟悉相关的价值主张，毕竟他们对该项工作的成败负有个人责任。他们还需要在适当层级的治理委员会上研究确定评估覆盖的范围。

风险专业知识储备不足

从本章可以看出，我一直认为操作风险管理部门在整个风险与控制自我评估活动中起着至关重要的作用。尽管风险与控制自我评估中有"自我"这个词，但业务单元很少有（如果有的话）足够的成熟度和理解力，能在没有专家支持的情况下进行自我评估。需要给它们提供方方面面的指导，包括：评估时要采用的粒度级别，关于什么是风险（什么不是风险）的正确表述，如何进行影响程度和可能性评估，以及对什么是良好做法的大致了解。如果评估工作仅仅是运用大量的表单、问卷和各种 Excel 表格，这样开展工作是没有多大用处的，风险与控制自我评估必须有知识渊博的专业人士协助。也许这个工具需要改名为"风险和控制提升工作评估"（risk and control facilitated assessment，RCFA）。

为了达到较高的保障水平，风险从业者（包括第二道防线和第一道防线）不仅要在风险学科方面有丰富的经验，而且在工作推动等软技能方面也要有丰富的经验。如果不注重这方面技能的培养，最后将导致评估工作一片混乱，无论是领导者还是追随者都不知道自己在干什么，整个公司将经历一场代价高昂的"演练"，而且只能得到较差的结果。

不成正比的努力

如果方法不适合目的，风险与控制自我评估最终可能找到数百个甚至数千个风险点——强调数量而不是质量，让整个公司迅速陷入疲惫状态。虽然没有公认的风险点数量标准，但一个好的风险与控制自我评估可能会产生 10～30 个风险点，每个风险点有三个关键控制。不是所有的风险点都需要记录下来，应该聚焦重点。良好的做法是对评估过程加以指导，例如，建议只记录最高的和重大的固有风险（见图 5-6），将不太重要的风险点划分出来。

风险与控制自我评估不具有可操作性

风险与控制自我评估已经完成并归档，但由于没有总结并形成结论，人们对评估结果漠不关心，或者由于沟通不畅，最终没有带来任何行动。ORX 进行的一项行业实践研究表明，风险与控制自我评估"没有充分影响商业决策""没有让金融机构像预期的那样，积极主动地进行风险管理"。[10] 由于缺乏实实在在的成果，导致人们质疑评估工作的价值。应该花大力气制订内容清晰、措辞严谨的行动计划，并且采取进一步行动。

良好的做法

正确的方法

风险与控制自我评估通常要在整个公司实施，它是所有操作风险管理框架工具中要求最高、最费力、最耗时的工具。因此，值得在前期投入时间、认真思考来制定正确的方法。建议在详细研究有关文献、与业界进行基准比较、与同业进行讨论，直到找出最佳方法后，再开始执行这项工作。要划拨足够的预算来获取外部咨询意见，并为风险协调员提供必要的培训，这些工作在很大程度上有助于我们获得正确的结果。

识别过度控制的领域

作为风险与控制自我评估工作的一部分，除了寻找差距和薄弱环节，关注可能存在过度控制的领域是一种良好的做法。这不仅提供了一个更平衡的视角来观察控制环境，而且通过减少或消除不必要的控制，也会带来潜在的成本节约。这是一项有价值的活动，但在业内没有得到足够的重视；此外，减少控制可能会让高级管理人员和一些风险从业者感到不安。

对外包活动的反思

在公司将活动外包给第三方或其他实体的情况下，风险其实仍然属于该公司。在风险与控制自我评估中，这一点应该得到充分认识。例如，如果信用模型的开发和维护流程由第三方服务商完成，公司就需要反映外包风险（包括第三方故障和监管不足）以及模型风险（模型设计或部署存在缺陷）。

汇总

关于风险与控制自我评估的一个常见问题是汇总。正如本章所述，自下而上和自上而下的评估都是必要的。自上而下的高层次评估实际上是利用公司高级管理者的集体智慧对精细评估的结果进行判断性总结。参加高层次评估的管理人员将各种精细评估的结果带入会议，让大家站在整体的或全公司的视角，形成观点和结论，让评估结论更加宏观和主题化。如果公司没有开展过高层次评估，第二道防线的操作风险管理部门可以承担起汇总评估结果的职责。这个过程也需要人为判断，认真思考关键风险主题，使用公司的分类法来报告结果。

解决文化方面的问题

具有良好风险文化的公司，能够认识到及早识别和报告重大风险的价值，鼓励人们提高透明度。如果评估结论过于乐观（也许是由于员工害怕暴露问题后遭到报复，对问题进行了隐瞒），操作风险管理部门的监督和质询机制可以确保风险与控制自我评估的结论得到正确校准，并在必要时传递坏消息。通过分享因采取行动而降低了风险的例子来庆祝成功，让人们注意到风险与控制自我评估的积极方面，可以强化风险管理的价值。

嵌入风险思维

为了将风险评估嵌入日常工作，可以鼓励业务单元和支持部门在定期会议中增加一个识别"最高风险"的快速练习。将员工分成多个小组，要求每个小组使用热力图来讨论什么让他们夜不能寐，然后比较各自写下的内容。这不仅突出了人们真正关心的问题，还让员工之间进行了良好的风险对话和知识交流。同样，我每年都要在操作风险最佳实践论坛上领导一项重要活动：对整个金融服务业最高的、新兴的操作风险进行基准测试。来自不同公司的从业者被分成多个小组，使用简单的热力图开展讨论。大家在一起总是会产生激烈的辩论，然后得出一些很有价值的结论。

行业基准（2019 年）

美国著名发明家托马斯·爱迪生在寻找下一项发明时曾说："有一种方法可以做得更好，那就是找到该方法。"根据操作风险最佳实践论坛的结论，将这一哲学应用于风险与控制自我评估这个永恒的话题似乎同样合适。参与现场调查的大多数操作风险从业者认为，他们的风险与控制自我评估方法还需要改进（64%，见图 5-11），也有一些人认为自己的方法还不错，觉得"够用"（12%）或"很适当"（12%）。

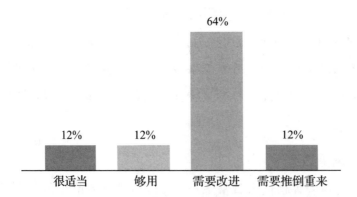

图 5-11　行业调查：对风险与控制自我评估方法的满意度

资料来源：Best Practice Operational Risk Forum, 2019.

第一道防线的看法：增值还是浪费时间

从调查来看，第一道防线的业务单元和支持部门似乎已经认可了风险与控制自我评估，承认它们是有必要完成的（45%，见图 5-12）：它们有助于管理风险，提高透明度，能够证明已经采取了合理的步骤来了解风险并加强控制。

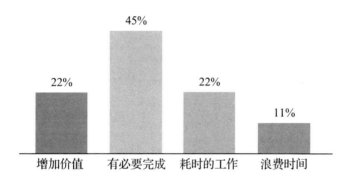

图 5-12　行业调查：第一道防线对风险与控制自我评估的看法

资料来源：Best Practice Operational Risk Forum, 2019.

然而，如何将人们从"浪费时间"阵营转移到"增加价值"阵营呢？这种转变的成功取决于所选择的方法、公司的文化和成熟度。虽然没有简单的秘诀，但还是可以做些工作来产生更积极的结果，比如，创造一个更有效的价值主张，用积极的讨论取代"模板式"的机械劳动，以及更加注重工具的可操作性。

尽管受到批评，但仍是最受欢迎的工具吗

即便受到批评，但当涉及增加价值时，风险与控制自我评估仍是所有操作风险管理工具中最受欢迎的，如图 5-13 所示。从业者按照"有用性"的顺序对操作风险管理工具进行排名，其中风险与控制自我评估被

认为是最有影响力、最具互动性和参与性的。

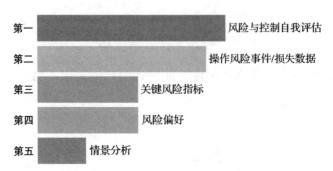

图 5-13　行业调查：最有价值的操作风险管理工具

资料来源：Best Practice Operational Risk Forum, 2019.

总而言之，虽然大多数公司已经实施了风险与控制自我评估，但根据巴塞尔委员会的调查结果，"该工具目前正在经历某种形式的修改或改进"。[11] 这是一个反复试验的过程，直到整个行业找到某种风险与控制自我评估方法，它既能真正地带来价值，又能从利益相关方那里得到积极的反馈。希望在这个目标实现之前，我们不需要经历太多的尝试和方法上的修改。

实践练习

考虑本章介绍的核心概念和观点。获取公司的风险与控制自我评估实例，并对其进行检查，思考下面问题：

1. 公司是否同时开展了自上而下的战略评估和更精微的评估？

2. 回顾过去一年内最重要的操作风险事件，事件对应的风险是否在发生前就已被识别出？

3. 如果风险被识别出，它们是否被记录在风险与控制自我评估报告中？

4. 利益相关方是如何看待这项工作的，对风险与控制自我评估工作是否有正式的成功衡量标准？

5. 记下你特别喜欢的风险与控制自我评估功能。

6. 还有什么可以改进的？记下需要改进的地方。

> ☐ **有所作为**
>
> 在阅读本章后，请概述所学的主要内容，并记下你将采取的一项加强公司的风险与控制自我评估工作的具体行动。

本章介绍了风险与控制自我评估，这是操作风险管理的一种前瞻性工具，用于识别和评估可能阻碍公司实现目标的风险。

下一章将补充介绍针对变革活动的评估方法。

注释

1. Operational Riskdata eXchange Association (ORX) (2020) *Optimizing Risk and Control Self-Assessment*
2. The Sarbanes–Oxley Act of 2002
3. Committee of Sponsoring Organizations of the Treadway Commission (2017) *Enterprise Risk Management: Integrating with strategy and performance*
4. Zeldin, T (1998) *Conversation: How talk can change your life*, The Harvill Press
5. World Economic Forum (2020) *The Global Risk Report 2020*
6. The International Risk Governance Council (IRGC) *IRGC Guidelines for Emerging Risk Governance* (2015)
7. Lloyds of London
8. Committee of Sponsoring Organizations of the Treadway Commission (2013) *Internal Control: Integrated framework*
9. Operational Riskdata eXchange Association (ORX) (2020) *Optimizing Risk and Control Self-Assessment*
10. Operational Riskdata eXchange Association (ORX) (2020) *Optimizing Risk and Control Self-Assessment*
11. Basel Committee on Banking Supervision (2014) *Review of the Principles for the Sound Management of Operational Risk*

第 6 章
Chapter 6

变革活动中的操作风险评估

本章内容：本章继续讨论风险评估这个话题，介绍评估变革相关风险的方法（见图6-1）。本章的核心内容是"范围—方法—整合"三部曲：明确进一步审查的活动的范围；介绍开展风险和机会评估要用到的方法，以及思考如何有效地将剩余风险转移到"正常经营"（BAU）环境。本章分析了新产品、新系统、项目和监管新规相关变革活动的具体特征；并强调了在变革实施后开展评估审查的意义。本章给出了示例、案例研究和行业基准。

■ 延伸阅读

- Helen Winter (2019) *The Business Analysis Handbook: Techniques and questions to deliver better business outcomes*, Kogan Page

  推荐理由：这本书对于学习项目管理很有价值，包含了工具和技术，如RAID（风险、假设、问题、依赖关系）和流程映射，以及瀑布法或敏捷方法，语言引人入胜，易于理解。

- Dr Spencer Johnson (1999) *Who Moved My Cheese? An amazing way to deal with change in your work and in your life*, Ebury Publishing

  推荐理由：这本书很有趣，讲述了变革管理的痛点，是每位风险从业者的必读之书，在老一代风险从业者中很受欢迎。在今天，这本书仍然被个人和团队广泛阅读，在公司重大转型期间尤其如此。

第 6 章 变革活动中的操作风险评估 149

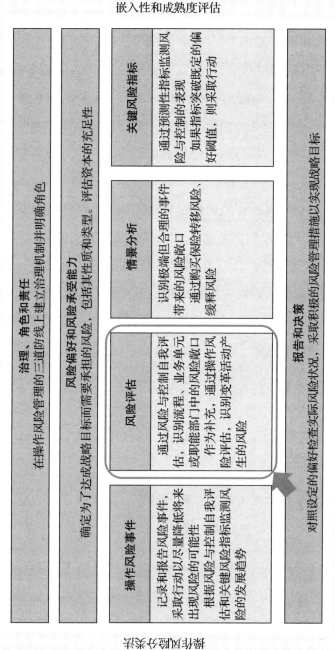

图 6-1 本章焦点：变革活动中的操作风险评估

三部曲：范围—方法—整合

"除了变化本身，没有什么是永恒的。"这句名言出自古希腊哲学家赫拉克利特之口。赫拉克利特以宣称变化是宇宙的本质而闻名，他还说过另一句名言："人不能两次踏入同一条河流。"在技术进步和监管新规的推动下，金融服务业经历了巨大的变革。在这个不断变化的环境中，变革活动中的固有风险是否已经被识别出来？是否得到持续有效的管理？

巴塞尔委员会的《操作风险稳健管理原则》之一，是要对所有"新产品、新活动、新流程和新系统"中的操作风险进行评估。[1]然而，根据巴塞尔委员会的调查，只有2/3的受访公司开展了这样的评估。这一原则非常重要，但是人们对它的认识却很不到位，执行的也不太好。[2]

事实上，公司的变革活动非常广泛，这会给统一方法的实施造成阻碍。最常见的挑战包括：

- 难以给出变革的完整定义，导致治理框架不能涵盖所有类型的变革活动。
- 金融机构对变革活动的管理非常分散，导致对各种变革活动的处理方式不统一。
- 向"正常经营"环境的过渡不够完美，对变革活动产生的风险缺乏监测，变革活动完成后，也没有正式的评估审查机制。

无论是否具有挑战，对变革活动开展操作风险评估都是正确的做法，这个道理很简单，也很直观。我们以信用风险做类比，一家金融机构不太可能在没有评估客户信誉的情况下借钱给他，如果谁要提出这样的信贷建议，任何治理委员会都会表示怀疑。同样，流程、系统或产品的重大变革很容易引发广泛的操作风险,在没有充分了解这些变革活动可能带来的潜在风险的情况下,绝对不能贸然实施。

操作风险管理部门在这方面的作用是非常重要的。该部门必须带好头,让公司站在风险视角审视变革活动,从三个方面来思考相应的问题,如图 6-2 所示。

图 6-2 三部曲:范围—方法—整合

关于变革活动的操作风险,需要关注的方面包括:

- 范围:哪些活动需要进行操作风险评估。
- 方法:哪些工具最适合评估变革活动产生的风险。
- 整合:如何在变革活动完成后,将风险及其所有权转移到"正常经营"的环境中。

识别有风险的变革活动

变革活动由各种各样的事件组成,例如:

- 新产品发布。
- 系统升级。
- 搬迁到新办公楼。
- 付款流程优化。

- 公司重组导致业务转移到另一个区域。
- 实施新的监管要求。

在公司内部,每个业务单元或职能部门都不可避免地要管理一系列项目。在这一系列项目中,可能会有几个项目的潜在风险很高,这些项目可能会带来严重影响,超出公司的风险偏好,因此公司需要严格审查以阻止这些项目。

操作风险管理部门的职责是制定标准,以便能够撒下一张大网来捕捉那些重大且具有潜在较高风险的活动,确保它们接受操作风险评估。在这个过程中,如果能和项目所属部门(如果存在的话)密切合作,共同商定最合适的方法,效果会更好。

重大且风险较高的变革活动,其标准可以通过一组参数来表示,这些参数主要考虑以下几个方面:

- 受变革影响的业务流程的重要程度(见第 14 章)。
- 新颖性(例如,变革活动是发生在常规经营领域,还是新市场或新产品领域),越是陌生领域,风险越高。
- 规模/程度(如持续时间、涉及的资源、支出规模、受影响地区的数量)。
- 迫切性,主要考虑计划是否仓促实施,从而带来更高的风险。
- 监管规定的复杂程度,例如,是否面临新的监管要求。

作为一种替代方法,也可以使用更具指导性的计分卡方法来判定重要性。该方法需要设计一组问题,每个问题都有预定义的不同答案,各个答案对应不同的得分。每个问题得分的总和可以作为指南,表明该项变革属于哪一类别——微小的还是重大的，从而提供一种分类机制。表 6-1 提供了计分卡常用问题的示例。

表 6-1 评估变革活动重要性的计分卡方法

主题	标准	分数
运营韧性	变革是否会对运营韧性构成威胁	1 分：没有开发新系统；在非关键业务流程中，微小的流程或人员变更
		3 分：有限的系统开发，应用电子表格或其他面向用户开发的应用程序（也称为终端用户计算程序）；在非关键业务流程中，中等程度的流程或组织变更
		5 分：重大的系统开发、重组或流程改造；任何影响关键业务流程的变革活动；或者在非关键业务领域中，变革活动需要新设或修订现有的业务连续性安排
外包	变革是否涉及全部或部分外包活动	1 分：不涉及外包
		3 分：对现有外包安排做有限的变更
		5 分：重大变革，引入新的第三方，或者调整与现有外包商的关系
数据	变革涉及个人或敏感数据的处理吗	1 分：数据处理没有变化
		3 分：变革只对有限的个人数据或仅供内部使用的数据产生中等程度的影响
		5 分：变革将影响个人和/或敏感信息的处理
监管合规	是否存在违反监管要求的风险	1 分：无监管影响
		3 分：不符合监管要求的活动，可能被处以有限的罚款
		5 分：监管部门着力推动的项目，任何违规行为都会受到巨额罚款或其他处罚

不管采用哪种方法，都不可能涵盖每项变革活动的全部特性。业务单元和支持部门还需要运用常识来判断，找出那些可能对公司的风险状况产生重大影响的活动。

方法：风险和机会评估

操作风险评估的定义

变革活动的操作风险评估是评估该活动产生的风险，使相关的治理委员会能够对活动的实施做出"做"或者"不做"的明智决定。

与第 5 章中讨论的风险与控制自我评估不同，操作风险评估是临时性的，仅在变革活动实施期间有效，活动实施完成之后，评估结果就失效了，所有剩余风险都将转移到"正常经营"环境中，这样的特性在一定程度上决定了我们要采取什么样的行动。因此，正如本章所讨论的那样，尽管操作风险评估跟风险与控制自我评估有一些相似之处，但它们各自都有鲜明的特点。

操作风险评估是风险与控制自我评估的简化形式：

- 以类似的方式识别和评估固有风险。
- 由于变革活动处于过渡/项目模式，因此没有必要进行控制评估；在整个变革实施期间，关注点是采取什么样的行动来降低固有风险水平。
- 记录变革活动完成后的预计剩余风险水平。

与风险与控制自我评估类似，理想情况下，操作风险评估通过跨部门研讨会来进行，来自不同部门的主题专家参加会议，由经验丰富的操作风险专业人员主持会议。主持人引导大家讨论，引出变革活动的重大风险。为确保整个公司采用一致的方法，可以为风险与控制自我评估引入的风险分级矩阵（见第 5 章图 5-6，我们已经很熟悉）也可以用于操作风险评估,它可以帮助人们思考风险的影响和可能性。这样做,不仅在方法上保持了一致性,而且也让从低到高的风险等级的含义保持了一致性。

下面介绍评估方法上的两点改进:

首先,一些变革活动,例如新产品,容易出现信用风险、市场风险、战略风险、商业风险和其他风险。评估的覆盖范围可以扩大到操作风险以外的更广泛的风险领域,获得更全面的观点。这为操作风险专业人士提供了一个完美的机会来展示他们的领导力和推动力,同时也可以让他们接触更多的风险。

其次,以"机会"的视角来补充"风险"视角,可以丰富评估的内容。

风险和机会评估的目的是同时考虑威胁和收益,从而形成平衡的观点,强调风险管理的积极意义。

操作风险评估示例

公司正在评估一项新的议案,其中包括使用人工智能,以便能够根据客户的交易记录向他们提供个性化建议。

已识别的风险包括:

- 人工智能取代部分员工。
- 软件故障或失灵影响工作效能。
- 机器的使用产生行为风险,给出不适当的或歧视性建议。
- 数据使用不当导致潜在的隐私泄露风险。
- 网络风险:网络事件发生的可能性及其影响。

机会包括:

- 速度和效率的提升。
- "7×24 小时"全天候提供咨询服务。

- 应用数据分析可以提升洞察力和工作质量。
- 降低成本。

如图 6-3 所示，风险和机会显示在一张双面热力图上，该图评估了风险和机会的大小，帮助找到需要重点关注的领域。机会能否最大化？风险降低了吗？这个主题专家研讨会的目的是建立一致的方法进行风险评估，并且要以综合性知识为基础。

研讨会结束后，公司将组建焦点小组，以进一步探索重大的风险和机会。

可以在评估商业前景、产品、风险投资和流程的同时开展机会评估。事实上，这种方法适用于对任何变革活动做平衡性评估。这样做可以强调风险管理活动的积极因素，使风险管理成为推动者，而不是绊脚石，帮助业务部门真正认识威胁和收益，以便对它们进行权衡，并做出审慎的、有风险意识的决策。在实务中，既认识到风险又认识到机会，这种平衡性视角并没有得到足够的重视。风险管理部门就像一位悲观的批评家，经常习惯性地强调消极因素而忽略积极因素。2020 年操作风险最佳实践论坛上的一项现场调查显示：只有不到一半的受访者承认自己采用结构化的方法来识别和评估风险的积极一面。

开展操作风险评估的最佳时间是什么时候？理想情况下，在产品/流程开发的初期，就要以结构化的方式，围绕风险和机会开展有价值的风险对话。而在行业实践中，这仍然是一大挑战。有时，业务单元在做出决策之前，会花几个月的时间研究一个新的议案，操作风险管理部门既不了解该议案也不会出现在相关会议上。然后，到了最后一刻才匆匆忙忙地开展风险评估，而且仅仅是为了在形式上满足治理需要，这自然降低了评估过程的价值。

第 6 章 变革活动中的操作风险评估 157

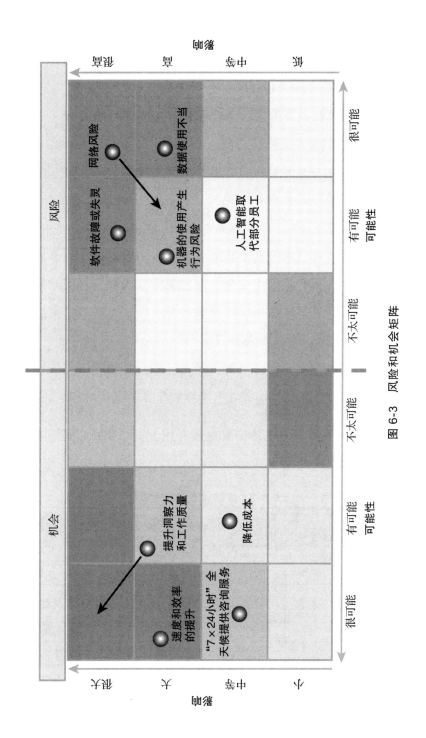

图 6-3 风险和机会矩阵

为了确保在正确的时间、以严格规范的方式开展操作风险评估,人们应遵循哪些步骤呢?

- 从高级管理层教育开始:阐明风险和机会的价值,帮助他们做出"做/不做"的决定。
- 为相关工作人员和第一道防线的风险协调员提供更广泛的教育:帮助大家加强操作风险评估工具的应用,可以列出成功的案例。在这些案例项目中,风险评估有助于识别重大风险。
- 在变革活动由公司有关治理委员会监督的情况下,与负责收集委员会文件的秘书处密切合作,这样做可以确保:提交的任何议案请求,在没有完成操作风险评估的情况下,都会被及时发现并退回给相关业务单元或职能部门。
- 对于分散的变革活动,例如流程变革和业务重组,要与第一道防线的风险协调员合作,促进风险评估在各个领域的实施。

了解公司变革活动的总体情况也很有用,其结果可以记录在一个清单中,表 6-2 就是一个例子。

表 6-2 变革活动清单示例

编号	变革活动类型	是否为重大变革	是否有治理委员会	委员会名称	有无相关政策	政策名称
1	新产品	是	是	新产品审批委员会	是	新产品审批政策
2	系统变更	是	是	系统变更委员会	是	系统变更政策
3	项目	否	否	—	是	项目管理政策
4	监管新规	否	是	监管新规跟踪委员会	否	—
5	流程变革	否	否	—	否	—

通过这份清单我们可以了解到：一些变革活动，例如新产品，可能已经设置了新产品或者重大修订产品的标准，并在有条不紊地执行，有专门的政策和治理委员会监督。而其他变革活动，例如流程变革，没有使用实质性概念，完全由每个部门以自己的方式分散地实施。

为了进一步阐释，接下来将分析各种类型的变革活动及其具体特征。（请注意，"范围—方法—整合"三部曲的最后一部分——"整合"，将作为变革活动风险评估生命周期的一部分在本章后面进行介绍。）

变革活动及其特征

新产品

新产品审批（NPA）是公司发布新产品或新客户价值主张的一个程序，它能确保产品在发布之前得到严格的审查和批准。在许多公司内部，这一程序已经相对成熟了，它主要包含以下特征：

- 清晰的范围：对什么构成新产品以及什么构成产品重大修订做出明确定义，从而筛选出全部候选产品，作为操作风险评估的触发因素。只要定义足够清晰，其实就不需要额外的筛选标准或评分了。
- 有统一的治理委员会，由它做出"通过"或者"不通过"的最终决定。
- 明确各个部门在产品支持和审核中的职责，包括运营、技术、财务、合规以及其他部门，对产品进行全面的和多维度的评估。

与其他变革活动相比，新产品审批通常就像一台运转良好的机器，产品议案要经过规定的评估步骤，其中之一就是操作风险评估。利益相关方有着共同的目标，那就是成功地推出产品。由于大家都希望获得成功，所以通过风险评估来帮助他们识别和减少产品议案中的风险的工作通常很受欢迎。衡量成功的真正标准，是让新产品的发起部门希望自己的产品议案接受评估，表明它们理解审慎的风险管理能够带来价值和好处。

系统变更

要特别关注系统升级，因为系统变更通常是技术中断的首要原因，对运营韧性构成重大威胁。[3]

信息技术部门通常有自己的变革管理流程和活动分类方法，挑战在于如何与其合作。操作风险专家必须与信息技术部门的同事密切合作，就什么构成重大变更达成一致。标准不应局限于纯粹的系统因素，还应扩展到对财务、客户、监管和声誉的影响。

与新产品相比，系统升级使用了大量的技术术语，这可能导致不太熟悉信息技术的利益相关方不再参与，系统变更通常由信息技术部门自己评估和实施。这意味着，尽管业务单元和支持部门是系统解决方案的实际用户，它们的积极参与具有毋庸置疑的价值，但是系统变更要么没有跨职能部门的审查和签字，要么只有较低程度的参与，这一点和新产品审批形成了鲜明的对比。那些取得成功的信息技术部门，往往能用简单的语言介绍它们的提案，解释潜在的影响，鼓励大家交流对话，最大限度地增加其他部门的参与度。

案例研究 6-1

信息技术部门正在与某个业务部门密切合作，计划进行系统升级，从而为客户带来卓越的产品功能，使客户受益。这一变化被认为是重大变更，并触发了操作风险评估。

操作风险管理部门正在主持跨职能研讨会，除了讨论常见的重大系统故障和业务连续性安排不足等风险，还增加了客户歧视风险。这是由于产品文档中包含一段用小号字写的例外条款。某个特定的客户群体被排除在系统升级方案之外，操作风险管理部门质疑这些客户是否会因此受到不公平待遇，无法得到相关产品服务。主要是没有考虑到这种情况：被排除的这部分客户，他们的账户保存在另外一个已经过时的旧平台上，因此任何升级都不会覆盖到他们。

讨论的结果是：修改方案目标，寻找适当的解决方案，以向所有客户群体提供升级服务。

上述案例研究体现了适当的跨部门风险对话带来的价值。经验丰富的操作风险从业者喜欢主持研讨会，让不同的参与群体打破常规思维的局限性，找出关键风险，包括不太明显的风险和更常见的风险。第11章中也讨论了研讨会的主持和引导这个话题。

系统变更面临的其他挑战与公司文化有关，特别是在矩阵型组织中，信息技术部门的工作目标与公司的其他部门存在差异。在敏捷开发环境中，这种差异为：信息技术部门的工作重点与项目经理的需求和期望不一致。操作风险管理部门需要确保技术开发工作应用了适当的原则进行需求的优先级排序，要管理好各类需求的优先顺序，比如要同时考虑监管法规的要求和业务增长计划。当信息技术变更活动的排序与项目的要求发生冲突时，重要的是公司要有相应的冲突解决机制，并且能够将问题迅速上报，以便高级管理层能够做出决策。

系统紧急升级特别值得一提。在这种情况下，"紧急"这一名称已经包含了紧迫性，因此实施这些升级在本质上是有风险的。可能没有时间开展完整的操作风险评估，但要对重大风险进行书面确认，然后在升级完成后进行审查，这样做对紧急升级至关重要。要确保在没有得到重要利益相关方批准的情况下，信息技术部门不会启动开关。

项目

项目经理可能会争辩说，他们已经采用RAID（风险、假设、问题、依赖关系）概念来管理项目风险，这是项目管理的核心方法。然而，操作风险管理工作仍然可以为这一领域带来独特的价值。这两个学科是相辅相成的。自然，负责变革项目的专家主要关注项目本身的风险：没有按时完成或超预算的风险，或者没有达到预定规格和标准的风险。这与项目管理协会对项目风险的定义是一致的："不确定的事件或情况，一旦发生就会对一个或多个项目目标（如范围、进度、成本和质量）产生积极或消极的影响"。[4]

操作风险评估将通过揭示项目中固有的操作风险来补充这一定义。

案例研究 6-2

由于业务模式的改变，一家股份制银行正计划将多个客户账户从一个运营实体迁移至另一个运营实体。在项目办公室的统一领导下，它启动了一个持续数年的项目。

在整个项目期间，通过项目RAID日志严格识别和跟踪风险，包括延迟交付、超预算以及未能实现客户端无缝过渡等风险。由于该项目规模庞大，银行启动了操作风险评估，由操作风险管理部门牵头实施。该评估审查了一系列风险，认为外部和内部欺诈风险在增加。在大规模账号变动期间，客户很可能成为诈骗分子的目标，也可能为员工创造条件从事未经授权的活动。

操作风险评估引发了对这些风险的进一步探索和对整个内部控制环境的检查。

上述案例研究反映了操作风险评估与项目 RAID 日志的互补性。此外，它再次强调了由风险专家主导风险对话的重要性。

传统的项目管理方法，有时也被称为"瀑布法"，包括一个连续的过程，即"在设计开始之前定义需求，然后在开发之前完成设计"。[5] 因为在进入下一阶段之前，都对项目进行完善的管理、影响评估和签字确认，所以从风险管理的角度来看，这些项目更容易管理。

然而，越来越多的组织正在转向敏捷环境。敏捷项目应用"迭代法"，团队并行工作，以增量方式交付，并随着时间的推移不断协作以改进设计。这种灵活的方法，其基础在于自组织的团队、积极的个人和面对面的对话，欢迎"不断变化的需求，甚至是开发后期产生的需求"。[6] 考虑到敏捷项目的灵活性，从操作风险管理的角度来看，它比瀑布式项目更具挑战性。

将操作风险专家嵌入敏捷团队，是确保在整个敏捷项目中推进风险对话的一种理想方式。

然而，这对风险管理资源提出了很高的要求，无论是第一道防线还是第二道防线。

敏捷环境也采用最小可行性产品（MVP）的概念，这种产品满足了基本的设计特点和要求，但并没有开发后续可能会添加的所有附加功能。根据定义，最小可行性产品可能会有一些局限性，从而产生风险。

必须对这些风险进行适当的评估，并与总体风险偏好进行比较，看这些局限性是否可以接受。例如，最小可行性产品可能没有报告功能，限制了对产品性能的管理，或者必须手动完成监管报告，从而导致潜在的影响（包括错报和处罚），这些风险有可能超出公司的风险偏好。

监管新规

JWG 是一家富有开拓性的市场资讯公司，它进行了一项有趣的实验：统计新法规的总页数，并估算一沓沓法规堆积起来的高度。他们指出，"自金融危机以来，我们收到的监管文件堆积起来的高度已经超过两座埃菲尔铁塔高度之和，这些金融监管规章多如牛毛、内容复杂，实施起来成本高昂、耗时耗力，而且规章的数量和复杂性还在不断增加"。[7] 毋庸置疑，金融行业的很大一部分变革是由监管部门推动的。

金融公司实施这些监管新规本身就存在风险。不计其数的巨额监管罚单说明这些监管法规落地实施难度大，执行不力倒是多么容易。

实施监管新规的关键挑战是如何解读大量长达数百页的技术文本，并将其转化为具体的落地方案。除其他事项外，文件解读过程还需要指出整个系统中的哪些具体领域需要改进，以及如何改进。金融机构是否清楚谁在做这些决定？人们可能会认为这是合规部门的职责。然而，合规部门会争辩说，它可以转述法规的文字和精神，但决定权在业务单元。业务单元对业务流程有深入的了解，它才能做出正确的决定。我们假定以监管新规实施部门的判断为工作推进的方向。在这种情况下，我们比以往任何时候都更需要通过操作风险评估来阐明风险，包括实施过程中的不确定性以及对其影响程度的评估。但是，这需要公司达到一定的成熟度，所有员工都十分熟悉风险管理的概念和工具，可以在基本问题上拥有共识，避免无谓的争论，以便识别和记录风险。实践中，很少有公司能达到这种成熟度。通往成功的道路是在整个公司范围内开展教育；与此同时，再次将操作风险从业者嵌入主要监管新规实施项目，以促进风险对话。由于资源稀缺，即使想这样做，也常常面临挑战。

举例来说，《金融工具市场指令》（MiFID II）是一项复杂的法规，导致交易、财务和支持部门的架构以及运营模式发生重大变化，并对部门的重大决策造成影响。2017 年，在该指令生效之前，我领导了一项行业研究，想知道操作风险专业人士在多大程度上参与了该监管法规在金融公司的落地实施。研究表明，在大多数公司中，该项工作是由合规部门主导的；超过一半的操作风险从业者承认自己很少参与或者根本没有参与。研究小组成员有 1/3 来自治理委员会，他们主要负责监督，其中只有一小部分人参与和推进操作风险评估工作。作为研究的一部分，研究小组得出结论：关键是让操作风险专业人员更多地参与这类重大变革活动；然而，这不可避免地要与其他更重要的工作发生冲突。

对于复杂的监管新规，可以针对其逻辑子部分执行多个操作风险评估。例如，因 MiFID II 和《通用数据保护条例》产生了 10～20 个单独的操作风险评估，使评估能够涵盖监管新规的大部分内容。遇到这类复杂情况，每个操作风险评估过程都是反复进行的，在开始时进行评估，然后在参数发生重大变化时再对评估进行修改。

流程变革

这是所有变革领域中同质性最差的一类变革活动，也最需要明确定义标准来确定哪些流程活动构成重大变革。处理流程变革的一种方法是扩展现有变革活动（如 NPA）的治理办法来适应更广泛的情况，确保同样严格的标准应用于流程变革、组织变革、业务重组和其他变革活动。通过这种方式，NPA委员会将自己升级为NPCA（新产品和变革审批）委员会。如果不这样做，公司可能需要创建一个单独的重大变革委员会。然而，大多数公司在这一领域并没有采用一致的治理办法，大家的基本做法是由操作风险管理部门牵头，开发一组参数，在流程变革中嵌入风险评估相关规则。

变革活动风险评估的生命周期

变革活动风险评估的生命周期描述如下：

- 范围：商定一组明确的参数，以便捕获需要开展操作风险评估的活动。
- 评估：在全公司范围对重大变革活动实施风险评估。
- 整合：建立移交程序，将剩余风险转移到"正常经营"环境中。
- 审查：开展变革实施后的评估审查，以评估变革活动是否取得成功，并总结经验教训。
- 汇总和监测：通过应用关键风险指标，评估和监测多重变革对公司风险状况的总体影响。

第一阶段（范围）是确定用来筛选重大变革活动的参数，本章的开头对此进行了介绍。

评估

如前所述，操作风险评估是一种简单而有效的方法，它使用我们已经熟悉的风险分级矩阵来评估变革活动的风险。有没有操作风险评估的替代方案？还有哪些方法可以应对变革风险？

- 在不使用操作风险评估的情况下，可以将变革作为一个触发因素来重新检查现有的风险与控制自我评估。这种方法看似合理，但由于变革状态具有暂时性，它实际上无法很好地得到应用。
- 情景分析可以用来检查极端结果。但是，该工具是辅助工具，而不是主要工具，因为它无法大规模使用——为每个重大变革进行情景分析既不可行也没有必要。
- 可能没有具体的评估，而是基于变革活动的规模采取不同级别的治理手段。这种方式可以提升审查的级别，但并没有提供结构化的方法来识别和评估风险。

整合

整合是"范围—方法—整合"三部曲中的另一个关键步骤。由于变革活动具有实时性，在项目实施过程中，人们投入了大量的注意力和精力，大家都非常认真。而当项目结束后，团队就解散了，人们纷纷离开，带走各自的专业知识，这是我们常常看到的景象。至关重要的是：不仅要确保相关专业知识的转移，而且要确保在风险评估阶段已经标记但却没有解决的剩余风险的转移。

在变革活动期间未得到降低的重大剩余风险必须正式移交给新的"正常经营"环境下的负责人，并由接收方签字确认。如果后者没有签字，变革活动不能被视为完成。

风险的移交可以这样做：将已完成的操作风险评估移交给现在负责的

业务单元负责人或支持部门负责人。如果在项目期间，操作风险管理部门将识别出来的风险分配给项目临时管理方，最后的移交阶段会遇到麻烦。因为项目临时管理方常常并不是最终的"正常经营"环境下的负责人，不是最适合从整体上理解、降低并全面管理风险的最终责任部门。从一开始就让未来的"正常经营"环境下的负责人参与变革活动，这样做总是明智之举。通过经常参与、定期了解，让他们熟悉对流程和控制的任何修订，同时这些修订也应该取得他们的同意，毕竟他们将来要管理相关的风险。

一个可行的解决方案是："正常经营"环境的风险所有者在经营前书面接受变革项目的剩余风险，并将这些风险作为业务整体风险组合的一部分加以管理。

审查

实施后审查（PIR）有多重目的。首先，PIR 可以评估项目、计划或活动的有效运行情况，包括它们可以为将来提供哪些经验教训。其次，PIR 可以帮助确定是否达到了最初的目标。例如，对于新产品，可以将实际产量与预测产量进行比较，可以评估盈利能力和客户反馈。最后，PIR 提供了一个深入研究控制环境的绝佳机会。如果在最初的风险评估过程中发现重大风险，审查人员可以对降低这些风险的控制的性能和质量进行批判性审视。这项机制用得很少，应用得很不充分。然而，以监管新规为例，PIR 确实给我们提供了一个机会，确保控制仍在按最初的设计运行，也能保证运营环境不发生恶化。

PIR 通常在变革完成后的 3～9 个月内进行。有时，在变革完成后的 2 年内，还可以再额外开展一次中长期审查。操作风险事件的增加也可能触发 PIR，这表明向"正常经营"环境的过渡并不顺利。

并非所有变革活动都需要开展 PIR。从 PIR 提供的回顾和重新评估中，受益最大的是新产品和监管新规。还有一种良好做法：在初始的风险评估范围之外，找一个变革活动样本，测试它是否应该纳入评估范围。这可以作为一种威慑，防止变革活动实施部门为逃避审查而故意低估变革活动的规模。

汇总和监测

汇总步骤旨在评估同时实施的多个变革活动的总体影响，并评估变革风险是否超出公司的风险偏好。实现这一目标有多种方法：

- 最常见的一种汇总是基于统一的变革管理部门（如果公司有这样的部门）准备的变革活动清单。由相关治理委员会审查这份清单，指出薄弱环节，包括过分依赖关键人员，以判断公司能否有效地应对变革组合。这样做可以得出判断性的评估，即多重变革的整体影响是否可以容忍。
- 还有一种选择是将变革风险添加到操作风险类别中。正如第 1 章所介绍的，变革风险是一种独特的风险类型，也是产生其他风险的原因。目前这个话题还充满争议，业内意见不统一。将变革风险作为单独的风险类别，如果该类风险等级出现上升，各部门可以在风险与控制自我评估中将其标识出来，然后进行汇总。
- 最后一种选择是基于触发因素来实施审查，可以通过分析操作风险事件及其根本原因来完成。如果风险事件的数量和金额大幅增加，而且产生的原因基本相同（即过多的变革议程），那么就需要引起关注。这类审查在某种程度上是很有益的，但它是一种相当被动的方法。

下面是关键风险指标的示例，这些指标可用于评估变革活动的各个方面：

KRI1：变革风险——逾期和有风险的项目在现有项目组合中所占的百分比。该指标反映项目组合的整体健康状况，监测陷入困境的项目与正常运转项目的比例。

KRI2：向"正常经营"环境过渡的情况——PIR 发现重大问题的变革活动的数量。PIR 用于衡量项目实施的成功程度，以及跟踪失败和实施不力的项目。

KRI3：风险评估——未完成操作风险评估的重大变革活动的数量。该指标与公司文化相关，监测对既定流程的遵守情况，以确保重大变革活动都经过了风险评估。

更多的关键风险指标例子将在第 7 章中介绍。

角色和职责

第二道防线的操作风险管理部门是变革风险评估方法的设计者，它与利益相关方（无论是项目、产品还是其他团队）密切合作，以确保将操作风险评估整合到业务实践中。有效的协作可以帮助公司找到适合组织规模、性质和文化的正确解决方案。操作风险管理部门为第一道防线的业务单元和支持部门提供培训与教育，并牵头推进研讨会。该部门还承担了监督和质询重大变革活动的职责，确保公司承担的风险水平与变革活动相称，并向相关治理委员会报告变革风险的总体水平。

第一道防线的业务单元和支持部门承担风险，并最终对其变革活动的成败负责。它们负责确定符合特定标准的重大项目和计划，并根据需要开展操作风险评估工作。有的领域已经内嵌了操作风险协调员，他们可以帮助传播知识。在开展操作风险评估工作时，他们可以充当顾问和主持人。

下面是第一道防线的操作风险协调员工作检查清单。

第一道防线的操作风险协调员工作检查清单：操作风险评估
- 员工了解变革活动的政策和管理办法。
- 根据设定的重要性标准筛选变革活动，然后开展评估。
- 对重大变革活动完成操作风险评估。
- 充分考虑风险和机会，以获得平衡的观点。
- 变革活动一旦完成，剩余风险将严格地转移到"正常经营"环境中。
- 开展实施后审查。

常见的挑战和良好的做法

常见的挑战

下面介绍了开展变革风险评估时可能会面临的挑战。

目标不平衡

当公司的商业目标过于偏重增长和效率时，可能会面临文化方面的挑战：新产品和变革项目牵头部门没有足够的动力确保控制环境适合于所承担的风险。它们可能认为审查没有什么益处，只不过是例行公事，甚至是它们项目的障碍，从而可能拒绝履行审批程序。来自高层的正确基调和反映公司风险偏好的平衡性商业目标，有助于应对这一挑战。

变革发起方不透明

同样，如果采用基于风险的方法对风险较高的项目进行评估，重要的是要确保发起方提供关于项目的完整资料。这样做，项目的风险才不会被低估，甚至低于审查门槛。这是一个令人担忧的问题，尤其是当发起方认为审查没有益处或没有增加价值时。

不愿进行操作风险评估

业务单元和支持部门可能不愿进行操作风险评估，理由是它们没有能力完成，而且不管怎么解释，它们都认为审查不过是官僚式的走过场，不会带来任何新的东西。改变怀疑者的最好方法是找出那些被人们遗漏或根本没有被想到的真正的风险。展示以往的成功案例，表明操作风险管理部门可以很好地组织研讨会、推动讨论、提供专业知识，最终还是可以改变怀疑者的态度的。

角色和责任不当

人们普遍认为，完成操作风险评估是操作风险管理部门的职责。巴塞尔委员会在调查中注意到了这一错误，[8]强调实际上应当由第一道防线的业务单元和支持部门识别和管理自己的风险。操作风险管理部门是一个强大的风险管理工作推进的伙伴，但不是风险所有者（另请参阅第3章，重点介绍了这三条线的角色和责任）。

标准不符合目的

当重大变革活动的标准设置得太低时，这项工作就会流于形式，成为一种"勾选框"游戏，可能导致业务单元和操作风险管理部门被大量不必要的评估淹没。使用合理的判断有助于正确地校准参数，并使操作风险评估与公司的风险偏好保持一致。

向"正常经营"环境过渡不畅

有时，从变革项目到"正常经营"环境的过渡未能达到最优化；项目在没有正式转移剩余风险的情况下就结束了，或者新确定的经营主体不愿承担责任。从一开始就应该让合适的利益相关方和团队参与进来，确保它们参与风险对话，这样做有助于避免后期出现失败。

缺乏操作风险管理部门的参与

有一些重大变革活动没有第一道防线或第二道防线的操作风险工作人员参与，这将导致公司对变革总体风险概况的理解出现偏差，使操作风险专业人士无法参与决策，无法协助实施结构化方法来评估风险和机会。建议第一道防线和第二道防线的操作风险工作人员定期跟进，确保充分知悉并参与最重要的变革活动。

良好的做法

操作风险评估的嵌入应用

具有良好风险文化的公司能够认识到风险评估的价值。治理委员会和董事会依赖于伴随重大变革活动而开展的各种操作风险评估，因为对于它们的决策来说，清晰的风险与机会图景是不可或缺的。它们将拒绝那些没有完成操作风险评估的新业务提议。这就是公司风险文化已经成熟的标志，它传达出强有力的信号——支持稳健的风险管理实践。

风险和机会评估

风险和机会矩阵的使用给风险管理带来了更为积极的视角，提升了操作风险管理部门的声誉。在制定方法和引导对话时，平衡那些具有负面含义的词语（如损失、威胁、风险）与更积极和更乐观的术语（如机会、收益、经验教训）很重要。

找到正确的方法

如果使用模板进行操作风险评估，最好将操作风险分类法构建到模板中，以提醒需要覆盖哪些领域。然后，变革活动发起方可以从菜单中选择相关风险并添加评论，评估预计的固有风险和剩余风险水平，并在项目的早期阶段了解现有的风险降低措施。然而，正如第 5 章中提出的，模板确实提供了一个框架，鼓励大家通盘考虑全部风险，但它们也可能限制了人们识别风险的思维模式。在这种情况下，模板就变成了"勾选框"游戏。要经常召集适当的利益相关方开会，从零开始，询问大家"这里有什么风险"。这样可以更有效地引出最重要的主题。模板可以用作有序记录讨论的基础。

使用系统或软件

跟风险与控制自我评估不同的是，变革活动的风险评估是临时性的（即使对于较长期的监管新规或项目，风险评估也是有生命终点的）。评估工作通常通过手工方式在 Word 或 Excel 文档中进行记录。如果操作风险软件有变革风险模块，则可以在某个地方加载、跟踪和存储操作风险评估。评估在任一时间点上存在多少正在开展的操作风险评估，以及相应的风险等级，有助于操作风险管理部门监督整个变革环境、提高透明度。正如在后文的行业基准中强调的那样，这项技术用得很少，只有一小部分公司在使用。

庆祝成功

由于肩负协调、审查和质询等方面的职责，操作风险管理部门常常要预览全部操作风险评估。因此，操作风险从业人员收获了大量的经历和见解，可以利用这些知识提炼相关的经验教训，并与业务单元和支持部门分享。分享成功经验再次成为一个重要的话题，要将讨论重点放在那些具有重大影响的评估案例上，这些工作能够真正地强化风险管理的价值。

保留证据

在讲究证据的时代,重要的是保留可靠的操作风险评估文档,证明风险决策是如何做出的。这些文档将来可以作为个人履职评价的参考,特别是在人员调换岗位或离开公司时。

行业基准(2018 年)

我在操作风险从业人员的行业会议上开展了现场调查,结果显示:93% 的受访者肯定地认为,至少有一些变革活动得到了风险评估。这是一种良好的做法,能够加强对变革活动的审核(见图 6-4)。但只有 40% 的专业人士认为参数定义正确,能捕捉到全部重大或风险较大的变革活动,进而对其进行评估。

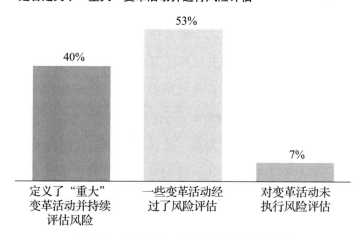

图 6-4 行业调查:变革活动的风险评估

资料来源:Operational Risk Workshop, PSD.

很少有公司在其操作风险系统中使用变革风险评估模块，以帮助它们了解公司的变革概况。这一工具似乎没有得到广泛使用，只有19%的受访者从中受益（见图6-5）。

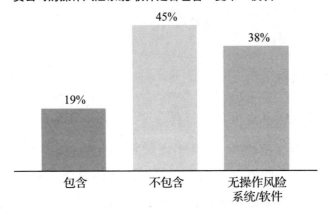

图 6-5　行业调查：变革风险的相关软件

资料来源：Operational Risk Workshop, PSD.

操作风险从业人员描述了他们公司是如何管理变革风险的，许多人使用诸如"偶尔"和"临时"之类的表述。一些金融机构对自己的实践表现出更强的信心，它们以相互协作、及时、主动和符合既定风险偏好的方式管理变革风险。相反，其他机构则指出了变革风险管理工作面临的困难：相关工作被认为是糟糕的、不连贯的或被动的。

总体而言，操作风险专业人员一致认为，他们需要花费更多时间来制定变革风险评估的范围和方法。特别是系统变更管理，人们认为其方法亟待修订，要与信息技术部门的同事通力合作、共同审查，以产生更好的结果。

实践练习

获取去年完成的各种变革活动的样本,并考虑以下问题:

1. 是否有固定的标准来定义需要开展操作风险评估的重大变革活动?
2. 是否有操作风险评估流程;或者如果没有,如何识别、评估和管理变革活动产生的风险?
3. 操作风险管理部门在变革活动中的角色是什么?
4. 哪些方面运作良好?
5. 还有什么可以改进的?记下可能的改进。

附录 C 提供了操作风险评估模板。

> ☐ **有所作为**
>
> 在阅读本章后,请概述所学的主要内容,并记下你将采取的一项加强变革活动风险评估的具体行动。

本章作为对第 5 章的补充,讨论了识别和评估变革活动中的操作风险的方法。

现在,既然风险识别已经完成,下一个主题是通过关键风险指标进行风险监测。

注释

1 Basel Committee on Banking Supervision (2020) Consultative document, *Revisions to the Principles for the Sound Management of Operational Risk*
2 Basel Committee on Banking Supervision (2014) *Review of the Principles for the Sound Management of Operational Risk*

3 Financial Conduct Authority (2018) *Cyber and Technology Resilience: Themes from cross-sector survey 2017–18*
4 Project Management Institute (2013) *A Guide to the Project Management Body of Knowledge*, 5th edn, Project Management Institute (PMI)
5 Winter, H (2019) *The Business Analysis Handbook: Techniques and questions to deliver better business outcomes*, Kogan Page
6 Manifesto for Agile Software Development
7 JWG (2017) Preparing for the regulatory flood: standards getting us to high ground!
8 Basel Committee on Banking Supervision (2014) *Review of the Principles for the Sound Management of Operational Risk*

第 7 章
Chapter 7

关键风险指标

本章内容：调查显示，关键风险指标在操作风险管理实践中应用程度最低，对从业人员来说，应用该工具仍然面临较大挑战。本章从实践的角度研究关键风险指标，重点介绍指标的监测目标、设计思路以及对公司的价值（见图 7-1）。本章讨论了在应用关键风险指标时应该关注的重点，提供了一个评估指标是否有用的框架，并且回顾了有效（和不那么有效）指标的示例。本章还给出了一个行业基准和一个包含 50 个关键风险指标的建议列表（见附录 D）。

■ 延伸阅读

- Institute of Operational Risk (2021) *Operational Key Risk Indicators*
  推荐理由：一个简短的辅助阅读材料，包含几个关键风险指标的示例。

- Michael George, John Maxey, David Rowlands and Mark Price (2004) *The Lean Six Sigma Pocket Toolbook: A quick reference guide to 100 tools for improving quality and speed,* McGraw-Hill
  推荐理由：这是一本很不错的工作手册，介绍了六西格玛方法，对于那些希望从更广泛的角度了解量化管理方法的重要性，以及如何将其融入整个流程优化周期的人来说，这本书非常有用。

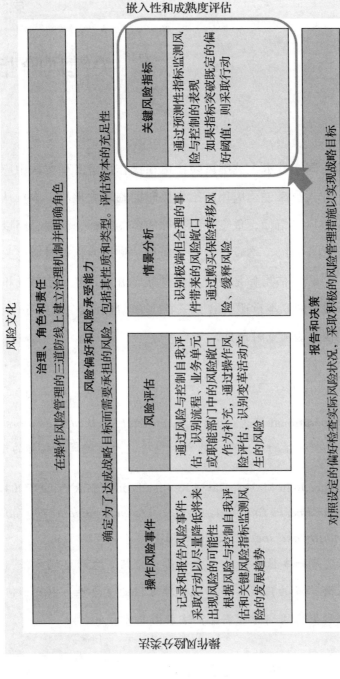

图 7-1 本章焦点：关键风险指标

定义、示例和主要特点

有一个重要的风险监测机制，通常被称为关键风险指标，它是操作风险管理框架的一个核心组成部分，也是一种强大的风险管理工具。

成功应用该风险管理工具的秘诀，在于把精力和心思用于设计正确的、有针对性的指标，以及设置合适的阈值，而不是搞一大堆术语和定义，例如领先与滞后、原因与结果等，给业务单元和支持部门带来过重的负担。在实际应用方面，实用性是最重要的：关键风险指标是否带来了更好的商业决策？第一道防线的业务单元和支持部门首先要考虑的是使用关键风险指标能获得什么实际价值，而不是搞懂弄通这些指标的分类。

巴塞尔委员会在针对被监管银行的某项调查中发现：在所有操作风险管理框架工具中，关键风险指标的实施评分最低。[1] 在有些银行中，关键风险指标根本没有被纳入框架；在大多数被调查的银行中，它们仍处于开发阶段，尚未完全实施。

挑战从一开始就存在，定义时就面临困难。正如巴塞尔委员会指出的那样，一些银行认为关键风险指标和关键绩效指标是同一套指标，而另一些银行则对关键风险指标（旨在衡量固有风险）和关键绩效指标（侧重于基础流程和内部控制的适当性）进行了区分。有些公司则用关键控制指标来衡量内部控制，用关键绩效指标来衡量经营绩效。因此，出现混淆也就不足为奇了。为了简单起见，一些公司干脆废弃"关键风险指标"这个词，改用"监测指标"来代替。

然而，挑战远不止定义，它还延伸到关键风险指标的作用，以及它们在操作风险管理框架中的地位。在我 15 年的公开和内部培训实践里，关键风险指标模块往往吸引了最多的讨论和辩论，有时甚至会"灵光闪现"。此外,在每次课程结束,我要求学员说出最有用的收获时,许多人都会提到与关键风险指标有关的知识点。

下面从关键风险指标的定义开始介绍,并且讨论它们在操作风险管理框架中的地位和作用。

关键风险指标的定义
- 关键风险指标是一种计量工具或手段,用于监测某个关键风险的状况,反映该风险是在变大还是在变小。
- 关键风险指标可以用来监测风险本身,也可以用来监测降低风险的关键控制。
- 关键风险指标应当是精心选择的、有针对性的指标,可以帮助公司做出决策(有用性测试)。

第 5 章介绍了风险与控制自我评估,风险与控制自我评估结果实际上是公司风险与控制环境在某个时间点上的一个"快照"。评估结果在当天是真实有效的,但明天、下个月或下个季度会发生什么呢?例如,如果经验丰富的员工离开了公司,带走了宝贵的信息技术系统相关知识,控制环境就可能出现恶化;如果公司开始交易新产品,固有风险可能会增加。虽然定期进行风险与控制自我评估很重要,但持续这样做并不见得划算。这就是我们要引入关键风险指标的原因。

一旦确定了最重要的(最高的或关键的)风险,使用关键风险指标的目的就是监测这些风险。作为风险与控制自我评估的一部分,业务单元或支持部门已经认同关键风险比其他风险更重要,因此,关键风险被选中,受到重点关注。它们值得我们花费时间和精力来监测。要为每个关键风险定义指标，以便我们能够随时了解其变化趋势。

"关键风险指标"中的"关键"一词与风险有关，意味着风险才是关键，而不是指标。

当我们选择指标来监测风险时，需要注意的是：

- 采集指标的目的非常明确——监测有风险的行为，人们知道该风险对公司很重要。
- 指标的数量要少——可以只对一小部分关键风险进行监测，这样效率更高，确保把重心放在重要的事情上。

案例研究 7-1

一家中型企业被另一家更大规模的企业收购了，该中型企业认为其关键风险之一是员工流失导致无法满足业务需求。收购完成后，在12个月的整合期内，该中型企业的高级管理层必须确保数量众多、金额巨大的交易服务的连续性，但同时他们也认识到会不可避免地出现自然减员。在这种情况下，管理层认为通过预计流失率（关键风险指标）来监测风险是至关重要的，预计流失率是指下个月预计离职的员工人数占员工总数的百分比。企业要求各部门领导与员工就未来的职业计划进行坦诚的对话，并每月报告该关键风险指标的情况。

虽然大家认为这个关键风险指标不太科学，但这个基于管理层认知和非正式估计的关键风险指标被证明是非常有用的。它为管理层提供了采取行动的依据，该企业积极招聘临时工和聘请咨询公司，以填补已经识别出来的潜在用工缺口，最终成功完成了整合。

预计流失率指标的特点包括：

- 它与风险直接相关，员工流失导致无法满足业务需求。
- 它可用于衡量风险水平，表明风险是在增加还是在减少，对决策有帮助。
- 虽然不是很精确，但至少是可以衡量的。引用英国哲学家和逻辑学家卡维斯·瑞德的话，"大致正确总比完全错误好"。

然而，在正常情况下，询问员工近期是否打算辞职，这种做法既不可行也不值得推荐。那么，有什么替代方案呢？

风险：员工流失导致无法满足业务需求

KRI1：缺勤——可以根据缺勤的原因缩小范围，例如与压力相关的缺勤。缺勤增加可能是员工健康状况不佳的迹象，这将导致未来的员工流失。相反的情况——超时工作，在新冠疫情期间也成为一个令人担忧的问题，随着员工在家里工作，工作时间被拉长，这又产生了工作疲劳和倦怠。

KRI2：员工援助热线的使用——如果有这种设施，使用率的激增可能预示着一个普遍性问题，需要进行调查。

KRI3：员工满意度比率——员工对职责、管理层或公司的满意度下降可能导致离职。

KRI4：离职面谈中发现的问题数量——如果人力资源部门与离职者进行面谈并分析趋势（这是一项非常有价值的活动），他们可能发现一些反复出现的话题或问题。

KRI5：薪资基准水平，显示薪资没有达到行业基准水平的职位数量或百分比——缺乏竞争力的薪酬可能会导致员工跳槽。

KRI6：没有继任计划的关键员工——继任计划不能阻止员工离职，但会反映出如果他们离开，影响可以减轻到什么程度。

根据公司比较关注员工流失风险的特定方面，还可以设计其他指标，例如，有助于了解哪种类型的员工正在陆续离职的指标：

KRI7：高绩效员工流失（这让公司感到很遗憾）的比例——获得较高绩效评价的离职者占离职者总数的百分比。

或者人们离职的速度有多快：

KRI8："闪电式"离职员工数——在入职六个月内离职的员工数。

案例研究 7-2

在一家极具活力的初创公司，"闪电式"离职员工数（入职后六个月内离职的员工数）这一指标有助于管理层监测一种行为模式：员工要么长期留任，要么入职后很快离职。经过进一步调查发现，充满活力和创业精神的环境要么被员工所喜爱，要么被员工所厌恶。因此，人力资源部加强了对员工入职流程的管理，在面试阶段向潜在的新员工阐释公司文化，让他们预先决定这种文化是否适合自己，减少"闪电式"离职的数量。

在选择关键风险指标时，我们需要考虑哪些特点？

优秀关键风险指标的特点

- 相关性、针对性——针对特定风险或内部控制。
- 预测性、前瞻性——能够提供有效预警。
- 有用性——可以帮助公司做出决策。
- 可收集。
- 可计量。

一些公司将员工流失率作为关键风险指标，虽然数据会比较客观真实，但这个关键风险指标是向后看的（即员工已经离开了）。至于为什么会发生离职，人们在未来更有可能离职还是不大可能离职，我们无法通过该指标洞察这些信息，管理层也就很难据此采取行动。因此，从风险管理的角度来看，该项关键风险指标没有什么用处。我建议选择更具预测性和针对性的指标，以便在风险水平上升时获得早期预警信号。

另一个值得审视的风险例子是未经授权的交易或者违规交易。对于有金融市场业务或交易业务的公司来说，这是个关键风险。直接衡量该风险的指标（就这种情况而言，比如预计下个月将有多少员工违规交易）几乎不存在，甚至根本不可能存在。如果没有这样的风险指标，可以将关键风险指标设置为对控制环境进行监测，以便在控制环境恶化的时候向管理层发出警报，使他们能够迅速地采取纠正措施。

既可以为风险建立指标，也可以为降低风险的控制环境建立指标。

风险：未经授权/违规交易

下面是未经授权/违规交易风险的关键风险指标仪表盘示例，它包含下列控制指标：

KRI1：超过20天未确认的交易——突出显示交易对手很长一段时间（例如超过20天）都没有同意和确认的历史交易，预示着潜在的错误或欺诈性交易。

KRI2：以场外价格执行的交易——识别需要进一步解释的"异常"交易。

KRI3：延迟交易——统计在交易日结束后发生的额外交易情况。

KRI4：月末的未处理的损益（P&L）差异超过了阈值——监测交易员头寸与公司账簿和记录之间的差异。

KRI5：被取消和修改的交易——显示在与交易对手达成协议后被取消和修改的交易数量，可能需要进一步调查。

KRI6：交易员违反授权——监测由于错误或故意违规而在授权规定之外执行交易的情况。

风险：洗钱/金融犯罪

最后，我们审查一下洗钱/金融犯罪的风险，这可以使用风险和控制指标的组合来衡量。

KRI1：高风险账户占全部账户的百分比——了解整体投资组合风险状况的指标。

KRI2：客户尽职调查已经逾期超过 30 天——反映了未及时更新或未完成客户尽职调查的情况，这是一个控制指标。

KRI3：尚未采取适当行动的处于活跃状态的监测警报——监测对可疑活动警报的调查和解决情况，这是一个控制指标。

市场操纵和金融犯罪在金融服务业越来越令人担忧，公司开始运用自动化技术实时监测交易员，以发现各种操纵行为，并使用人工智能技术来识别可疑模式。这是一个需要不断改进的领域，也为操作风险从业者提供了一个绝佳机会，可以致力于将手工监测关键风险指标转变为采用更为先进的实时指示器——仪表盘。

定义阈值和掌握汇总情况

一旦确定了关键风险指标，就需要为每个指标定义阈值（或容忍度）。针对关键风险指标所监测的特定风险或控制，阈值定义了对它们出现错误或失败的容忍程度，有效地勾勒出哪些情况是可以接受的，哪些情况是不能容忍的。

阈值对于风险上报和采取行动至关重要，通常以红色、琥珀色、绿色（RAG）为基础来进行设置。

红色：不可接受，需要立即采取行动。

琥珀色：可容忍，需要关注、解释、监测和/或采取行动将其变成绿色。

绿色：可接受，不需要采取任何行动。

还可以更详细地对 RAG 状态加以规定。例如，红色指标可能需要上报到适当的管理层或董事会级别的委员会。

设置阈值时，建议采取以下步骤。

设置 RAG 阈值

- 建立数据收集程序。
- 观察公司内部数据。
- 对照行业基准进行测试（如果有的话）。
- 向治理委员会递交方案。

阈值勾勒出公司认为可以接受的风险范围，有效地确定了公司的操作风险偏好（见第 9 章）。需要以高度严谨的态度对待它们，包括由相关治理委员会审查和批准。集团范围的或公司最高层面的指标及其阈值通常由董事会批准。

收集数据和观察当前的数值有助于了解现有的风险和控制环境，尽管不必用它们来指导阈值的设置。金融服务业缺乏外部基准，但如果有相关研究公开发表，也值得参考。

示例1

风险：支付错误/交易执行不当，导致客户侵害、财务损失和声誉损害。

关键风险指标：尚未处理的错账数量——这是一个控制指标，监测错账数量和解决的速度。

阈值：

绿色：月末时，超过30天未处理的错账数量少于20个，没有超过60天未处理的错账。

琥珀色：月末时，超过30天未处理的错账数量少于50个，没有超过60天未处理的错账。

红色：月末时，超过30天未处理的错账数量大于50个，存在超过60天未处理的错账。

可以将相同的关键风险指标转换为综合指标，即把错账的数量和金额结合在一起。

关键风险指标：对账流程的总体情况——数量和金额结合起来描述。

绿色：月末时，超过30天未处理的错账少于20个，没有超过60天未处理的错账，并且未处理的错账总金额小于50 000美元。

有些指标的取值可能是二元的，直接从可接受变为不可接受，即不再考虑可容忍的水平。

示例 2

风险：提交错误的财务／监管报告，导致监管处罚和谴责。

关键风险指标：允许出现策略例外的高风险性电子表格或终端用户计算（EUC）应用程序的数量——一个控制指标，对于重要电子表格／EUC 应用程序，公司通常不允许出现策略设置（内容保护、限制访问、执行备份和验证公式）的例外情况。

阈值：

绿色：0。

红色：≥1。

汇总

在集团和业务单元层面通常都有多个关键风险指标，每个关键风险指标都有自己的 RAG 评级。因此，需要对这些指标进行汇总，以便了解总体风险是在公司的风险偏好之内还是之外。

汇总方法可以基于规则，也可以基于判断。在基于规则的汇总中：

- 保守／谨慎：总体评级基于最差的那个关键风险指标值，即如果有一个指标处于不可接受的水平，则整体 RAG 评级为不可接受。
- 中度／适度：如果一定百分比（例如超过 20%）的关键风险指标呈红色，则结果是不可接受的。

在基于判断的汇总中，关键风险指标的所有者（维护关键风险指标的第一道防线业务单元或支持部门的负责人）运用他们的专业知识决定总体评级。为了确保这一过程的稳健性，避免弄虚作假，需要以书面形式阐明评级的理由,以便第二道防线的操作风险管理部门和相关的治理委员会能够有效地开展质询。

案例研究 7-3

某公司的全球金融市场业务单元在多个地区从事金融交易,它们正在监测未经授权/违规交易的风险。一个关键风险指标(未确认交易>20天)在某地区显示为红色(见图7-2)。在向风险管理委员会提交仪表盘时,金融市场主管表示,"针对关键风险指标呈红色的交易的调查已经开始",并且解释道,"总体而言,风险较高但处于可容忍的琥珀色水平之内,这归功于现有控制的良好表现(其他标识为绿色的关键风险指标),这些控制最近由质量保证部门进行了检查和测试"。

委员会接受了这一观点,但要求查看调查结果。进一步分析后发现,所有未经确认的交易都是与同一家小型公司客户开展的,该公司只有一个授权签字人,他经常出差,导致未签字的确认书大量积压。

鉴于这种情况可能增加欺诈和错误交易的风险,该公司决定,除非该客户指定一个额外的签字人,并且对积压的文件进行清理和规范,否则将没有兴趣和它继续打交道。客户照办了,关键风险指标在两个月内变回绿色。

上面的案例中使用了基于判断的汇总。如果采用基于规则的更趋保守或谨慎的汇总方法,总体 RAG 评级将为红色,表明在该公司的全球金融市场业务单元里,未经授权/违规交易的总体风险超出了该公司的承受能力。

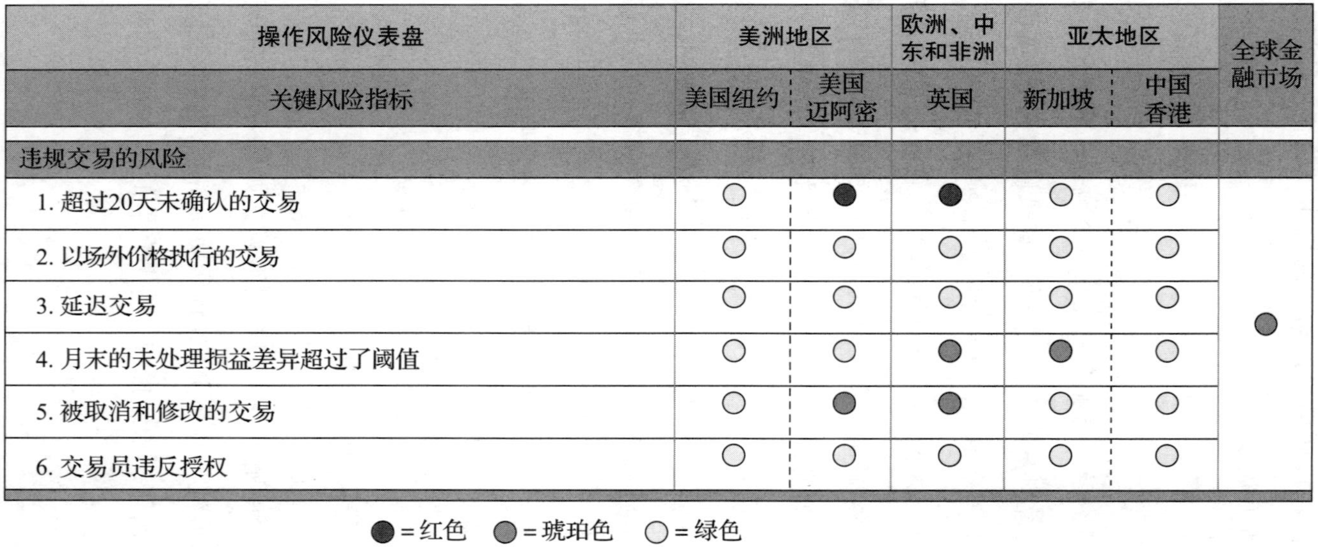

操作风险仪表盘	美洲地区		欧洲、中东和非洲	亚太地区		全球金融市场
关键风险指标	美国纽约	美国迈阿密	英国	新加坡	中国香港	
违规交易的风险						
1. 超过20天未确认的交易	○	●	●	○	○	◐
2. 以场外价格执行的交易	○	○	○	○	○	
3. 延迟交易	○	○	○	○	○	
4. 月末的未处理损益差异超过了阈值	○	○	●	●	○	
5. 被取消和修改的交易	○	◐	◐	○	○	
6. 交易员违反授权	○	○	○	○	○	

● = 红色 ◐ = 琥珀色 ○ = 绿色

图 7-2 关键风险指标仪表盘示例

关键风险指标的生命周期和检查表：有用还是无用

对关键风险指标的实施流程和生命周期描述如下：

- 选择：选择需要监测的关键风险（来自风险与控制自我评估）。
- 设计：与主题专家一起举办研讨会，确定关键风险指标。
- 数据收集：建立数据收集流程。
- 建议阈值：主题专家开展研究，提出阈值建议。
- 审批阈值：将关键风险指标和阈值提交相关治理委员会审批。
- 监测：按照商定的频率监测关键风险指标，如果水平变得"不可接受"，则采取行动。
- 验证：定期检查数据的准确性（例如通过内部审计）。

选择

关键风险指标通常建立在整个组织的多个层级上，包括集团范围和单个的业务单元或支持部门级别。相应地，工作的起点可以是最高层面上对本公司具有重大意义的关键风险，也可以是更细小的个别业务单元或部门级风险。选择过程包括决定哪些风险构成需要监测的关键风险。例如，这些风险可以是具有重大影响、发生可能性较大的固有风险，或者是超出公司风险偏好的剩余风险，或者是两者的组合。选择的风险越少越好——缩小范围很重要，这样便于维护指标仪表盘。

设计

这一阶段最好通过与业务单元或支持部门的主题专家共同举办研讨会来完成，研讨会由操作风险管理部门牵头。指标设计是一个富有创造性、激励性和愉悦性的过程，参与者共同为每个关键风险定义具有正确属性的最佳指标——相关的、有针对性的、可预测的、有用的、可计量的和可收集的。随着价值主张的明确，业务单元和支持部门积极地参与进来——让我们一起寻找方法来监测那些可能阻碍公司实现自身目标的重大风险。

在为研讨会做准备时，有必要盘点一下公司现有的指标体系，因为其他部门可能已经收集了一些指标。如果事实证明设计阶段推进困难，并且团队已经没有什么创意了，那么寻求外部帮助也是可以的。一些行业组织提供了关键风险指标库（可以通过付费获得），以及关于在何处以及如何使用每个指标的指导。[2] 第二道防线的操作风险专业人士对风险框架和预期的输出结果有深刻的认识，他们和业务单元以及支持部门紧密合作，确保商定的指标能够洞察风险水平，真实而公正地反映每个业务单元或职能部门的风险状况。

数据收集

这一阶段通常是由人工来完成的，关键风险指标是所有操作风险管理工具中劳动密集度最高的。数据的准确性是关键，关键风险指标的所有者需要建立一套验证程序，以确保用于决策的信息是正确的。这可能还涉及部门负责人审核和签字。

阈值

这些内容在上一节中已经讨论过了，不再赘述。

使用关键风险指标监测风险并降低风险

一旦指标突破阈值，就需要解释，采取措施，并上报适当层级的治理委员会。尤其是当出现了不可接受的红色等级时，如果指标的真实性得到验证，那么就不能忽略不管。只要公司已经议定了哪些结果不能容忍，就需要启动调查、予以解决，并在必要时进行资金投入。要明确大家的责任，这有助于达成预期的结果。因此，给每个关键风险指标指定一个所有者是个很好的做法。他们也是各个风险或控制的所有者，牵头负责解决违规问题，让指标恢复到可接受的水平。

验证

正如在数据收集步骤中强调的那样，要特别当心数据集里面的错误。许多公司的操作风险管理部门最终不得不向风险治理委员会和/或董事会解释为什么在前一个月误报关键风险指标。我们可以通过抽查、定期鉴证和内部审计来维护数据质量。

定期更新

在风险与控制自我评估更新（常常由重大变革或重大操作风险事件触发，或者至少每年一次）之后，要定期审查关键风险指标的更新情况。在审查期间，建议考虑有用性测试（如下所示）。

关键风险指标很有用

- 与一个关键风险明显地联系在一起。
- 有针对性的、相关的指标。
- 有助于做出决策。
- 推动改进，可以用更好的关键风险指标代替。

在许多情况下，只要关键风险指标是公开的，并且持续监测下去，它们就会推动改进。引用美国绩效和质量管理大师 H·詹姆斯·哈林顿的话："计量是走向控制并最终实现改进的第一步。"

六西格玛是一种有效的问题解决方法，可以改善公司绩效，其核心要义是 DMAIC 概念：定义、计量、分析、改进和控制。[3] 在我的职业生涯中，我有幸管理过六西格玛绿带和黑带培训项目，使用过六西格玛方法并目睹了培训项目带来的价值。稳健的关键风险指标符合整个改善周期，如果使用得当，可以帮助公司在推进其流程和改善绩效方面取得长足的进步。

案例研究 7-4

一家中型企业经历了一场中等程度的技术故障，于是决定重新审视其灾难恢复能力。企业启动了一个工作方案，按对客户的影响程度将系统分为关键和非关键两类，建立了恢复时间目标（RTO），明确了在发生事故后恢复系统的目标时间区间。为了监测无法从重大系统故障中迅速恢复的风险，管理层选择了两个指标：

第一个关键风险指标为"尚未完成分类的系统数量"，反映该方案的进展情况，统计剩余的未知系统和潜在风险领域。

第二个关键风险指标为"没有设置 RTO 的关键系统"，统计具有重大影响，但是尚未设置 RTO 并且完成测试的系统数量。

由于该企业对这两个关键风险指标都设定了零容忍度，在项目期间 RAG 评级出现了不可接受的红色等级。因此，企业需要采取更加严格的管理措施，由信息技术主管向治理委员会和董事会通报最新情况。

项目完成后，这两个关键风险指标就变得多余了，取而代之的是一个更好的指标——未能达到 RTO 的关键系统的数量，对每季度完成的灾难恢复测试开展持续性监测。

关键风险指标毫无用处

- 没有与关键风险挂钩。
- 很难解释为什么收集。
- 没能带动公司做出任何决策。
- 始终呈现绿色。
- 就算它变成了红色,人们也认为它不是真正的红色,因为不需要采取行动。

在一些公司里,关键风险指标与具体的某种风险没有任何关联。仪表盘是从头开始创建的(可能是基于"我们应该监测什么"这个问题),或者只是对已经收集到的数据进行了组合。随后对关键风险指标进行监测,以防它们共同标记一种正在发展的风险。虽然这种方法是可行的,但很费力,没有效率,因为公司最终收集的指标过多(并不都与关键风险有关),超出需要,并且难以解释为什么要监测这些指标。在与客户合作时,我总是建议他们首先确定关键风险,然后再选择指标。

在决策方面,有一些不太有用的关键风险指标,比如那些所反映的风险已经成为现实的滞后性指标,其中就包括前面提到的员工流失率(员工已经离职),以及系统故障数量、内部欺诈案例数量和上报的操作风险损失金额。

简而言之,在可能的情况下,选择预测性指标而不是回溯性指标是一种良好的做法。但要注意,正如本章第一节中提到的,虽然风险界广泛使用领先和滞后等特定术语,但最好避免使用这些标签,以免加重业务单元的理解负担。

要检查关键风险指标(以及它们的阈值),防止它们在很长一段时间内

（例如超过一年）持续报告为绿色，甚至在压力测试时也是如此。出现这种情况，可能表示该部门人员富余或额外的能力，或者阈值设置不正确。

更糟糕的是，当关键风险指标变成红色时，事态的严重性被淡化了。例如，有人会解释说这并非真正的异常，没有必要担心。这种情况是值得深思的，可能是阈值设置错了；或者更有可能的是，人们认为需要投资来解决这个问题，但管理层既没有预算，也没有兴趣进一步推动解决这个问题。

附录 D 提供了一些关键风险指标示例。

角色和职责

第一道防线的业务单元和支持部门负责关键风险指标生命周期中的大部分工作：制定监测风险与控制环境的指标，提出阈值建议，建立数据收集流程，监测并负责解释，然后在指标突破阈值时采取行动。这些都是风险管理常识，如果选择了正确的指标来监测可能阻碍业务单元或支持部门实现其自身目标的重大风险，相关工作应该不会遇到障碍。

第二道防线的操作风险管理部门的传统角色是监督和质询。实际上，操作风险管理部门的主要工作是与第一道防线的各个部门合作，牵头举办关键风险指标研讨会，发展专业知识，加深对关键风险指标工具和预期结果的熟悉程度。质询工作可以作为关键风险指标研讨会的一部分来完成。第二道防线通常有权改变指标或阈值（见第 3 章关于三道防线模型的内容）。如果业务单元或支持部门中嵌入了操作风险协调员，这些人将发挥重要作用，有助于实现正确的工作目标。

下面是第一道防线的操作风险协调员的工作检查清单的示例。

第一道防线的操作风险协调员工作检查清单：关键风险指标
- 设定关键风险指标，以监测关键（最高）操作风险。
- 收集的数据是准确和可靠的，数据质量得到验证。
- 关键风险指标阈值由相关治理委员会定义和批准。
- 仪表盘用于决策——如果关键风险指标超过阈值，将采取行动。
- 将关键风险指标的输出与其他核心操作风险管理工具的输出进行比较。

常见的挑战和良好的做法

在设计和部署关键风险指标时，可能会遇到以下挑战。

常见的挑战

业务单元不参与

有时，员工可能会认为应用关键风险指标是一种毫无意义的工作，拒绝参与其设计过程。关键是要建立一种价值主张，为员工提供合理化的理由，让大家积极监测对公司来说非常重要的问题，即那些可能阻碍公司实现自身目标的重大风险。

操纵阈值

业务单元或支持部门可能会试图操纵阈值，它们建议的阈值范围会让关键风险指标始终显示为绿色（特别是在以问责文化为特征的公司，即避免指标出现红色）；或者相反，故意设置阈值让指标显示为红色，以佐证自己需要更多的人员或更好的系统。第二道防线的操作风险管理部门的独立意见（前面提到的质询）有助于消除这些不好的倾向。

缺乏行动

仪表盘上每月都有显示为红色的指标,但公司没有采取任何行动来解决问题,以使指标恢复到可容忍的水平。应该不惜一切代价避免这种情况,因为这种现象只会降低整个过程的价值。

人工收集数据

关键风险指标是操作风险管理框架中最需要手工劳动的工具。在启动项目时,不仅要为设计阶段留出足够的时间和资源,而且要为未来需要手工劳动的和可能是劳动密集型的数据收集过程留出足够的时间和资源。在可能的情况下要考虑应用自动化。致力于研发技术解决方案的公司走在了前列,它们的良好做法是邀请信息技术和数据专家参加最初的关键风险指标研讨会,确保从一开始就考虑到可能的自动化方案。

过多的关键风险指标

为一家特定公司确定正确的关键风险指标数量可能很有挑战性:通常是指标过多(挑战很少出现在相反的方向,即指标太少)。一些公司监测数百(甚至数千)个指标。我经常被问到正确的数量是多少。虽然没有绝对正确的答案,但对公司高层和每个业务单元/支持部门来说,大约30个良好的关键风险指标比较合适。

良好的做法

回顾现有指标

虽然在短时间内将各部门的现有指标直接形成关键风险指标仪表盘是不现实的,但回顾一下已经收集到的指标是有价值的。通常来说,当前正在使用的指标可以作为交流的基础。业务单元和支持部门当然会管理它们的人员、系统和流程,并且通常会有一套良好的措施来帮助它们做出决策。这可以通过发挥想象力，用富有创意的想法来提供补充，思考还有哪些绝妙的关键风险指标可以使用，如果觉得比较重要，就投入时间和技术将其落到实处。如果以风险为起点，还可以进一步缩小范围，就哪些风险是必须监测的达成一致。

定义一个健康的组合

评估预测性指标与回溯性指标在整个组合中的比例。一个健康的指标体系主要包含有助于决策的预测性指标。基于完整性的考虑，依据操作风险分类法对指标组合的完整性进行检查，确保针对分类法中的主要风险类别都已经制定了计量标准。

将关键风险指标解读为一个故事

确保关键风险指标能够向治理委员会讲述一个故事，尤其是在董事会层面上。这样做有助于上报红色关键风险指标，确保公司采取行动。对红色关键风险指标的持续时间进行计量并且加以突出显示，可以表明人们对问题的冷漠态度和处置不力的程度。

有用性测试

要加强有用性测试，在重大变革后重新审视关键风险指标，以不断改进它们。要不断检查关键风险指标，以寻找更好的、更有针对性的指标，避免使用陈旧的指标。此外，定期检查阈值以确保它们仍然是适当的和符合目的。

分享经验，庆祝成功

要经常在第一道防线的操作风险协调员之间分享关键风险指标的好例子。一个不错的做法是定期举办研讨会，由操作风险协调员介绍年度最佳指标并说明理由。组织小组讨论，相互交流实用的工作提示和技巧，可以为风险管理工作注入正能量。讲一讲关键风险指标监测带来管理改善的案例，凸显这项工作对风险管理的价值。实务中，这类做法还远远不够。

建立大局观

操作风险管理部门需要积极参与、充分认识公司的战略和商业目标，以确保收集和监测的数据与公司大局保持一致，并且对公司真正重要。

行业基准（2019年）

操作风险从业者参与了一项现场调查，以检查关键风险指标的使用情况。从用于监测和报告的关键风险指标数量来看，只有少数公司的关键风险指标在30个以下；47%的受访者使用数百个指标，从100多个到700多个不等（见图7-3）。

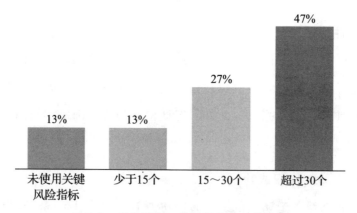

图7-3　行业调查：关键风险指标的数量

资料来源：Best Practice Operational Risk Forum, 2019.

大家都认为定期更新指标很重要，都在不断寻找有针对性的、可预测的和有用的指标。超过 70% 的受访者计划优化其关键风险指标集，如图 7-4 所示。大约 8% 的受访者正在努力减少关键风险指标（特别是如果数量达到数百个），而其他受访者则打算启用关键风险指标。没有受访者计划增加关键风险指标或完全停止使用该工具。

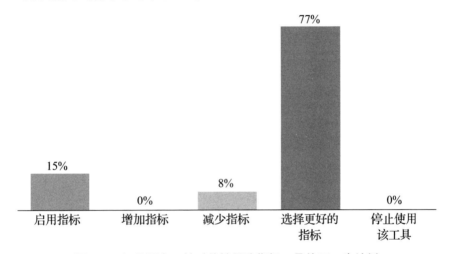

图 7-4　行业调查：针对关键风险指标工具的下一步计划

资料来源：Best Practice Operational Risk Forum, 2019.

令人鼓舞的是我们看到对指标有用性的评分在提高（1 表示最低，5 表示最高，见图 7-5），关键风险指标被认为是一种有助于决策的工具。尽管还没有得到满分，但总体来说，这些评分预示着美好的前景，自 2014 年以来这项工作取得了非常好的进展。在此之前——如本章开头所述，巴塞尔委员会对《操作风险稳健管理原则》的审查报告显示，关键风险指标在所有操作风险管理框架工具中实施评分最低。

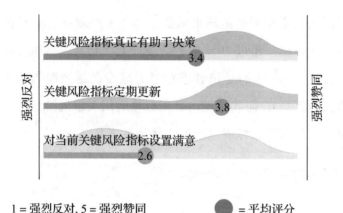

图 7-5　行业调查：关键风险指标的有用性

资料来源：Best Practice Operational Risk Forum, 2019.

实践练习

回顾一下本章的内容。获得一份风险与控制自我评估结果的副本或一份贵公司的最高 / 关键风险的清单。选择三个风险，为每个风险创建三四个关键风险指标，同时要考虑良好关键风险指标的属性。

获得一份你所在公司的关键风险指标仪表盘的副本。检查一下，考虑以下问题：

1. 关键风险指标是否与关键风险有明确的联系？它们是否与风险一起报告？

2. 它们是否有正确的属性？

3. 当关键风险指标超过阈值时，是否做出行动决定？

4. 哪些关键风险指标是最有用的？记下你特别喜欢的指标。

5. 哪些是不太有用可以被取代的？记下潜在的"更好的"关键风险指标。

> □ 有所作为
>
> 在阅读本章后，请概述所学的主要内容，并记下你将采取的一项强化关键风险指标相关实践的具体行动。

本章讨论了用于观察关键风险状况、帮助决策的终极监测工具——关键风险指标。

下一个主题是操作风险管理工具箱的最后一个核心工具——情景分析。

注释

1 Basel Committee on Banking Supervision (2014) *Review of the Principles for the Sound Management of Operational Risk*
2 RiskBusiness
3 George, ML, Maxey, J, Rowlands, D and Price, M (2004) *The Lean Six Sigma Pocket Toolbook: A quick reference guide to 100 tools for improving quality and speed*, McGraw-Hill

第 8 章
Chapter 8

情 景 分 析

本章内容：本章介绍了情景分析，这项工具在历史上只用于风险测量；鉴于其对风险管理的好处，作者主张加强对它的使用（见图 8-1）。本章通过三个不同的案例，介绍了情景分析研讨会的整个流程。本章介绍了良好做法的例子，列举了常见的陷阱，并就如何避免这些陷阱提出了建议。本章还给出了一个行业基准，包含对从业者的现场问卷调查结果。

■ 延伸阅读

- Basel Committee on Banking Supervision (2009) *Observed range of practice in key elements of Advanced Measurement Approaches*

  推荐理由：这份文件包含了关于情景分析的各方面的基准信息，对那些有兴趣在更广泛领域实践探索的人来说，它是很好的参考资料。

- Nassim Nicholas Taleb (2008) *The Black Swan: The impact of the highly improbable,* Penguin Books

  推荐理由：简单地说，这就是有关变幻莫测这个话题的最佳图书。

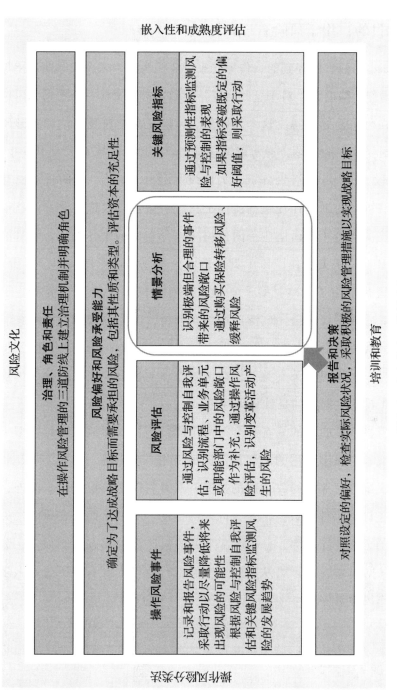

图 8-1 本章焦点：情景分析

定义和目的：用于风险管理和计量

正如本书前言中提到的，作为几家行业机构的主席，我定期主持与从业者的操作风险会议。对于这些会议，我们通常会选择一个主题，研讨与会者所在公司是如何解决这个问题的。风险与控制自我评估和关键风险指标是最受欢迎的主题，通常能够让与会者都参与进来，大家形成互动。

相比之下，每当情景分析作为会议主题时，总有 1/3 的听众离开会场。他们给出的理由往往包括：该工具过于量化，太过复杂，而且很多操作风险从业者（特别是在跨国公司海外分支机构工作的人）平时也没有深度参与过相关工作，该工具通常由公司总部选定的一组专家管理，情景的运行是为了资本计算——通常是针对需要计算监管资本的子公司。接受公共评级的公司广泛应用情景分析，因为评级机构要求它们这样做。喜欢使用量化方法的保险业从业者，也常常使用情景分析工具。

与操作风险损失工具类似，在风险管理的历史上，人们使用情景分析这项工具的主要目的是计量风险。

使用该工具的目的只有一个——生成数字，以便放入统计模型中计算资本成本。模型使用的大部分数据都是相当可靠的，许多公司在收集内部损失事件（常规的或预期的损失）方面取得了长足进步。此外，许多公司还订阅了外部数据，作为内部数据的补充。然而，在风险损失分布曲线的末端（或尾部）——包含罕见的、严重的或意外的损失，数据非常少（见图 8-2），因为从历史上来看，行业根本没有经历过那么多极端的操作风险事件。

情景分析的作用：通过想象假定事件，估计事件的影响，从而生成尚未观察到的数据，即人造数据。

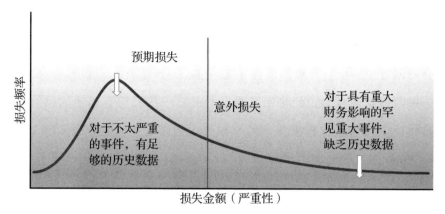

图 8-2 损失分布曲线

撇开为满足监管目标的需要（为资本计算而生成数字）不谈，在所有操作风险管理工具中，情景分析（包括情景的设计和审查）实际上是最有趣、最具互动性和最具智力挑战的活动之一。这是一项非常有趣的工作。情景分析对于风险管理和风险计量同样有用，它既可以用于两者，也可以仅用于风险管理（参阅第 14 章，查看运营韧性相关情景的论述）。

本章介绍了一些实用的方法，可以帮助公司建立和维护情景分析工具，将其作为总体操作风险管理框架的一部分。

情景分析的目的

情景分析是风险评估的继续，如图 8-3 所示，它主要关注更为极端的事件。每个情景都是基于对特定主题的深入研究，让人们能够关注到详细的故事情节。

情景分析和风险与控制自我评估（在第 5 章中介绍过）的两个主要

区别,是它们所关注事件的时间范围以及严重程度有所不同。风险与控制自我评估关注的是正常经营状态下的风险(高频度、低严重性),而情景分析侧重于罕见且严重的事件(低频度、高严重性)。就帮助形成公司整体风险概况而言,这两个工具是互补的。一些公司有单独的风险与控制自我评估和情景分析流程,另一些公司则通过将风险分级矩阵(在第5章中介绍过)的时间范围延长为较长的时间(例如长达100年),从而将两个工具结合在一起。公司可以采用这两种方法中的任何一种,只要能够把两个工具整合到风险管理框架中,并且能够帮助公司做出最佳决策就行。

图 8-3 操作风险事件、风险与控制自我评估和情景分析的应用范围

下面解释一下术语。前几章中讨论了风险事件的影响和发生可能性:

- 在处理情景时,影响程度和损失强度这两个术语通常可以交换使用。损失强度一词,历来被量化分析人员用来构建损失分布图——每个风险事件的损失金额的统计分布。但是,这个词也更方便地强调了情景的极端性质,包括在影响程度标尺上的位置。
- 频率反映事件发生的次数(而不是事件的大小),在讨论频率分布模型时常常使用。频率分布图是一种统计分布,用于显示各种结果发生的频率(即次数)。

损失强度、频率和概率等术语是情景分析中常见的数学概念；在情景分析中，我们经常被要求估计 X 年一遇的事件——这一事件既有确定的影响（"损失强度"），又有每 X 年才发生一次的"频率"。但对于大多数读者来说，明智的做法是使用更通俗、更直观的语言，正如"常见的挑战"部分介绍的那样，以及简化这些数学概念。

情景分析的主要目的：

- 考虑风险发生后带来的最坏结果是什么，并评估其对公司的影响。
- 检查控制环境和公司对极端事件的准备情况。
- 通过审查各种情景组合，对公司最重要的风险进行整体的、前瞻性的审视。
- 对可能发生的极端、小概率事件的驱动因素加以认识，使公司具备行业基本面分析的能力。
- 提高高级管理层对他们可能经历的严重但可能发生的事件类型的认识。
- 将结果用于管理和降低操作风险。
- 审查公司的保险保障是否足够，是否需要购买某种形式的保险。
- 计算监管资本和经济资本，支持内部资本充足率的评估。

情景选择流程

情景的例子包括重大事件，如重大网络攻击、违规交易、极端天气导致数据中心被淹、持续违反监管规定导致监管部门介入并罚款、就业歧视引起诉讼或者出现传染病大流行。虽然这些都是常见的故事情节，但具体情景取决于公司的性质、商业模式和风险状况。

战略风险与控制自我评估（在公司最高层面，反映整个公司或某个商业条线的风险）是考虑情景的一个很好的起点，因为公司已经使用该项工具来思考其关键的、战略层面的风险。然后，可以为每个重大固有风险开发故事情节，并将其推向极端；或者，可以假定几个风险同时出现。公司的操作风险分类法的类别是一个有用的提示，提醒我们在情景分析中需要考虑哪些风险主题，为我们提供一个总的范围。

描述重大操作风险事件的一些外部报纸文章，以及行业最高操作风险的调查报告，也可以用来激发创意。外部事件的威力令人难以置信，可以消除参与者的侥幸念头，即认为风险永远不会发生在自己身上，也永远不会付出那么大的代价。经常与业界保持联系，借鉴行业风险案例往往能够带来积极的回馈。

或者，也可以从零开始，考虑一些难以想象的事情，例如，考虑数据中心被彻底摧毁了。公司的操作风险分类法为范围的完整性提供了一个有用的检查依据，确保我们考虑的情景已经覆盖操作风险分类法里面的重要风险类别。

为了使假想的情景变成现实事件，假设内部控制（有时是几个控制）已经失效。对于那些履行日常控制职能的参与者来说，这是一个具有挑战性的想法，他们可能对自己的工作表现出很大的信心（也是出于维护自己的既得利益）。但在极端情况下，由于环境阻碍了一个或多个组件（如员工或系统）的正常运行，正常经营条件下的控制可能会变得不那么有效。

如图 8-4 所示，情景通常在正常经营下获得的经验和世界末日降临式的臆想之间跳跃。最困难的部分是发展和培养一种既极端又合理的心态，并且以这样的心态更好地为可信性测试奠定基础。

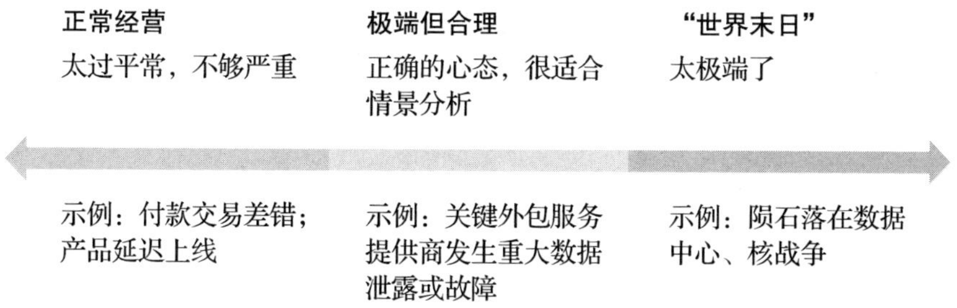

正常经营	极端但合理	"世界末日"
太过平常，不够严重	正确的心态，很适合情景分析	太极端了
示例：付款交易差错；产品延迟上线	示例：关键外包服务提供商发生重大数据泄露或故障	示例：陨石落在数据中心、核战争

图 8-4　情景分析图谱

实践中的情景分析：三个案例

我们看三个不同情景分析方法的案例，了解情景分析在金融服务业中的实践应用，包括它们的优点和需要改进的地方。

案例研究 8-1

一个新成立的金融市场股票和固定收益部门审查了关于违规交易的情景，它认为这是它最重大的潜在风险。这是由以下参与者组成的研讨会完成的：

- 操作风险主管（研讨会主持人）。
- 交易主管（情景的执行人），加上一名交易员。
- 首席风险官。
- 市场风险主管。
- 运营主管。
- 财务主管。
- 合规和中台办公室/产品控制部门的代表。

操作风险主管设定了情景，介绍了研讨会的目的。考虑到该业务单元是新设立的,这次研讨会的具体目的,是仔细考虑违规交易员会如何越过授权从事交易以及他们可能采取的策略。研讨会还可以评估公司的控制环境,测试其运营韧性和承受最坏情况的能力,尽管这一目标是次要的,但结果也将纳入公司的资本充足率计算过程。

交易员描述了三种潜在的违规交易策略,参与者详细审核了这三种策略:

- 故意撇账,包括交易员与其交易对手串通(以分享利润)。
- 日内持仓过多,交易员认为他们可以在一天中赚取巨额利润,并建立了大量头寸,然后在当天结束前结清头寸,这是一种愚蠢的押注。
- 隐藏头寸,通过场外交易市场(OTC)故意不进入交易系统,从而建立大量头寸。

参与者仔细检查了关键的预防性和监测性控制:

1. 交易员监督,依靠交易主管持续了解所有交易员的交易活动。假设此项控制失效了,公司没有发现欺诈交易活动。

2. 交易确认过程,由运营部门独立管理。这是一个主要的监测性控制,可以确保每笔交易与对手方的交易能够相互匹配。经过仔细检查,发现了一个交易漏洞。据悉,这一过程涉及多个交易对手之间签署一份简易确认书,交易员自己签署,而不是由一个独立的运营部门签署。交易主管和运营主管共同采取行动弥补了该漏洞,包括对相关风险和控制重新开展评估。

在研讨会期间,通过审查交易量,考虑交易对手的性质和数量,以及交易所和代理银行设定的外部限制,参与者分别估算了上述三种违规情形下的总体最大损失金额。

运营主管和财务主管在会后表示这项研究非常有用,希望操作风险管理部门到自己所在部门主持类似的研讨会。他们要求复制违规交易研讨会的思维过程,研究未经授权或欺诈性付款可能的操作方式,尝试找到潜在的漏洞。随后,这种研讨会仅为风险管理目的而举办——众所周知,财务业绩的重要性要低于违规交易的负面影响,因此公司没有针对资本评估目的开展研讨会。

上述过程有哪些优点?

- 这种方法有强烈的目标感,这一点吸引了参与者,大家认为情景分析是一种有价值的风险管理工具,随后对此产生强烈的需求。
- 在具体执行层面,情景有明确的执行人——交易主管。
- 对相关内部控制形成了建设性的审查意见,产生了补救措施。

还有什么可以改进的?

- 对风险金额的估计有待提升,需要考虑可能导致损失的不同因素,例如,包括监管处罚和补救成本。

案例研究 8-2

有一家中等规模的受监管的子公司,监管部门对其内部资本充足率评估程序(ICAAP)进行了审查,结果很不满意。监管部门的批评之一是情景过于温和而不够极端。作为整改措施的一部分,高级管理层决定启用多因素情景分析。尽管这项工作是由监管机构推动的,但操作风险主管也打算从中挖掘最大的价值。

从子公司的风险与控制自我评估中提取了 10 个最重要的（最大的）固有风险，将其记录在便利贴上，每个便利贴上记录一个风险。由首席执行官、企业银行业务主管、操作风险主管、首席运营官和财务主管五位高级管理人员组成小组，要求每人随机挑选两张便利贴，并构思一个情景，即他们选择的两个风险同时出现。这种方法很管用，因为在现实生活中，极端的、意想不到的损失往往来自事件的偶然组合，这些事件组合在一起，会给控制环境带来难以承受的压力。

财务主管选择了糟糕的变更管理流程和严重的数据泄露，并制定了一个看起来比较合理的故事情节，将两项失效结合在一起：

- 该子公司正计划将客户账户迁移到新系统。
- 最后期限快到了，在测试阶段出现偷工减料。
- 开始实施账户迁移后，一个重要问题出现了，必须停止迁移，并且回滚到迁移前的阶段。
- 参与该项目的一名员工已经加班了好几个月，他对这一结果感到很沮丧，并利用这个机会打印并匿名泄露了包含多个客户账户的机密信息。
- 由于核心人员忙于账户系统回滚，泄露事件后来才被发现。

在持续了两个小时的研讨会里，其他参与者也介绍了他们各自构思的情景。在研讨会上，这些高层参与者进行了激烈的讨论，就哪些流程和控制领域需要进一步探索和加强达成了一致。随后，参与者对相关的内部和外部损失数据进行了研究，对提出的故事情节进行了补充，在后续会议上，他们与更多主题专家一起估算了每个情景的经济价值。

上述过程有哪些优点？

- 采用多因素情景分析，假设多个风险同时出现。
- 来自高级管理层的利益相关方积极参与。
- 研讨会产生了几项改进举措。

还有什么可以改进的？

- 可以采用一种更严格的方法，建立会议资料包，要包含内部损失数据、外部损失数据和其他信息，以便与会人员评估各种情景的损失金额。

案例研究 8-3

一家使用统计模型来计算操作风险资本的金融机构，正在举办情景分析研讨会（注：本章前面案例研究中的公司没有使用统计模型）。研讨会由第一道防线的操作风险协调员主持，相关业务单元的中层管理人员出席。操作风险协调员解释说："由于相关损失数据存在重大缺失，需要创建情景。在未来，如果这些情景被内部或外部来源的真实事件取代，它们就可以'退役'了。"

作为准备工作，操作风险管理部门已经分发了一个阅读包，其中包含内部损失数据、外部损失数据以及与故事情节相关的风险与控制环境分析。在研讨会之前，还为与会者提供了培训课程，部分与会者已经学习过了。

本次情景分析的故事情节是一项重大监管违规行为。根据图8-5，该小组使用了我们已经熟悉的领结模型，讨论了原因、事件本身及其影响。

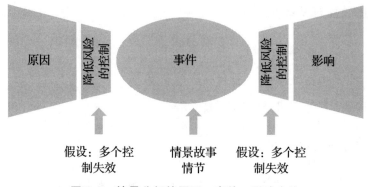

图 8-5　情景分析的原因—事件—影响方法

原因包括：第一道防线部门缺乏风险责任意识（对此，监管部门在之前已经提出过批评），糟糕的变革管理，以及新的监管要求突然出台。假定在事件发生之前，商业环境的普遍恶化和一系列轻微的违规都被记录下来了。这些因素的结合，最终导致了一起重大的监管违规事件，即对于某项新出台的重要监管要求，公司没有及时了解到，没有充分理解并加以贯彻落实。

该事件的影响包括接受调查、监管处罚，公司管理层受到纪律处分，以及因品牌和声誉受损而造成商业损失。

为了对各种情景进行量化分析，参与者可以使用表 8-1 所示的核对清单，其中包含各类可能的损失。

表 8-1　情景量化分析

损失类别	描述	适用（是/否）	数量
直接损失	损失对损益账户的影响		
罚款和处罚	不遵守法规，导致监管、合规、税收或其他处罚		
费用	咨询费用或其他未列入预算的费用		
法律责任	法律费用、法律判决和/或和解		
间接成本	因解决损失而支付给工作人员的加班费、额外的短期住房租金、差旅费和其他间接费用		
生命危险	员工面临生命危险或丧生		
声誉影响	由于品牌受损导致销售额减少和收入损失		

总损失金额为各组成部分损失估计值的总和。参与者要考虑三种情景频率——10年才发生一次、25年才发生一次、40年才发生一次，并且估计每种情景频率下的损失金额，得出模型的三个数据点，作为绘制损失曲线的基础。

研讨会持续了一个半小时，结束时没有形成进一步的行动方案。

上述研讨会有哪些优点？

- 采用了结构化的方法，包括制作预读资料包，提供培训。
- 采用了统一的方法估算损失金额，评估更加合理。
- 第一道防线的操作风险协调员发挥了牵头作用。

还有什么可以改进的？

- 明确价值主张，将研讨会用于风险管理，落实行动责任并达成协议，高层利益相关方参与其中。

生命周期：从预读资料包到减少偏见

情景分析的生命周期描述如下：

- 定义：确定一个情景主题，开发详细的故事情节。
- 准备：对相关资料进行研究，并组合成预读资料包。
- 探索和评估：与主题专家一起举办研讨会，讨论情景并估算损失金额。
- 记录和行动：将发现的控制缺陷和将要采取的行动记录下来，包括行动执行人和完成期限。
- 验证：由相关主题专家和治理委员会仔细审查情景结果。

定义

正如前面提到的，通过风险与控制自我评估发现的重大固有风险，可以作为构思情景的起点。还有一种良好做法，是考虑多项内部控制同时失效，例如，将风险与控制自我评估中的两三个重大风险（如重大系统故障和内部欺诈）结合起来。如果公司预计将要收购或扩张到一个新的市场，可以将这类战略举措考虑在内。

在定义故事情节时，很重要的一点是要确保情景具有前瞻性，要与公司的战略目标相呼应。情景分析可以审查那些由公司的战略目标衍生出来的具体事件，从而帮助制定良好的决策。

可以在公司的多个层级建立情景，包括在整个集团范围以及在单项业务或单个实体层面。情景的筛选过程涉及找准关键风险并对其展开进一步探索，公司将从这些工作中获益。相同的情景（如内部欺诈）可能需要分析多次，以确保涵盖所有业务单元。系统性风险也需要充分考虑，它们将影响各个业务单元的控制程序。

最好是在一开始就落实一个责任人，负责情景分析的内容以及故事情节的设计。该责任人在整个情景分析的生命周期中扮演着关键角色，从定义故事情节到后期的验证签署，最后确保所有后续工作都能切实完成。

准备

预读资料包可以让研讨会更加条理化、结构化。操作风险管理部门通常会研究、准备和分析相关材料。这些材料包括内部损失、同行经历的相关外部事件、反映公司风险与控制环境的评估数据，以及合规检查和内部审计发现的问题。适当引用运营和财务数据，包括交易量、交易金额和盈利能力等，有助于使讨论更加真实，并估计出准确的损失数据。在开始时，概述一下风险与控制自我评估发现的固有风险敞口是很有用的，同时也要注意相关情景是否涉及违反公司的风险偏好。采用统一、连贯的方法来完成准备工作有助于取得更为可靠的成果。

一般来说，准备时间越长，研讨会所需的时间就越短。基础工作可能包括与情景所有者以及相关业务专家一起定义故事情节。然后，可以把研讨会当作一种验证活动，检验前期准备工作的成效。

与此相反，更短的准备时间会导致更长的研讨会，在会上大家将详细地讨论和拓展故事情节。还可以使用例如保险行业中常用的贝叶斯树情景分析之类的技术来完成。简而言之，这种方法允许研讨会参与者一起工作，共同规划情景。这可能需要一个起点（例如，新冠疫情催生的在家工作），然后逐步发展故事情节，探索数据丢失、网络遭到攻击和内部欺诈的可能性。这种方法的优势在于它能够探索各种不同因素之间的相互联系。

探索和评估

巴塞尔委员会注意到了情景分析的四种可能方法，即研讨会、个别访谈、问卷和投票。[1] 2020 年，我在与行业专家进行调查时发现，所有受访者都在使用研讨会，其他方法都无法达到同样的效果，尽管研讨会的持续时间差别很大，如表 8-2 所示。

作为研讨会的一部分，我们需要估计在不同的情况下（通常是在正常情况下以及在最糟糕或有压力的情况下）发生损失的频率和严重程度，然后由业务专家根据他们的主观判断完成量化评估。评估过程可能出现偏袒或不公平（偏见）的风险，常见的驱动因素包括过度自信、动机偏见、可得性或锚定等。因此，公司需要有适当的措施来减少这些偏见，如表 8-3 所示。

表 8-2 行业研究：情景研讨会持续时间

时间	受访者占比（%）
1 小时	30
1.5～2 小时	20
3～4 小时	30
半天或更长时间	20

资料来源：Best Practice Operational Risk Forum, 2020.

表 8-3 采取措施减少偏见

偏见	解释	减少偏见的方法
过度自信	参与者高估了控制的稳健性	将历史上真实发生的内部事件纳入预读资料包
		对控制进行压力测试：探索什么会导致它们失效
动机偏见	参与者产生冲突或者有利益牵扯，影响了研讨会的结果（例如，降低估算的损失金额）	针对利益冲突，采取一致和有力的措施进行管理
		使用匿名投票或事先获得估计的数字
		主题专家的质询和验证
可得性	更加关注最近发生的事件，因为它们很容易被回忆起来	预读资料包含真实的外部事件数据
		鼓励考虑尚未发生的可能事件
锚定	不同的起点（锚点）会产生不同的结果	使用中性的开放式问题，避免包含数字（锚点）的引导性问题
		培训参与者解释不同的术语，搞清楚哪些术语应该或不应该包括里面
		要求在研讨会之前提交量化分析结果
		使用区间范围而不是特定值

在前面提到的 2020 年行业研究中，只有 50% 的受访者明确地消除情景分析过程中的偏见。

记录和行动

这是情景分析的一个关键步骤，但在实践中却被人们低估或者完全忽视了。研讨会需要回答两个问题：涉及多少钱？（资本计算或一个风险计量问题）下一步怎么办？（一个风险管理问题）。情景分析的一个关键目标是将成果用于降低风险。在以下情况中，需要考虑降低风险的措施：

- 作为评估结果，确定了某个特定的控制弱点。
- 评估显示保险覆盖范围不足或不当。
- 风险计量结果达到了一定的阈值，超出了公司的风险偏好（另见第 9 章）。当特定情景凸显出了公司无法接受的重大风险暴露和后果时，可能会发生这种情况。

这些行动需要包含预定日期和执行人，操作风险管理部门通常会监控进度，直到它们完全实施。

有时，购买保险是一项单独的活动，与公司的风险管理工作不同步。评估保险覆盖的程度和范围是操作风险管理部门与负责购买保险的部门密切合作的大好机会。例如，评估从保险市场获得的投保方案，考虑保险公司提供的保险类型，并分析它们是否合适，这就是一个机会。要考虑保险是否有缺口，以及特定损失是否包括在保险单中，条款是否存在含糊其词的情况。保险需要与风险敞口相称，并且要与研讨会中讨论的故事情节同步。此外，考虑到保险市场的特性，公司保险购买部门和外部保险经纪人都可以提供合理但又比较极端的情景建议。

最后，情景研讨会还可以触发对风险与控制自我评估的修订，对固有风险评估进行合理性检查，以及修订或者引入新的关键风险指标，如第 7 章所述。

验证

根据巴塞尔委员会的研究，四项审查机制可以保证情景分析结果的可靠性：由风险管理部门审查（93%），由内部或外部审计审查（83%），由经验丰富的专家或工作人员进行复核（76%），以及与其他数据进行比较（62%）。[2]

第二道防线的操作风险管理部门通常是第一个验证点。为了做到客观验证，操作风险管理部门不参与量化评估过程，避免自己批改自己的作业，这一点至关重要。

为了保证分析结果具有一致性，可以对情景分析流程进行评估，确保：

- 使用公司通常使用的操作风险分类法对情景进行正确的分类。
- 情景的财务影响不低于其他内部损失事件的影响。
- 如果使用了不同的频率，低频率事件的财务影响小于高频率事件。
- 故事情节及相关假设要和相关的外部风险事件大致吻合。
- 对分析结果的文档记录以及逻辑解释是一致的，确保分析过程"定义明确和可重复"。[3]

进一步的评估通常由更多的利益相关方完成，要么在风险管理委员会，要么在资本和压力测试委员会，要么由负责操作风险资本计算的适当的治理委员会进行。

审查人员是如何判断故事情节是否足够极端以及损失金额是否合理的？

情景的构建和极端性在一定程度上是一个文化问题，反映了公司希望达到的谨慎程度和资本充足程度。这种方法经常在危急时刻得到检验，一些保守的公司拥有充足的准备金，而另一些公司则发现自己山穷水尽，需要外部帮助。在新冠疫情的早期阶段，纳西姆·塔勒布在讨论纾困概念时表达了他的看法，认为纾困（特别是对银行）是在鼓励错误的行为，偏袒那些没有足够缓冲准备的公司，并指出"没有缓冲准备是不负责任的"。[4]

因此，在实践中，情景验证可能是一项不太重要的活动。根据定义，情景是虚构的事件，具有虚构的故事情节，研讨会参与者需要估算潜在的损失金额。公司的文化因素往往表现在对损失金额的讨价还价上，可能发生以下三种情况之一：降低估算金额、提高估算金额或加强控制。

呼吁降低估算金额

审查人员可能会指出，估算的金额过高导致资本需求超出了预期损失，研讨会参与者必须重新评估金额，最好是将其调低。出现这种情况的原因可能是研讨会参与者不适当、评估方法不当或对内控制度应对风险事件的能力过于自信。然而，在许多情况下，还有一个额外的文化因素：任何增加公司运营成本的因素都是不能容忍的（这与动机偏见有关）。这种态度还会造成一种危险，即因为过度考虑最终损失产生的成本，而失去了情景分析所带来的风险管理价值。

呼吁提高估算金额

估算的金额也可能被认为太低，需要重新估算。同样，这可能是程序性因素造成的，这更多是一个积极的迹象：公司宁愿过于谨慎，也不愿过于乐观。这种情况很少发生，但凡有哪个管理者能提出这种质询意见，都是这家公司的骄傲。

呼吁加强控制

估算金额高得令人无法接受，然而，人们不是要求去改变数字，而是改善控制环境，以便如果评估的情况发生了，影响就会减少。参与者偏离了常规的流程，转而努力开发、共同商定并实施风险缓释措施。这是首选的结果，它不仅体现了实用性，而且不会贬低研讨会参与者的努力，也不会凌驾于他们的判断之上。风险管理工作成熟的一个标志是不仅要关起门来学专业知识，还要基于情景分析结果，积极寻求减少其影响或降低其发生的可能性。

定期更新

许多公司将基于触发因素的情景更新纳入其管理策略。然而，在实践中，如果情景分析主要是为了风险计量而运行，它们通常每年更新一次，以与ICAAP的更新要求保持一致。理想情况下，当需要探索或预测某些重大变化或业务中断对公司经营的影响时，情景分析是管理层的首选工具。这些情形可能包括：

- 业务模式的变化，包括新的业务线、服务或地区，发生收购或资产剥离。
- 外部环境的重大变化，无论是传染病、新法规、重大外部损失事件，还是更广泛的社会或政治活动。
- 重大的意外内部损失或内部控制环境严重恶化。

2003年的禽流感和2020年的新冠疫情，促使许多公司开展传染病方面的情景分析，探索公司的准备情况，考虑采取的行动（风险管理），以及评估其对资本状况的潜在影响（风险计量）。同样，行业内的大型违规交易事件也是情景修订的触发因素。如果情景所有者参与其中，并且研讨会给他们带来了良好体验，他们将更倾向于把该工具作为日常环境发生重大变化时的第一个着眼点——作为探索事件后果的一种方式。这可能是该工具成功与否的最清晰的衡量标准之一：让情景所有者想要使用情景分析。

还有一些软因素也是良好决策的基础，包括情景意识。情景意识是指对外部环境的感知，以及充分理解将来可能出现的状况及其影响。事实上，新冠疫情期间发生的事情是，虽然大多数公司都有情景分析工具，但正是那些具有情景意识的公司迅速将其应用于实践，并表现出极强的应对能力。

角色和职责

第二道防线的操作风险管理部门需要定下基调，确定情景分析是否仅用于风险计量和合规性目的，它们是否带来真正的价值。不用说，第二道防线的操作风险管理部门需要将情景分析的各个关键组成部分准备就绪，包括为参与者制定强有力的政策和参考指导；密切监督，确保故事情节定义明确，并有足够的细节；让适当的利益相关方参与进来；开展强有力的验证和质询；最后（但并非最不重要的），基于触发因素对情景进行更新。投入时间和精力，将情景分析转变为利益相关方真正热衷使用的工具，因为这对他们有明显的好处。做到这一点很困难，但同时也是至关重要的。第二道防线的操作风险管理部门的行动和行为，无论是有意识的还是潜意识的，都决定了情景分析的品牌和声誉。人们会如何看待这件事呢？这是不是"出于资本目的需要这样做，除此之外就没有多大用处了"？还是说这是"一项有价值的探索性工作，它是我们思考内部和外部重大变化时的第一个着眼点，顺带生成了资本计算的输入数据"？

第一道防线的业务单元和支持部门是内部控制的执行部门，它们需要完成内部控制的日常操作，情景分析就是用来审查它们面临的极端风险的。因此，第一道防线的业务单元和支持部门要负责开发故事情节、评估环境、制定和商议行动，并跟踪这些行动，直到解决了问题。

下面是第一道防线的操作风险协调员的工作检查清单示例。

第一道防线的操作风险协调员工作检查清单：情景分析

- 员工都了解情景分析工具及其优势。
- 每个情景都有一名指定的高级管理人员作为负责人，即情景所有者。
- 环境的重大变化会引发情景更新或需要考虑新的情景。
- 对情景分析引发的行动进行跟踪，直到问题得到解决。
- 完成情景分析后，针对其他核心工具，包括风险与控制自我评估、关键风险指标、操作风险事件以及单独使用的新兴风险，都要考虑是否需要修订。

常见的挑战和良好的做法

常见的挑战

在开展情景分析时可能会遇到以下挑战：

操作风险管理部门面临的挑战

从历史上看,操作风险管理部门和量化团队之间存在"工作脱节"现象:后者是为资本计算设计统计模型的建模师,前者是更专注于提升嵌入性的定性方面的"通才",例如帮助在人力资源部门或信息技术部门实施操作风险管理良好实践的"通才"。建模师和"通才"不合作,往往会导致风险计量和风险管理不同步,这是操作风险管理面临的一个非常具体的挑战。相比之下,信用风险和市场风险的量化程度更高——它们不必与其他部门(比如人力资源部门)携手合作。此外,合规部门(类似于操作风险管理部门,因为它与公司内其他所有不同的部门合作)通常不会设计或运行自己的统计模型。对于这两大团队来说,共同努力是至关重要的。"通才"往往对量化工具有着天生的好奇心,愿意花时间理解模型的假设和条件,在弥合量化指标和公司业务之间的差距方面发挥关键作用。

参与者对故事情节不屑一顾

研讨会参与者对情景分析中的各种情况不屑一顾,他们认为这些情况永远不会发生在自己身上。这类挑战常常来自负责相关内部控制组件的与会者,他们对控制的稳健性感到自豪,这是可以理解的。需要通过教育培训、宣传情景分析的意义,推动参与者走出舒适区,积极思考新问题。需要强调的是,这不是对正常经营状态下的控制环境进行测试,而是测试一个压力很大的极端环境,使公司能够建立抗冲击的控制系统。同时,还要加强对导致控制失效的相关外部风险事件的案例研究。

晦涩难懂的术语

参与者很难理解频率的概念,质疑 40 年一次或 100 年一次的说法到底是什么意思。操作风险管理部门需要提供解释,将其类比为职业生涯中只发生一次或一生中才遇到一次更直观。一些风险从业者在研讨会上使用较为通俗的术语，而将概率数字和概念放在背景材料中。一种绝对应该避免的方法是：邀请参与者评估第95百分位数上的损失金额，或者使用其他类似的统计指标。因为这些都是数学概念，可能需要相当长的时间来解释。（注：另一个常见的误解是，40年一遇的事件在未来40年内不会发生，不会产生预先定义的影响；然而，它可能明天就发生！）

估计数字有困难

从计量的角度来看，情景分析在很大程度上依赖于专家的判断，生成相当极端的损失数据。重要的是要认识到，来自业务单元和支持部门的参与者虽然有丰富的各自领域的知识，但在预测未来方面并不是真正的专家，因此无法准确估计损失。可行的办法是让人们估计一个数字区间，即使是针对单个事件或者事件的组成部分。

缺乏行动

一项相当官僚的工作开展后，很快就会被遗忘。在获得这些数字之后，如果研讨会不能带来任何实际行动，其价值也会迅速降低。下面这几点是至关重要的：要充分肯定风险主题专家的工作价值；要和高级管理层分享成果；要让参与者随时了解分析结果的运用情况；要聚焦真实发生的内外部风险事件（有助于展示情景的真实性）；以及确保情景分析包含对控制的彻底检查。所有这些活动都应该是情景分析的规定动作。

情景数量

关于情景数量，不同公司的情况有很大不同。与关键风险指标类似，一些公司纯粹为了风险计量的目的，设计和运行了太多的情景，甚至达到了数百个。虽然情景的数量没有正确的标准，而且通常是由公司的风险分类法和具体实践决定的，但是 15～30 个能够带来可靠风险管理成果的情景是恰当的。然而，也需要特别留意一下情景的具体含义，以及要从情景分析中获得什么价值。出于管理目的，网络攻防演练、危机管理和事件响应、桌面演习也被一些公司贴上了情景的标签，尽管它们不会产生财务数字。一些公司将用于资本计算的"大情景"与用于识别和弥补控制弱点的"小情景"区分开来。

模型驱动流程

有时候，一些公司较少使用数量化的、基于公式的方法进行资本计算，它们往往不受统计模型的驱动或约束，因而能够从价值主张的角度更好地开展情景分析。然而，现实中这样做的公司还不够多。无论采用何种方法，商业利益都需要放在首位，合规性是次要目标而不是主要目标。

良好的做法

确保带来价值

情景分析的成功秘诀在于确保它能给参与者带来明确的价值，而不是成为一种数字生成的游戏。在举办研讨会时，重要的是要思考参与者能从会议中获得什么好处。明确的目的可以确保情景分析流程与业务决策结合起来。例如，情景分析的目的可以是检查对某些特定事件的准备情况，这些事与管理者紧密相关并让他们夜不能寐；可以是评估重大变化（包括新产品、新服务或新地区）或者更广泛的社会和政治变化的影响。情景分析是为了帮助第一道防线的业务单元和支持部门检查其自身面临的极端风险，并降低这些风险，以便最终能够实现自己的目标。

主持研讨会

主持良好的研讨会（见第 5 章）对于情景分析十分关键。巴塞尔委员会注意到，"在研讨会中，要有合格的、经验丰富的主持人持续参与"[5]。对于情景分析的口碑和价值主张以及得到可靠的结果来说，这一点非常重要。主持人可以使用包括现场投票等辅助手段，例如，要求参与者对情景的损失估计值进行匿名投票，这可以帮助减少动机偏见。专家嘉宾演讲、YouTube 剪辑和功能演示也能使研讨会更具吸引力。

内部控制的压力测试

一个良好的做法是对每项控制进行质询，找出可能失效的极端情况，这可以看作对每项控制进行压力测试。在现实生活中，由于经常出现不可预见的情况，一项或多项控制无法运行，从而证明一些理论上不太可能发生的情况实际上还是有可能发生的。

严谨的文档记录

监管关注的焦点是资本模型输入过程的严谨性。这一过程要形成体系，并生成高质量的文档。文档要包含情景描述和选择情景的理由、假设、事件年表、可靠的损失估计（包括金额的合理性），以及任何其他考虑过的情况。情景有时被加载到操作风险系统 / 软件中，其中可能存在其他相关的模块或情景数据。假如用 Excel 或 Word 格式保存文档资料，良好的格式便于随时访问，并作为决策的参考依据。研讨会产生的行动可以上传到行动模块，以便能够跟踪进展，直到问题完全解决。

衡量成功的标准

衡量情景研讨会成功与否的标准之一是产生行动的数量。如果这些行动还能够带动财务投资、改善控制环境，那就更好了。不幸的是，这一成果没有得到充分利用。巴塞尔委员会指出，总体而言，只有很少的银行根据情景分析制订行动计划[6]。

行业基准（2020 年）

来自不同金融机构的操作风险从业者参加了一项现场调查，以考查情景分析在操作风险管理中的使用情况。总体而言，现场调查反馈的结果比较乐观。尽管情景分析在历史上仅用于风险计量目的，但纯数字生成的时代已经一去不复返了。金融行业似乎已经解决了这个问题，大多数（76%）公司将该工具同时用于风险管理和计量目的，如图 8-6 所示。

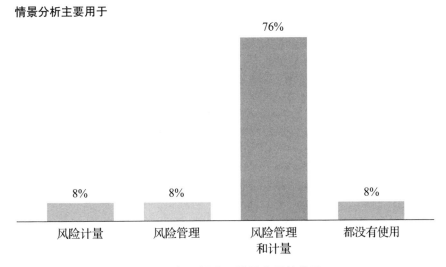

图 8-6 行业调查：情景分析的使用

资料来源：Best Practice Operational Risk Forum, 2020.

公司会考虑多少种操作风险情景？一般是 10 ~ 40 种。如果超过了 30 种，公司通常会减少其数量（见图 8-7）。

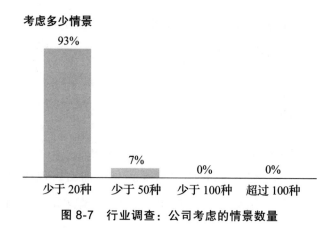

图 8-7　行业调查：公司考虑的情景数量

资料来源：Best Practice Operational Risk Forum, 2020.

最后，虽然大家并不认为情景分析是操作风险管理框架中最有价值的工具，但大家还是认为它能产生显著的商业价值（36%，见图 8-8）。下一步要着力改进的部分是：从"中等"和"微小""不产生任何实际行动"，转变为"产生显著的商业价值"。

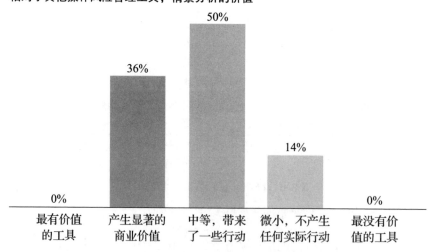

图 8-8　行业调查：情景相对于其他工具的价值

资料来源：Best Practice Operational Risk Forum, 2020.

实践练习

从公司情景库中获取情景副本,对它们进行审查,思考以下问题:

1. 公司的情景分析方法是什么?它是由资本计算驱动的吗?进行情景分析的主要目的是风险计量还是风险管理,还是两者兼而有之?
2. 是否明确定义了情景?故事情节是否记录在案?文档中是否包含假设,是否清晰地记录了人们在研讨会上估算损失金额的逻辑和理由?
3. 公司在研讨会后采取了哪些行动?相关情景是否包括对控制环境的检查,以及该过程是否产生了改进?
4. 是否将情景与公司保险的保障范围进行了对照?
5. 哪些方法效果比较好?概述其优点。
6. 还有什么可以改进的?记下潜在的改进领域。

> ☐ **有所作为**
>
> 在阅读本章后,请概述所学的主要内容,并记下你将采取的一项提升情景分析相关实践的具体行动。

本章讨论了情景分析工具,该工具使用了主动研判风险的思想,并且将这种思想应用于极端但又合理的情形。

到这里已经介绍了操作风险管理工具箱的所有核心工具,下一章将从操作风险偏好开始,介绍整合核心工具的管理机制。

注释

1. Basel Committee on Banking Supervision (2009) *Observed Range of Practice in Key Elements of Advanced Measurement Approaches*

2 Basel Committee on Banking Supervision (2009) *Observed Range of Practice in Key Elements of Advanced Measurement Approaches*

3 Basel Committee on Banking Supervision (2009) *Observed Range of Practice in Key Elements of Advanced Measurement Approaches*

4 Bloomberg (2020) Interview with Nassim Nicholas Taleb

5 Basel Committee on Banking Supervision (2011) *Operational Risk: Supervisory guidelines for the advanced measurement approaches*

6 Basel Committee on Banking Supervision (2014) *Review of the Principles for the Sound Management of Operational Risk*

第 9 章
Chapter 9

操作风险偏好

本章内容：本章讨论了操作风险偏好，由于该主题本质上具有定性属性，这将给公司带来挑战。本章考虑了两种不同的意见：操作风险是为了追求收益而有意识地承担，还是只能视为一种威胁必须不断地降低（见图9-1）。然后就进入了风险偏好的具体实施阶段，本章提出了一个包含三个阶段的实施路线图来制定有意义的风险偏好并将其用于决策。接着，本章提出了一种使用特定工具来表达风险偏好的方法，并且提供了一套评估量表来帮助分析该方法的成熟度。本章还提供了一些示例以及一个行业基准。

■ 延伸阅读

- Financial Stability Board (2013) *Principles for an Effective Risk Appetite Framework*

  推荐理由：虽然有点儿过时，但这是一份基本指南，涵盖了风险偏好框架，定义了风险承受能力、容忍度和风险概况。

风险 - 收益公式及其在操作风险上的应用

金融机构从事的是承担风险的业务，几百年来一直如此。当谈到信用风险、市场风险等相邻学科时，大家都知道有个风险 - 收益公式：保守型贷款利润较低，而向风险较高的行业提供贷款则能收取更高的利率，从而获得更好的收益。图9-2描述了这一点。

```
                         嵌入性和成熟度评估
┌─────────────────────────────────────────────────────────────────┐
│  风险文化                                                        │
│  治理、角色和责任                                                │
│  在操作风险管理的三道防线上建立治理机制并明确角色                │
│                                                                  │
│  风险偏好和风险承受能力                                          │
│  确定为了达成战略目标所需要承担的风险，包括其质性性和类型。     │
│  评估资本的充足性                                                │
│                                                                  │
│  ┌──────────┬──────────┬──────────┬──────────┐                 │
│  │操作风险事件│ 风险评估 │ 情景分析 │关键风险指标│                │
│  ├──────────┼──────────┼──────────┼──────────┤                 │
│  │记录和报告 │通过风险与 │识别极端但│通过预测性  │                │
│  │风险事件， │控制自我评 │合理的事件│指标监测风  │                │
│  │采取行动以 │估，识别流 │带来的风险│险与控制指  │                │
│  │尽量降低未 │程、业务单 │敞口      │标的表现    │                │
│  │来出现风险 │元或职能部 │通过购买保│如果指标突  │                │
│  │的可能性   │门中的风险 │险转移风险│破既定的偏  │                │
│  │根据风险与 │敞口      │、缓释风险│好与阈值，  │                │
│  │控制自我评 │作为补充， │          │则采取行动  │                │
│  │估和关键风 │识别变革活│          │            │                │
│  │险指标监测 │动产生的风│          │            │                │
│  │风险的发展 │险        │          │            │                │
│  │趋势       │          │          │            │                │
│  └──────────┴──────────┴──────────┴──────────┘                 │
│                                                                  │
│  报告和决策                                                      │
│  对照设定的偏好，检查实际风险状况，采取积极的风险管理措施以     │
│  实现战略目标                                                    │
└─────────────────────────────────────────────────────────────────┘
                         培训和教育
```

图 9-1 本章焦点：操作风险偏好

图 9-2　风险与收益之间的关系

然而，将同样的公式应用于操作风险时，道理就变得不那么明显了。在这个问题上有两种主要的思想流派。

一派将操作风险与信用风险和市场风险区分开来，用"相反"一词来解释操作风险的性质。

与信用风险和市场风险相反，操作风险：

- 在回报或收入方面，不会带来实质性的好处。
- 其造成的损失没有上限。
- 因此必须不断降低操作风险。

这一观点在一定程度上得到了欧洲银行管理局的赞同，该机构在报告中写道，操作风险在本质上是"不可规避的"，既不是有意让其产生，也不是由于追逐利润而引发的。此外，它是不可分散的，因此无法完全消除[1]。

这种降低风险的态度，可以通过研究《巴塞尔协议》分类法的第 4 类（客户、产品和业务活动）来说明：

- 在这个富有争议的子类别中，风险事件包括无照经营、违反法规、不适当的销售行为和销售不合适的产品。
- 选择故意违反法规或提供设计糟糕的产品是没有好处的。事实上，这是不道德的和非法的。

- 由于人为错误、培训不足或故意不当行为，风险因素将不可避免地转化为现实事件。就损失的数量和价值而言，人们无法对风险水平施加刚性限制，因为它们不可能完全消除——除非公司选择完全退出业务。
- 因此，各家公司重新采用了降低风险的方法，实施相应政策，提供培训并加强监测，以便及早识别违规行为。

然而，另一派用"类似"这个词，而不是"相反"。

与信用风险和市场风险类似：

- 必须从风险与收益的角度来看待操作风险。
- 收益方面可能包括从事特定活动带来的收益或者对成本的降低。
- 因此在追求战略目标的过程中，公司可以有意识地承担适当水平的风险。

在培训课上，我通常会请参与者举出承担操作风险以换取收益的例子。事实证明，参与者往往不太熟悉这一领域，与"风险降低"相比，他们通常更难以想到"风险－收益"的概念。

案例研究 9-1

一家投资银行的客户要求交易一种新产品。为了满足这一需求，该银行制定了一个价值主张，并且开展了操作风险评估。虽然信用风险和市场风险都在该银行的承受范围内，但产品预订和会计核算无法通过系统处理，需要人工处理。该银行承认操作风险的水平很高，但客户提供的收益也很丰厚。该银行对照自身的风险偏好，对产品方案进行了深入讨论，鉴于承担的风险与收益是相称的，最终同意了该方案。

适用于操作风险的风险－收益理念形成了一种更精明的商业立场，在风险与恰到好处的控制措施之间取得平衡。太少的控制会导致监管处罚、客户侵害和声誉损害；但过度控制、引入过多的流程和程序，可能会使产品方案变得不可行。后一种推理通常没有被公司充分利用，不仅高级管理人员，就连一些风险从业者，在谈到"放松控制"以及接受哪怕是很小程度的错误和损失时都会感到相当不舒服。这正好是操作风险管理部门可以增加价值的领域，引入风险－收益公式可以帮助人们做出平衡、明智的决策。正如第 6 章所讨论的，通过风险和机会评估这种方法可以强化积极的风险管理，鼓励人们承担适当的风险，同时保护公司免受过于激进的态度的影响。

这种更具进取精神的风格，也反映了金融稳定委员会在关于风险偏好的指导方针中所表达的立场。因此，我们将其作为定义操作风险偏好的基础。[2]

定义：操作风险偏好

操作风险偏好代表了"金融机构为实现其战略目标和商业计划，而愿意承担的总体操作风险水平和不同类型的操作风险"。[3]

金融稳定委员会的文件对于任何风险从业者来说都是非常有用的指南。然而，金融稳定委员会也承认，操作风险偏好这个话题具有定性属性，它就像一座很难征服的山峰，因此它没有对相关的良好实践做进一步介绍。

对操作风险的性质和所选择的态度（无论是为降低风险，还是作为收益的代价）开展此类讨论是很重要的。它们确立了公司对风险的总体立场,以及用什么样的语言来描述风险。它们还延伸到更广泛的文化层面,即公司认为自己是相对保守的还是更富有进取精神的。

制定有效偏好声明的三个步骤

与大多数操作风险管理工具一样,没有一个规范的或公认的操作风险偏好框架能够完全适合每个组织、部门或司法管辖区。事实上,这可能是整个操作风险学科中最不成熟的元素。

风险偏好与风险计量有着千丝万缕的联系,然而金融行业还没有完全掌握风险计量。那些支持量化方法(从而寻求一个明确的数字来表达偏好)的人可能会发现,风险偏好框架并不适合使用纯粹的数字区间和阈值。事实上,正如我们将从本章中看到的,许多描述主要是定性的。

此外,创建偏好不仅是写一组声明,它还包括提供决策工具,以便能够确定优先顺序和部署资源,并推动经过深思熟虑的、充分考虑了风险的决策。其中最困难的部分是完成有用性测试并在整个组织中实现嵌入。偏好的制定是一个迭代的过程,不能贪多求快,有时候"少就是多"。最好有一个简单的框架,它可以很好地嵌入公司,并且容易被大家理解,而不只是一套先进的偏好陈述,却没有转化为行动和行为。

下面提出了制定操作风险偏好的三阶段流程,如图9-3所示。

图9-3 制定操作风险偏好的三个步骤

建议在实施操作风险偏好时，遵循以下三个步骤：

- 在标尺上定义所需的风险水平，包括总体风险和主要操作风险子类别。
- 为总体操作风险水平和每个主要操作风险子类别制定定性的风险偏好声明。
- 建立定性和定量的限额与触发因素。

步骤1：在标尺上定义所需的风险水平

首先要了解公司在追求其目标时，愿意承担的总体风险类型和风险水平，这是很有价值的。简而言之，这一步解释了公司在考虑利润要求和公司商业模式的具体特点之后，如何保持盈利（即通过承担一定水平的风险并接受特定水平的收益）。这是一项全面风险管理工作，应该由操作风险管理部门牵头，与其他风险类别的管理部门的同事合作，创建一个综合性框架，涵盖所有风险类别。期望的风险水平可以借助定性标尺来表示，这为今后的讨论提供了有用的参考。计量方式可以是绝对的，也可以是相对的。

图9-4展示了一个四分制绝对标尺的示例。

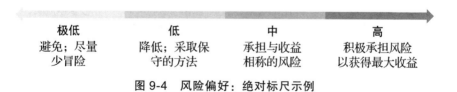

图9-4　风险偏好：绝对标尺示例

风险范围也可以用相对标尺来表示。表9-1是一个四分制相对标尺的示例。

表 9-1　风险偏好：相对标尺示例

风险偏好类型	描述
风险规避型	避免风险或最小化风险；公司愿意接受低于行业标准的收益，承担的损失也明显低于同行
风险中性型	采用平衡的方法；控制风险以达到符合行业标准的收益／损失
风险承受型	承担一定的风险；如果达到或高于行业标准收益，公司愿意接受一些风险
风险激进型	积极追求风险；如果收益明显高于行业标准收益，公司愿意接受风险调整后的收益／损失

使用这样的风险标尺和面对风险的态度，可以与董事会展开明智的对话。简而言之，公司将致力于控制或避免哪种风险，以及积极追求什么样的风险。例如：

风险类型	风险偏好
战略风险	高——积极承担风险以获得最大收益
操作风险	中——承担与收益相称的风险
市场风险	低——降低；采取保守的方法
信用风险	低——降低；采取保守的方法

然后，我们在标尺上定位风险（见图 9-5）。

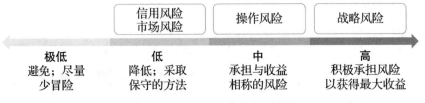

图 9-5　公司主要风险在标尺上的定位

对承担操作风险的态度，是一律向下降低风险还是将其视为收益的必要代价，决定着风险在标尺上的位置。

与这一讨论相关的是风险容忍度的概念。当用于操作风险时，偏好和容忍度这两个词经常交替使用。对操作风险采取向下降低风险态度的公司经常倾向于使用"容忍度"一词，表示风险必须（不情愿地）忍受，因为它们不能被消除。

但是，各家公司采取的具体方法各不相同：

- 有些公司的容忍度可能大于偏好。举个例子，警察对超速行驶的偏好是根据道路的限速（例如 30 英里/小时）设定的，但警察在起诉前往往会容忍更高的速度（可能是 33 英里/小时）。
- 其他公司采取的立场可能是容忍度小于偏好。例如，偏好被设定为每小时 33 英里，无论如何都不能超过。因此，容忍度被设定为每小时 30 英里，低于偏好，以便提供一个早期预警信号。

一旦主要风险类型被置于偏好范围内，就需要对第 1 章和第 5 章中讨论的下一层级的最高或主要操作风险进行同样的操作。最高或主要风险是固有风险，如果控制不好它们，将对公司造成最重大的影响。

由于可能的风险子类别种类繁多，仅从总体操作风险水平上考虑风险偏好（例如，将金融犯罪、外包、员工和其他性质完全不同的风险子类别混在一起）是远远不够的。

最好有详细的说明，为公司业务基础之上的每个主要操作风险子类别制定偏好声明，从而说明公司愿意承担操作风险的"性质、类型和水平"。[4]

图 9-6 提供了某家公司的示例，该公司确定了五个主要的操作风险子类别，并在标尺上表示出了它期望承担的风险水平。

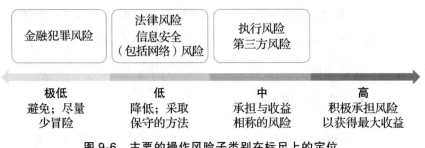

图 9-6　主要的操作风险子类别在标尺上的定位

把图 9-5 和图 9-6 同时提交给董事会以后，应该会引发一些讨论。如果公司对战略风险的偏好很高，公司计划大幅扩张，不断地从新的业务和地区吸引客户，这与它只接受极低水平的金融犯罪风险这一事实有什么关系？极低的金融犯罪风险偏好可能更适合于一个保守、成熟的公司，它主要是维持现有的客户群。我们必须认识到：业务扩张将不可避免地导致金融犯罪风险水平的增加。如果董事会对这一结论感到不舒服，也许公司的战略目标和商业计划需要进行一些修改；或者，公司可能需要将控制金融犯罪风险方面的投资增加一倍，确保在业务扩张的情况下公司能够维持较低的风险偏好水平。钱摆在桌子上吗？这就是这些标尺的确切目的，用来引发关于预期风险水平和不同风险因素之间关系的辩论。

在处理风险标尺时，经常出现的一个问题是，术语的确切含义是什么，例如最小化、风险规避型、风险激进型。为了提供更多的信息，并且帮助定义边界，标尺可以借鉴前面章节中讨论的操作风险统一影响评级体系。因此，如图 9-7 所示，风险规避型偏好转化为容忍较低的财务、客户、监管和声誉影响；对于激进型的立场，则假定接受至少一个影响很大的后果（通常是财务影响），前面已经提到过。

还有一些公司更喜欢使用 ALARP 原则作为偏好标尺的替代方案。

偏好类型	影响	影响描述
风险激进型 积极追求风险	很大	财务：实际/潜在损失大于 × 美元 客户：客户侵损严重/受影响比例大 声誉：持续的媒体报道，对品牌和市场价值造成严重损害 监管：正式调查直至吊销执照
风险承受型 承担一定 程度的风险	大	财务：×美元至××美元之间的实际/潜在损失 客户：较大程度的侵害 声誉：市场上出现负面评论，损害了声誉、品牌和价值 监管：很可能引起调查或监管行动
风险中性型 采取平衡 的方法	中等	财务：×美元至××美元之间的实际/潜在损失 客户：中等影响/小比例客户或细分市场受到影响 声誉：一次性媒体报道，对声誉、品牌和价值有轻微损害 监管：有可能引起调查或一次性罚款
风险规避型 避免或最 小化风险	小	财务：低于 ×美元的实际/潜在损失 客户：轻微影响或投诉 声誉：无关紧要 监管：不太可能导致任何监管行动

图 9-7　让偏好标尺与统一的影响评级体系保持一致

ALARP 原则（在合理可行的范围内尽可能地降低风险）通过平衡控制措施消耗的成本与带来的收益，鼓励采取控制措施降低已发现的风险，并允许接受剩余的操作风险。

ALARP 是一种分散化的决策模式，其运作方式是让高级管理人员和管理层自己承担责任。他们承担风险，在个案中坚持自己的立场，在降低风险方面采取切实可行的办法。这种做法可能会在具体应用时引起方法不统一的问题。如果采用这一思路，重要的是第二道防线的操作风险管理部门要审查和质询决策，以确保程序的可靠性和结果的稳健性。建议使用定性描述来补充 ALARP 方法，在期望的偏好水平上制定更明确的方向。

总而言之，尽管定性标尺有些不精确，但它们有助于设定场景，并且提供辅助性指南，有助于我们更好地理解公司内部的风险承担方式。

非金融机构广泛使用这些标尺，这类机构常常用通俗易懂的图和语言解释自己的风险偏好。然而，金融机构特别是那些惯于采用定量方法的金融机构，对于操作风险资本的计算往往倾向于使用数学公式和概率统计模型。这样做很可能就丢失了灵活的解释因素以及与董事会坦诚讨论的机会。就这一点来说，或许金融机构应该向非金融机构学习。

步骤2：制定定性的偏好声明

这一步涉及为总体操作风险和主要操作风险子类别制定一份定性的风险偏好声明。

风险偏好声明是一份更详细的书面说明，包括每类风险在标尺上的位置。其目的是以合理的方式阐释公司对风险的态度——是主动冒险还是尽量控制和规避风险，并对所选方式提供相应的理由。同样，由于操作风险的定性属性，描述性陈述是必不可少的，而且可能包括文化和行为上的细微差别，这是无法用数字来计量的。

从整体层面出发，进一步阐述公司对操作风险的态度：是向下降低风险还是将风险作为收益的代价。比较以下声明：

示例1

公司对操作风险的容忍度极低。虽然无法消除操作风险，但公司的目标是降低风险。操作风险容忍度的定义是总损失上限为2500万美元，然后将其细分为各子类别操作风险的限额，其中包括欺诈风险、法律风险、合规性风险和洗钱风险。

这是一个非常基础的声明概述，它在很多金融机构的年报中以这样或那样的形式出现。一种良好的做法是制定更详细的声明；并且，作为一种一般性方法，公司要明确是否真的打算将规避风险的态度应用于所有类型的操作风险，还是区分不同的子类别。请注意，这里使用的是容忍度，而不是偏好，以强调向下降低风险的愿望。

示例 2

公司有意识地承担操作风险，以追求战略目标。公司认为，承担风险往往是促进创新所必需的，消除经营活动中固有的操作风险既不可能，也不一定可取。公司的总体偏好是中性的，能容忍的最大亏损额为 1000 万美元。对于某些子类别，如金融犯罪、行为和合规性风险，公司采取了更为保守的风险规避态度。已经确定了八个主要风险类别，即金融犯罪、技术和信息安全、执行、行为、合规性、变革、员工和第三方，对每个类别都给出了一份定性的风险偏好声明，并辅之以各种风险计量指标。每类主要风险都由一名指定的高级管理人员负责，包括设计适当的控制，并向董事会报告总体风险水平。董事会最终负责就每类风险的偏好达成一致。对违反风险偏好的行为，必须上报并采取行动。

这一扩展版的偏好声明有两个很有用的属性：责任和响应。下面概述了更多的特点。

操作风险偏好声明的特点
- 易于理解，这对于随后在公司中嵌入风险偏好至关重要。
- 提供了风险子类别的定义，重要的是要避免事后猜测它们包括什么。
- 与战略目标挂钩，这一点是显而易见的。但不幸的是，在操作风险偏好声明中引用战略和商业计划的情况仍然很少见。

- 概述各方的责任，可能包括风险所有者、主题专家或相关委员会。
- 包含一个响应框架，说明违反偏好的后果。

考虑到这些特点，表 9-2 提供了一个操作风险子类别的偏好声明示例。

表 9-2　操作风险偏好声明示例

主要的操作风险子类别	定义	与战略目标的联系	风险所有者	风险偏好	风险偏好声明
第三方风险（外包和供应商）	依赖第三方产生的风险，包括第三方未能履行其义务导致的事故或故障	良好的客户体验	首席运营官	中等	公司依赖第三方为客户提供核心业务活动和服务。它愿意为与第三方签约合作承担中等水平的风险，以获得新的技术平台，提升灵活性和效率。客户和监管机构希望公司有效地管理这些安排。公司的目标是，通过进行强有力的第三方尽职调查和由专门的外部团队进行监测和监督，防范业务中断 　公司已经摸清了各个单一故障点，并制订了可行的替代计划，以防供应商出现严重故障或服务不可用。如果替代计划不可行，公司要加强监督并积极参与第三方对其运营韧性和恢复能力的测试。出现风险升高或违反偏好的情况时，要及时报送董事会，并根据公司的响应框架采取行动 　公司接受偶尔会发生轻微的业务中断

表 9-2 所示的示例中关于第三方子类别的操作风险偏好声明是一种推荐格式。它提供了定义，概述了与战略的联系，指出了高级管理层中的风险所有者，并提供了说明性描述。对于其余的最高/主要操作风险子类别，需要制定类似的偏好声明。

下面我们谈谈两个颇具挑战性的方面：责任框架和响应框架。

责任框架

责任框架假设每个关键风险领域都有明确的所有者，要么由专门的高级管理人员负责，要么由一个联合小组或委员会（取决于治理安排）负责，来设计适当的控制和降低风险的活动。这在实践中很难实现，因为它需要在高管团队中明确分配职责。此外，一些风险跨越多个业务条线和地区。

例如，技术风险通常由首席技术官负责，因为大多数控制由信息技术部门负责；或者，技术风险可以由业务负责人、技术解决方案的主要用户和驱动者以及首席技术官共同负责。金融犯罪风险不归合规部门管，尽管合规部门通常负责设计和维护风险管理框架。在公司内部培养适当的做法和行为以打击欺诈和犯罪，是每个员工的责任，因此也是所有高级管理人员的责任。同样，所有业务单元和支持部门都要承担员工风险的管理责任，而人力资源部则负责提供政策和指导。这类风险通常应当由第一道防线主要业务部门的负责人或者公司的首席执行官担任共同所有者。

关于风险所有权（权属或者责任）的讨论可能会非常激烈，富有争议，以至于有时风险所有者一栏被完全删除。文化因素在这一领域发挥着重要作用，那些协作良好、诚实守信、风险意识强烈的公司通常在商定责任框架方面表现出色。随着监管部门对文化和行为的日益重视，以及个人问责和认证制度的引入，公司高层的风险所有权还应当与董事会的责任声明相一致。

响应框架

反过来，响应框架涉及认真对待违反偏好的行为并且触发有力行动的机制。将这一框架付诸实施的一种方式是：针对重大违规行为，要确保对承担责任的所有者或高级管理人员处以罚款，还要将风险控制在限制范围内；或者，如果整个高管团队共同对引起违规的风险子类别负责，则可能对整个高管团队处以罚款。这种方法使风险管理工具变得切实可行，而不再是一种理论练习；但是否能取得成功，在很大程度上取决于公司就上述问责框架达成一致的能力。值得注意的是，巴塞尔委员会的观点是薪酬政策应该与银行的风险偏好和容忍度声明结合起来。[5]

步骤3：建立定性和定量限额与触发因素

最后一步是将操作风险偏好声明转化为限额与触发因素，这有助于计量相对于既定水平的实际风险敞口，表明偏好何时已经或即将被突破。

用什么工具来计量操作风险偏好？

计量操作风险偏好的常见工具包括：
- 定性和定量工具——关键风险指标。
- 定量工具——操作风险损失和情景分析。

我们已经在相关章节中研究了这些工具，让我们在操作风险偏好的背景下更详细地回顾它们。

关键风险指标

关键风险指标很重要，因为它们定义了什么是可接受的（以及不可接受的），从而设定了标准并且可以用来指导行为。同时，它们还与公司的文化有着千丝万缕的联系。如第 7 章所述，关键风险指标是为关键/最高风险制定的，这正是我们在表达偏好时要用到的。

定量指标同样重要，因为它们可以对潜在的资本侵蚀发出预警信号。公司只能在其风险承受能力（risk capacity）范围内承担一定数量的风险。

能力（capacity）是公司手头的总体资源，也就是财务预算，反映了公司能够承担的最大风险水平。能力与经济资本密不可分，公司不能承受超出其能力的亏损，因为这会导致公司资不抵债。

金融稳定委员会对风险偏好的定义包括在公司能力范围内承担风险，[6] 对于信用和市场等类型的金融风险，风险偏好是由一定数量的资本表示的。严格来讲，操作风险的定义更宽泛，例如，包括员工和系统。这意味着，考虑到公司招聘的员工数量和运营的系统，公司无法处理超过其人力所能完成的交易。这些因素很难纳入风险偏好的考虑因素，因此在使用"能力"一词时，通常指的是纯粹的财务资源。

操作风险损失

实际操作风险损失反映了风险已经发生的情况。公司不可能无限量地亏损，因此，对预计年度损失金额设定的阈值，是一种最常用也是最有效的定量指标。它的目的是发出信号，表明具体发生多么严重的风险事件，有可能对保持盈利这一更宏观的公司目标构成威胁。

此阈值可以是绝对阈值，也可以是相对阈值，如以下所示：

- 绝对：损失不得超过 500 万美元。
- 相对：公司准备容忍经常性收入 1% 的潜在损失。

重要的是要注意到，这些计量手段并不能设定实际损失的上限；即使公司不希望看到损失超过设定的金额，这种情况仍有可能发生。公司要把它们作为行动的触发因素。当偏好被打破时——或者更好的是，在违规发生之前、损失接近上限时，需要立即审查和调查为何负面的财务影响超过了商定的可接受水平，并且要让相关风险所有者拿出行动计划。有时，这可能包括很严厉的措施，例如，如果某产品方案不可行、投入产出比不高，则必须停止生产或退出某一业务条线／地区。

情景分析

通过情景分析可以估计公司能够接受的意外操作风险损失水平，以此来补充损失阈值。正如第 8 章所讨论的，情景分析可以帮助公司探索和预测重大变化或中断对其业务的影响。针对情景损失（事实上，很少有公司对此明确定义）设定风险偏好可以为公司提供帮助和指导，比如当其商业模式发生重大变化时。例如，它可以发出信号，表明给定情景造成的意外损失水平可能超过了可接受的水平。就表 9-2 中提到的外包和供应商风险而言，就可能发生这种情况，例如，如果将大量的核心业务活动外包给同一服务提供商，造成对单一第三方的过度依赖。

限额和触发机制是一把双刃剑：虽然它们是必不可少的，但它们也可能引发不恰当的行为。如果某位高管被设定了定量的损失和/或情景上限，他本人就要对此负责，这可能导致这位高管有动机隐瞒或少报亏损，或者故意低估情景的结果。如第7章所述，业务单元可能会试图以类似的方式操纵关键风险指标阈值，以便呈现更为乐观的图景。

继续以表9-2中的例子为基础，表9-3给出了操作风险子类别样本的偏好计量情况。

表9-3 定义偏好计量指标示例

主要操作风险子类别	偏好计量指标	董事会批准的阈值：琥珀色——上报，需要采取规定措施以恢复至绿色	董事会批准的阈值：红色——不可接受，需要立即采取行动
第三方风险（外包和供应商）	损失：第三方故障造成的最大财务损失	>150万美元	>200万美元
	情景分析：最大估计	>2500万美元	>3000万美元
	KRI1：连续2个月服务水平低于预期服务等级协议（SLA）水平的核心供应商的百分比，却没有采取任何行动	>1%	>5%
	KRI2：没有测试运营韧性的安排或在测试期间出现重大故障的核心供应商的百分比	>5%	>10%
	KRI3：没有明确的继任计划/较难替代的核心供应商的百分比	>20%	>30%

上面突出显示的计量指标常用于监测以下维度风险的水平：

- 实际发生的损失金额，一种事后而又真实的计量指标。
- 情景估计，一种前瞻性指标。
- 预测性控制指标（KRI1和KRI2），根据服务等级协议和运营韧性能力密切监测绩效水平。

- 预测性风险指标（KRI3），反映核心供应商的风险水平，对这些供应商没有明确的替代方案，因此可能代表未来的单一故障点。

对于最高/主要操作风险子类别的其余部分，需要重复相同的过程，设计与商定限额和触发因素。

图 9-8 提供了一个简单的评估操作风险偏好的质量和成熟度的标尺。

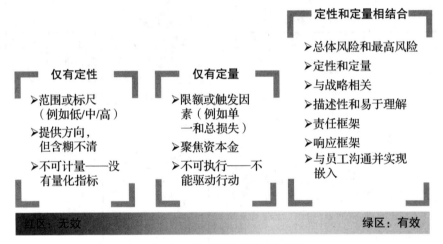

图 9-8　风险偏好成熟度阶梯

监测风险状况并采取行动

风险偏好表达了公司在追求其目标时应承担的期望风险水平。在现实中，公司可能承担比期望更少或更多的风险，因此，需要根据预先商定的参数监测实际风险敞口或公司的风险状况。

这种评估是每月或每季度在各自的治理委员会进行的。在这些委员会中，要对照风险偏好报告的实际数值。图 9-9 列出了风险状况报告的一个例子。

图 9-9 根据偏好监测风险状况示例

嵌入偏好

风险偏好应当成为"促进关于风险的稳健讨论的工具",并作为决策的基础[7]。但毫无疑问,将其嵌入实践有很大难度。

首先是在集团、整个公司范围内制定风险偏好。为了让它真正得到有效利用,风险偏好需要:

- 得到适当的管理机构(通常是董事会)的理解、讨论和批准。
- 有定期和正式的监测机制,例如,通过风险管理委员会和董事会的月度或季度审查,根据期望的偏好水平,评估实际的风险状况。
- 存在有效的限额和触发机制,让风险得到上报,使公司能够采取行动。
- 在高管层面上有指定的风险所有者,确保责任到位,并要求他们采取行动。
- 定期进行适当的记录和审查。

对于大多数中小型公司来说，业务和运营决策由同一拨高级管理人员完成，单一的针对最高管理层的风险偏好就足够了。对于具有多个层级结构的大型跨国公司，需要在公司的较低层级进行风险偏好的宣传和转述。例如，各子公司或各业务条线层面：

- 业务条线（通常在全球范围内）需要一份从公司的风险偏好声明衍生出来的风险偏好声明。然后，根据各种参数（包括收入份额）将风险限额分配给各业务条线。例如，总体预期损失额的阈值可以分解为各业务条线的较低的子阈值。定性指标可能以完全相同的方式分配（例如行为、员工或和欺诈相关的指标），给业务单元分配相同或更严格的阈值。一些计量指标可能只与特定领域相关，例如，违规交易指标将只由市场交易部门监测，而不适用于其他业务条线。
- 重要的集团实体，特别是拥有董事会的子公司或法人实体，也需要制定自己的风险偏好，并获得董事会的批准。每个实体的风险偏好声明需要同时考虑其自身的业务特点和公司的整体风险承受能力。
- 风险偏好声明需要在整体层面和次一级层面上保持一致。
- 需要同时在业务条线和各子公司内部建立响应框架。

批准风险偏好的最终责任在公司的董事会。在制定方法、阐明公司立场、与主题专家和风险所有者合作以理解框架，以及提出偏好声明和阈值方面，第二道防线的操作风险管理部门发挥着至关重要的作用。这是一个令人兴奋的机会，可以与风险所有者和高级管理人员合作，达成一个有意义的风险偏好框架。

常见的挑战和良好的做法

常见的挑战

风险从业人员在制定操作风险偏好并在公司内部实现嵌入时，可能遇到如下挑战。

仅限于亏损

10年前，操作风险偏好是通过限制总损失额来定义的，有时还会细分到主要子类别的损失限额。虽然这是一个良好的开端，但仅有量化措施是不够的，因为它们是往后看的（即损失已经发生），无法为行为提供指导。如本章所述，需要用描述性的声明和定性的关键风险指标加以补充。

零容忍

风险偏好声明中经常出现"零容忍"之类的表述。对于人力资源部门制定的内部政策来说，这样做可能很管用，这些政策阐明了公司的立场，例如对内部欺诈行为"零容忍"。

对于员工来说，当这些术语应用到风险偏好上时，效果并不好。如果公司对欺诈行为零容忍，那么不妨考虑退出该业务，因为一些欺诈事件不可避免地会发生。虽然"零欺诈"的说法可能很有吸引力，但更好的语言表达是：公司对于金融犯罪采取风险规避的方法，并致力于通过保持稳健的控制环境来降低风险，同时认识到偶尔发生的欺诈事件是不可避免的。

统计分布和百分位数的使用

将统计数据带入这个领域并不总是有益处的。糟糕的例子包括"操作风险偏好是用操作风险损失值定义的，使用了置信度为 99.5% 的总损失统计分布"。这样的声明不太容易被员工理解，而且正如零容忍一样，难以付诸实施，所以应该避免使用。

利益相关方未参与

有时，操作风险管理面临着缺乏业务部门和主题专家参与的困境，就像一位沮丧的风险从业者所说的那样，这项工作就像从石头里抽血一样。推进工作的最好方式是找到正确的风险所有者，对于他们来说，相关风险的管理与偏好至关重要。在责任框架比较模糊的公司中，做到这一点并不容易。如果董事们认为他们对风险偏好制定过程没有任何责任或不需要参与，挑战也可能出现在董事会层面，这是一个相当令人担忧的迹象。针对董事的培训教育和高管简报会可以在一定程度上缓解这一挑战。

文字游戏

人们可能会认为制定风险偏好是为了完成公司年度报告。就像做一道练习题，由风险管理或财务团队中的某位同事执笔，没有协作、讨论或协商，各自闭门造车编写报告。在这种情况下，偏好声明没有太大分量，也没有嵌入公司业务。因此，很重要的一点就是要遵循整个偏好生成的周期，包括必要的董事会对话，真正地增加价值。

放弃努力

操作风险偏好虽然不算是一个新生话题，但在大多数公司仍然没有得到足够仔细的研究。由于很难得出有意义的偏好声明和计量指标，人们可能会放弃这一努力。最好将这个主题作为一个迭代过程来处理，从简单的声明和计量手段开始，随着时间的推移和经验的积累，不断增强其功能，而不是一开始就奢求完美。

良好的做法

总体风险和最高风险

正如本章所讨论的，要在总体操作风险水平以及子类别风险上分别建立操作风险偏好。正确的分类法起着至关重要的作用，有助于定义子类别。如果公司使用的是《巴塞尔协议》分类法，可能会使此过程变得更加困难——例如，执行、交割和流程管理风险子类别，因为每个类别的范围太广了。如第1章所述，良好的做法是开发更直观、更适合于用途的分类法。通过分类法将风险领域划分为主要风险子类别，然后可以针对这些子类别开发风险偏好声明。

与同行进行基准比较

除了制定偏好框架，我每年都会研究和分析金融和非金融机构的偏好声明，以观察这一新兴领域的行业进展，并提炼出好的例子。这些声明作为公司年报的一部分是公开的，很容易在互联网上找到。这是一个非常有用的工作，推荐给所有致力于开发偏好框架的同人。研究证明，尽管在方法的选择上存在巨大分歧，而且产出质量参差不齐，但总体来说，这一领域正在稳步推进并取得了良好的进展。

语言通俗易懂

如前所述，非金融服务行业的公司通常使用措辞简单、清晰明了的偏好声明，而一些金融机构，由于受到统计模型的局限，似乎倾向于基于概率统计的计量指标，低估了定性描述的重要性。声明不必过于复杂，相反，如果它们可以简单地解释给每个员工，使每个员工都能理解，那么员工实际上就可以阅读它们。如果能在管理层全体会议或教育活动中向所有员工展示偏好的优点，帮助更多的员工了解自己的公司，那就更好了。

行业基准（2019 年）

简单地说，制定正确的操作风险偏好并不容易：在该行业不断取得进展的同时，挑战依然存在。这是一个令人兴奋的话题，很适合辩论，正如法国哲学家米歇尔·德·蒙田（Michel De Montaigne）的名言，"没有比每个人都同意的对话更无聊的了"。每当提到这个话题，总是以辩论结束，对什么是有效的偏好声明，大家意见不一。

下面是在一次行业会议上，来自金融和非金融机构的操作风险从业人员对当前行业现状的看法。

操作风险的性质：与其他风险学科相似还是不同

从图 9-10 可以看出，28% 的受访者认为操作风险与信用风险和市场风险截然相反，承担信用风险和市场风险可能会受到鼓励，从而达到既定的风险偏好水平。操作风险被认为必须向

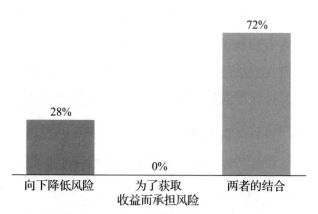

图 9-10 行业调查：应对操作风险的方法

资料来源：Operational Risk Workshop，PSD。

下降低。从积极的方面来看，72%的受访者准备采取更富进取精神的方法，并接受了"风险-收益"的思维方式，至少针对其公司某些子类别的操作风险是这样的，从而能够开展更平衡的对话。

风险偏好的表达

令人鼓舞的是，如图9-11所示，39%的从业者使用定性和定量的计量方法来表述他们的风险偏好；考虑到操作风险的复杂性和广泛性，两者都是必要的。然而，其他同人要么仍在制定风险偏好声明，要么只有一种类型的指标。

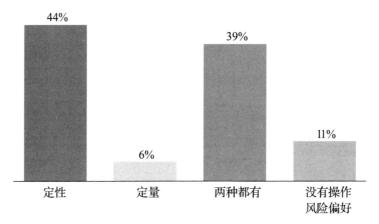

图9-11　行业调查：操作风险偏好表述方式（定性与定量）

资料来源：Operational Risk Workshop，PSD.

展示风险偏好的工具

关键风险指标是首选的风险偏好计量标准，其次是更加量化的情景分析和操作风险损失，而风险与控制自我评估则更多地被视为一种日常性管理工具（见图9-12）。

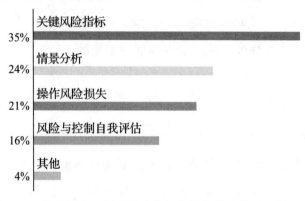

图 9-12　行业调查：展示风险偏好的操作风险管理工具

资料来源：Operational Risk Workshop, PSD.

实践练习

思考本章内容，获取一份公司的操作风险偏好声明并对其进行审查，同时考虑：

1. 该偏好是否易于理解，它是否阐明了公司愿意承担的风险类型和水平？

2. 公司采用什么样的方法，是只向下降低风险，还是主动承担风险以获取收益，还是两者兼而有之？

3. 是否区分了主要的风险子类别，并为它们设定了偏好声明？

4. 采用了哪些定性和定量的计量方法？

5. 什么方法效果好？记下你特别喜欢的特点。

6. 还有什么可以改进的？记下可能的改进。

> □ 有所作为
>
> 请记下你在阅读本章后将采取的一项对制定操作风险偏好产生积极影响的行动。

本章提出了制定操作风险偏好框架和声明的方法，明确定义了计量方法，确保将其发展成有力的工具，为做决策提供帮助。

下一章将结合前面几章中介绍的操作风险管理工具，重点介绍操作风险报告。

注释

1 European Banking Authority (2019) *The EBA Methodological Guide: Risk indicators and detailed risk analysis tools*

2 Financial Stability Board (2013) *Principles for an Effective Risk Appetite Framework*

3 Financial Stability Board (2013) *Principles for an Effective Risk Appetite Framework*

4 Basel Committee on Banking Supervision (2020) Consultative document, *Revisions to the Principles for the Sound Management of Operational Risk*, www.bis.org/bcbs/publ/d508.pdf (archived at https://perma.cc/5BD5-RAGH)

5 Basel Committee on Banking Supervision (2020) Consultative document, *Revisions to the Principles for the Sound Management of Operational Risk*, www.bis.org/bcbs/publ/d508.pdf (archived at https://perma.cc/9ZM3-P5M5)

6 Financial Stability Board (2013) *Principles for an Effective Risk Appetite Framework*, www.fsb.org/wp-content/uploads/r_131118.pdf (archived at https://perma.cc/F7TL-3EKU)

7 Financial Stability Board (2013) *Principles for an Effective Risk Appetite Framework*, www.fsb.org/wp-content/uploads/r_131118.pdf (archived at https://perma.cc/2LTZ-M6DB)

第 10 章
Chapter 10

操作风险报告

本章内容：本章强调了操作风险报告的重要性，它是操作风险管理部门与外界沟通的窗口，并向利益相关方传递重要信息（见图 10-1）。本章讨论了如何将前几章介绍的工具及其输出结果以一种有意义的方式整合起来，供董事会和治理委员会使用，同时还不会让人觉得冗长和啰唆。本章重点介绍了展示操作风险概况的实用方法，直击要害式地回答了至关重要的问题——"下一步该怎么办"，让报告内容保持简洁、有力、具有可操作性。本章还提供了示例和行业基准。

■ 延伸阅读

- Basel Committee on Banking Supervision (2013) *Principles for Effective Risk Data Aggregation and Risk Reporting*

  推荐理由：这是关于该主题的一份重要监管文件，概述了对风险汇总和报告的要求。

- Trevor Bentley (2002) *Report Writing in Business: The effective communication of information*, CIMA Publishing

  推荐理由：对于那些有兴趣并愿意提高报告写作技能的人来说，这是一本完美的读物。

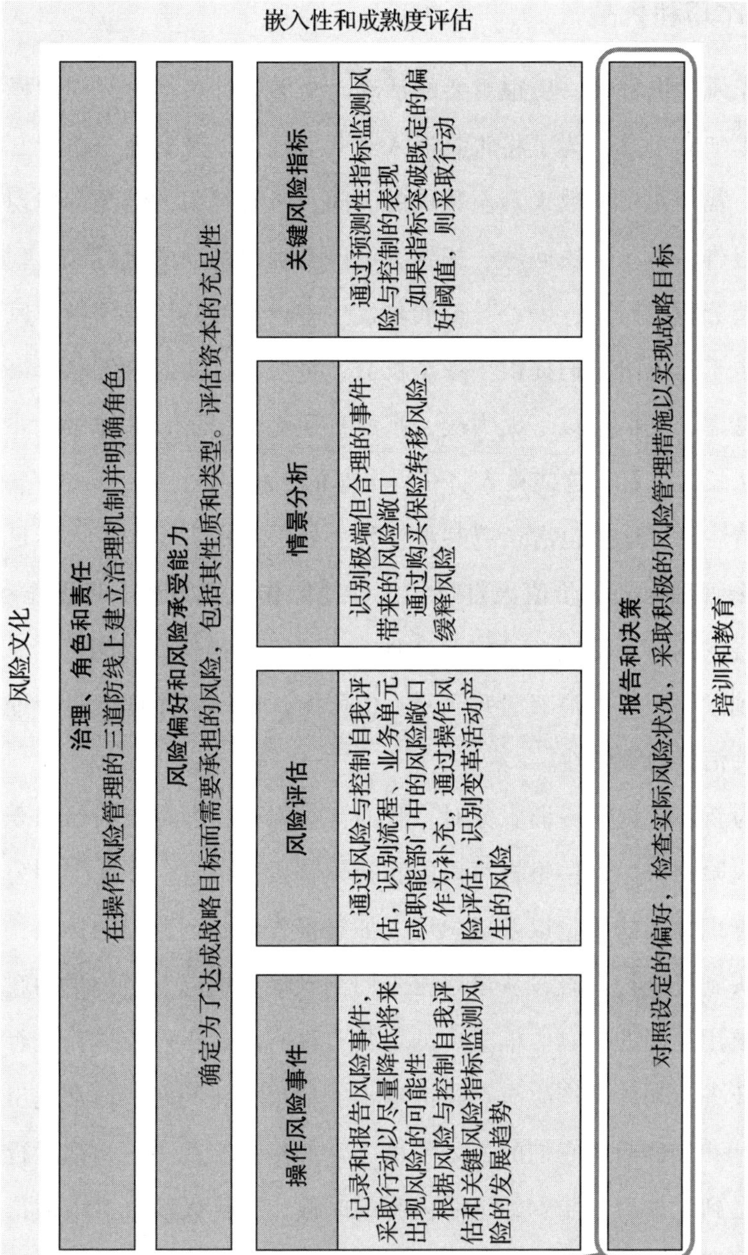
风险文化
嵌入性和成熟度评估
操作风险分类法
治理、角色和责任
在操作风险管理的三道防线上建立治理机制并明确角色
风险偏好和风险承受能力
确定为了达成战略目标而需要承担的风险，包括其性质和类型。评估资本的充足性
操作风险事件
记录和报告风险事件，采取行动以尽量降低将来出现风险的可能性
根据风险与控制自我评估和关键风险指标监测风险的发展趋势
风险评估
通过风险与控制自我评估，识别流程、业务单元或职能部门中的风险敞口作为补充，通过操作风险评估，识别变革活动产生的风险
情景分析
识别极端但合理的事件带来的风险敞口
通过购买保险转移风险、缓释风险
关键风险指标
通过预测性指标监测风险与控制的表现
如果指标突破既定的偏好阈值，则采取行动
报告和决策
对照设定的偏好，检查实际风险状况，采取积极的风险管理措施以实现战略目标
培训和教育

图 10-1　本章焦点：操作风险报告

报告的作用和挑战

操作风险报告是一项很重要的活动。为了设计最适合公司的操作风险管理框架和工具,为了将工具嵌入经营活动,以及对业务单元开展培训教育,我们花费了数天乃至数周的时间,所有努力的结晶都体现为操作风险报告。为了解决问题、找到答案以及确定行动的执行人,我们和同事一起分析、讨论、辩论甚至偶尔发生争论,最终形成了操作风险报告。报告工作也给我们提供了一个机会,将所有这些内容汇总起来。基于这些考虑,我们应该下大力气,高质量地完成报告,这样做是非常值得的。从长远来看,这些投入将获得丰厚的回报。

但请注意,这里也潜含着某种警告。如果对报告工作投入不足,就会让整个管理框架的价值大打折扣。即使操作风险管理工具运作有效,如果报告的内容不清晰、结构不合理或不具有可操作性,阅读者(主要是只看到最终报告的高级管理人员)也可能认识不到操作风险管理框架以及相关信息的重要性。

在为新客户提供咨询服务时,我通常会索取一套提交给治理委员会的操作风险报告。这些报告可以给我提供宝贵的信息,让我了解公司操作风险管理框架的质量以及成熟度。如果报告达不到预期的标准,我倾向于从头到尾进行调查,从最终报告回溯到最初的起点。公司的政策有没有要求用正确的工具?框架中的工具有没有经过正确校准?是否嵌入公司的业务活动并且产生有意义的输出?如果存在问题,通常就出在工具的设计和校准或者它们的嵌入程度上。如果在实践中一切都运行得很好,只是到了最后一步,即汇总内容的时候,撰稿人没有写出值得骄傲的报告,那真的是太遗憾了。

提交给董事会和治理委员会的这些报告，其结构的搭建和内容的撰写本身有很大难度，从一开始就是一项要求很高的工作。加之操作风险学科涉及面广、内容复杂，充满了挑战，这就让报告撰写变得更加困难。

一般性的挑战

多年来，我参与并组织了许多活动，帮助各种治理委员会开展自我评估，评估治理委员会工作的成效。这是一项很不错的管理实践活动。成员们对委员会工作的一些重要方面进行评分，包括委员会的组成情况、会议的召开方式、对议程上各种议题的时间分配、收到的信息的质量以及委员会是否切实履行职责。我们收到许多有关报告的反馈，这也是意料之中的事情。委员会的成员们（毕竟他们是报告的接收者）最常见的批评包括：

- 文件太长（董事会和治理委员会收到的文件包很少有几百页的，更多的是几千页）。
- 没有表达清楚诉求。例如，文件是需要批准通过，还是需要批示意见，或是仅仅作为信息供参阅。
- 没有提供更加全面的视角。
- 与其说是向前看，不如说是向后看，缺乏前瞻性。
- 不够及时。
- 过于模糊、散乱，没有聚焦重点。

批评的方面还有很多，不胜枚举。

在与报告的撰稿人（文件起草部门里面的个人或团队）交谈时，他们也就这个话题发表了意见，提出了许多报告撰写的难点，包括：

- 董事会或高级管理人员没有就报告的内容做出任何指示，撰稿人不知道他们希望在报告中看到什么。有什么特别感兴趣的领域吗？撰稿人经常抱怨他们是在盲目写作，因为从来没有人坐下来向他们解释清楚，报告接收者到底想要读到什么。
- 没有标准化的报告模板，以方便撰稿人参考样式和格式。
- 报告撰稿人缺乏必要的培训。好报告是什么样子的？多长、多详细？采用什么样的结构、语言和格式？Word 还是 PowerPoint？
- 没有收到任何反馈——报告写完后，它们常常就消失在黑洞中。撰稿人很少收到反馈，不知道内容是否符合阅读者的期望，不知道报告是否带来了管理层的实际行动，也不知道下次报告该如何改进。

操作风险报告的挑战

在撰写操作风险报告时，所有报告工作的常见挑战也都会遇到。此外，操作风险报告还面临一些特殊的挑战：

- 这门学科的涉及面很广，每个风险子类别都有其自身的重要性，值得关注。
- 这门学科要用到多种工具，包括操作风险损失、风险与控制自我评估、关键风险指标、情景分析等，它们都可以使用各自的语言、表格和图形来呈现重要的分析结果。
- 这门学科既有定性的成分，也有定量的成分。

报告的目标是呈现公司的整体操作风险概况，突出薄弱环节，阐明风险水平是在偏好之内还是之外，并推动决策。例如《英国公司治理准则》就规定董事应当收到"准确、及时和清晰的信息",强调董事会应始终确保自己拥有"有效和高效运作所需的政策、流程、信息、时间和资源"。[1]

或者,简单地说,他们需要知道有没有问题。如果有问题,需要采取什么行动来解决。

那么,什么才是一份好报告呢?

写好报告的三个步骤

图 10-2 提出了写好报告的三个步骤,本节将详细介绍。

图 10-2 撰写报告的三个步骤

步骤1:数据收集

撰写报告的第一步是收集准确、及时和有意义的数据。这包括从操作风险管理工具中提取数据(最好是从系统中提取,如果没有,则从 Excel 表格或其他来源中提取),并从第一道防线的业务单元收集相关信息。在巴塞尔委员会发布《有效风险数据加总和风险报告原则》之后,数据的质量和完整性一直备受关注。这些原则要求金融机构"生成准确可靠的风险数据",这些数据要"在很大程度上采用自动化汇总,以便将出错的可能性降至最低"。[2] 然而,正如巴塞尔委员会在其 2020 年的进展报告中所承认的那样,这项工作主要取决于各家公司的信息技术水平，并且仍然面临较大挑战。虽然各家公司显然已经"对其数据架构和信息技术基础设施进行了改进"，但是"在这一领域仍有很多工作要做"。[3]

一旦收集到数据，就要停下来思考：谁来解释数据？谁来阐释数据代表的含义？如果操作风险管理部门认为这是高级管理人员（报告接收者）的职责，应该由他们来回答"下一步该怎么办"的问题，那么报告工作好像就到此结束了。特别是当向治理委员会提交报告的截止日期快到时，情况就更是如此了。然后，直接把收集到的原始数据放在报告中，让报告的阅读者自己理解这些数据。让我们来看一下这类报告的例子。

示例 1

从一份操作风险报告摘录的内容

1. 操作风险事件：本月共发生 11 起操作风险事件，共计 1.8 万美元。最大一笔亏损是 9000 美元，发生在市场部。更多细节见附录 X。风险有降低趋势：整体操作风险事件的金额自年初以来逐月下降，虽然上个季度的风险发生次数从每月 7 次增加到 11 次。

2. 风险与控制自我评估：部门级的风险与控制自我评估发现了 4 个较高等级的剩余风险。

3. 关键风险指标：本月没有出现红色的关键风险指标。

该叙述还有以下内容做补充：

- 条形图：操作风险事件——实际损失，连续 12 个月。
- 条形图：操作风险事件——事件数量，连续 12 个月。

- 饼图：按《巴塞尔协议》分类法（或公司内部分类法）划分的操作风险事件。
- 饼图：按业务单元划分的操作风险事件。
- 风险与控制自我评估结果表：按业务单元划分的极高、高、中、低风险总数。
- 关键风险指标：一张带有绿色、琥珀色和红色指标的表格。

在阅读这份报告时，不可避免地会产生一些问题。这些图表代表什么意思？是好事还是坏事？需要采取什么行动（如果有必要的话）？分析的重担就转嫁给了阅读者。基本的事实可能很有意思，但如果没有主题专家的解释，这份报告很难消化，不具有可操作性，最终也无法帮助到董事会或治理委员会的成员们，让他们有效和高效地发挥作用。

因此，我们继续执行步骤2。

步骤2：分析和解读

通常，需要大量的人工（如果系统支持的话，也可以做到半自动）来检查数据，把它们转换成一个故事，回答"下一步该怎么办"的问题。毕竟，这是操作风险管理部门的基本价值，他们是最适合解读数据的主题专家。他们需要从各个角度进行分析，例如考虑以下问题：

- 自上次报告以来，风险状况有哪些主要变化？
- 风险水平是在声明的偏好之内还是之外？
- 是否有任何明显的恶化趋势？例如，操作风险事件（金额或数量）、重大风险或琥珀色/红色关键风险指标增加了。如果是这样的话，原因何在？

- 各项操作风险管理工具输出的结果是一致的吗？它们讲的是同样的故事吗？
- 不同的业务单元或支持部门是否有共同的风险主题？
- 各种操作风险事件有没有共同的根本原因？
- 有没有哪些控制似乎总是失效（针对操作风险事件），或者哪些控制在评估时被多个部门打了低分？
- 是否有指标连续两个月以上都呈琥珀色？如果有的话，原因何在？

风险从业者必须从数据中找到风险的发展趋势、主要风险点，将一条条数据拼接成完整的故事。通过一系列严格缜密的问题调查，展开深入的研究。然而在实践中，操作风险管理部门很少开展这种研究、讨论并形成一致意见。使用复杂的数据分析工具以及应用数据科学，将对这一过程产生极大的帮助。尽管在操作风险领域，这方面还处于萌芽阶段，但越来越多的组织开始将前沿技术的应用探索列入优先事项。

操作风险偏好的概念，我们在上一章已讨论过的，在这里也可以用上。如果定义得好，它可以将各种工具捆绑在一起，这样就没有必要单个地去使用风险与控制自我评估、操作风险事件、关键风险指标和情景分析等概念了。即便如此，勤勉的分析师也决不会仅考虑风险偏好，还会做进一步分析调查。实际的财务损失可能在风险偏好之内，但它可能是由某项常规控制出现失效导致的，不同的业务单元都在应用该项控制——这样的事件就提供了一个很好的机会，把这个普遍性问题指出来，然后讨论必要的整改措施。

在规模庞大的操作风险管理部门中，要就报告撰稿人、部门其他人员各自的角色达成一致，这是至关重要的一点。

报告撰稿人是代表高级管理人员（报告接收者）发声的人，要站在高级管理人员的位置，从他们的角度审视文件资料。

其他人员可能会直接把原始数据丢过来，报告撰稿人对此要提出质疑，不要让他们这样做。如果数据没有提供洞察力，也没有把故事讲清楚，无法回答"下一步该怎么办"的问题，报告撰稿人应该直截了当地拒绝，并且向他们说明以后提交的信息需要如何改进。

另外一个重要的治理角色是报告审查人。

报告审查人是各治理委员会中的高级管理人员，其职责是在最终提交报告之前对报告内容的适当性和质量进行审查。

对于风险报告，审查人通常是首席风险官，负责审查信用、市场、操作、流动性和其他相关风险报告的内容。这个过程创造了另一个机会，审查人可以坐下来，认真地审查材料。对于所有提交给治理委员会和董事会的文件，强制要求开展此类审查人审查是一种良好的做法。

下面是从一份经过深入分析形成的操作风险报告中摘录的内容，读者可以对比一下。

示例 2

从一份经过深入分析形成的操作风险报告中摘录的内容

本月发生了 11 起操作风险事件，总金额达 1.8 万美元。对根本原因的分析，以及同风险与控制自我评估、关键风险指标数据的比较表明，

11 起事件中有 8 起是同一控制出现失效导致的，即职责分离失效。在使用系统 X 的三个业务单元中，该项控制被评为无效，因为该系统需要人工来操作。

在步骤 2 之后，报告可能会更短，因为来自操作风险事件、风险与控制自我评估和关键风险指标工具的输出结果不需要单独描述，它们现在已经被整合到分析中了。

步骤 3：形成意见，呼吁行动

步骤 3 将我们带到下一个层次，目的是形成意见，然后呼吁大家采取行动。这是对报告形成过程中各种幕后活动的反映，即操作风险管理部门根据前面的调查结果已经开展的各种工作，包括安排会议、开展讨论、商议采取什么行动，确定行动的执行部门。如果将这些内容加到前面的例子中，报告内容将进一步丰富，如下面的例子所示。

示例 3

从一份操作风险报告中摘录的内容，报告已经补充了进一步行动的内容

本月发生了 11 起操作风险事件，总金额达 1.8 万美元。对根本原因的分析，以及同风险与控制自我评估、关键风险指标数据的比较表明，11 起事件中有 8 起是同一控制出现失效导致的，即职责分离失效。牵头操作风险管理的跨部门工作小组检查了相关案例，得出的结论是风险很大，极有可能产生错误并造成损失。现提出一项关于加强职责分离的投资建议，请委员会批准：见项目提案 X。

在步骤 3 之后，由于在分析上花费了更多的时间，为报告接收者提炼了核心信息，报告的深度和质量得到了提高，而整体篇幅却缩短了。现在可以去掉一些单独的附录，因为它们已经被整合到报告论述中了。

近年来，各种各样的监管制度都增加了高级管理人员的责任，这就产生了一种需求，即要把模棱两可的表格、图形和附录，转化为简洁明了、措辞清晰、具有可操作性的内容，方便阅读。因为在这些报告完成数月甚至数年后，根据工作的需要有可能还需要重新查阅它们。在本章末尾的行业基准中，我们可以看到一些公司的操作风险报告长达 50 多页。这些长篇报告的确存在信息泛滥的危险，董事会和高级管理人员可能会遗漏报告里面隐藏的个别重要信息。

能够提供高附加值的报告，其理想长度应当控制在 5 页以下，假如能够把内容精炼到 1～2 页，将是一项伟大的壮举，近乎完美。

"如果我有更多的时间，我会写一封更短的信。"这句话许多人都引用过，包括马克·吐温和温斯顿·丘吉尔。花更多的时间在深入分析、关键信息、讲好故事上，可以提高报告质量，缩短报告篇幅。

有用的格式和模板

虽然各家公司的操作风险报告差异很大，但一条黄金法则是包含有效执行的摘要。让我们来看一个报告页面示例，如图 10-3 所示，该页面经常以某种形式出现在操作风险报告中。

该页面的优点包括：

- 以摘要形式提供后续页面内容的预览图。
- 将重点放在可操作性上，有单独的小节专门介绍行动。
- 包含上个月的情况概要，反映了风险的发展动态。

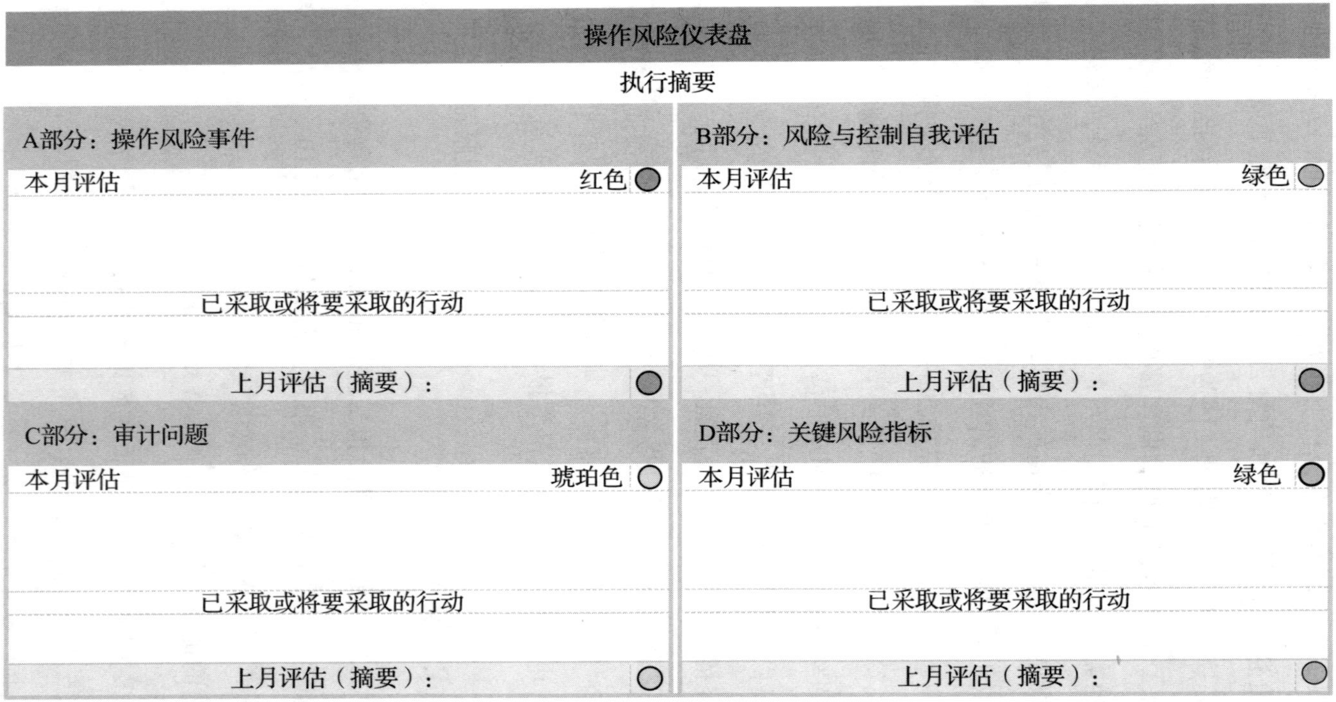

操作风险仪表盘

执行摘要

A部分：操作风险事件　　　　　　　　　　　　　　**B部分：风险与控制自我评估**

本月评估　　　🔴 红色　　　　　　　　　　　　　　本月评估　　　🟢 绿色

已采取或将要采取的行动　　　　　　　　　　　　　已采取或将要采取的行动

上月评估（摘要）：　　🔘　　　　　　　　　　　　上月评估（摘要）：　　🔘

C部分：审计问题　　　　　　　　　　　　　　　　**D部分：关键风险指标**

本月评估　　　🟠 琥珀色　　　　　　　　　　　　　本月评估　　　⚪ 绿色

已采取或将要采取的行动　　　　　　　　　　　　　已采取或将要采取的行动

上月评估（摘要）：　　⚪　　　　　　　　　　　　上月评估（摘要）：　　⚪

图 10-3　执行摘要示例

正如本章开头介绍的，值得改进的地方是要将独立的要素（风险与控制自我评估、关键风险指标、操作风险损失和审计问题）整合起来，形成一个完整的故事，从整体上回答"下一步该怎么办"的问题。

在我的职业生涯中，我写过、读过以及帮助设计过数百份报告，在众多方法中，我倾向于使用 CQC（背景 – 问题 – 结论）的良好写作理念，这也是《董事会资讯》(*Board Intelligence*)[4]倡导的。

CQC（context-Questions-conclusions，背景—问题—结论）可以为董事会或治理委员会的报告搭建牢固的结构。

这类报告通常以简短的说明开始，解释报告接收者阅读报告的原因（背景）。例如：

- 根据委员会的职权范围，向委员会提供季度操作风险最新情况。
- 这份特别操作风险报告的目的是向委员会简要介绍一起重大操作风险事件，并概述为解决该事件而采取的行动。

背景介绍很重要，因为它可以帮助阅读者解答经常出现在他们脑海中的问题：我为什么要读这个报告？

下一段就是问题部分，撰稿人要勾勒出报告的覆盖范围，阐明要讨论哪些问题。问题的选择很关键。举个例子，"好"问题应该包括：

- 自上次报告以来，操作风险的总体状况有了哪些主要变化？
- 风险水平在公司的偏好之内吗？
- 提出了哪些行动议案呈送给委员会批准？

然后就是结论部分，也就是对上述问题的简短回答，例如：

- 自上次报告以来，总体风险水平略有上升。由于疫情和在家工作的安排，技术和信息安全（上一季度也存在）、外包和供应商（新出现的）以及员工（新出现的）这三类操作风险水平出现上升。
- 虽然操作风险水平仍然在公司的偏好之内，但针对上述三个风险类别，有六个新的预警指标呈现了琥珀色。正在针对技术和信息安全风险采取行动，指标将恢复成绿色。
- 请委员会审核本报告并批准同意报告中建议的行动，以降低员工、外包和供应商风险，使风险敞口控制在预期的偏好水平之内。

撰写摘要时需要避免的问题包括：

- 分别介绍操作风险事件、风险与控制自我评估结果以及关键风险指标等单项问题。报告应当汇总这些工具的输出，通过分析提炼成一个完整的故事，而不是单独呈现每个子项。
- 全面介绍操作风险状况（而不是聚焦于"自上次报告以来的主要变化"）。如果连续几个季度没有值得注意的变化，报告就会陷入内容不断重复的问题。如果情况保持稳定，开场白可以一句带过，剩余段落聚焦于或者深入研究特定的风险子类别，例如法律风险或金融犯罪风险。
- 讲了许多操作风险管理部门的工作。很显然，董事会和治理委员会对结果更感兴趣，而不是对员工做了哪些具体工作感兴趣。

图10-4提供了一个报告格式的示例。

操作风险季度更新，根据董事会、治理委员会的职权范围提供

撰稿人：操作风险主管		报告审查人：首席风险官

报告要解决的问题：

		结论：
1	自上次报告以来，操作风险状况的主要变化是什么	结论：
2	操作风险水平是否在规定风险偏好范围内	结论：
3	建议治理委员会批准哪些行动	结论：

收到的素材 | **还需要哪些**

在编写本文时，已收到以下部门提交的素材…… | 请求治理委员会同意拟议的行动计划……

报告正文

通过更广泛的叙述对结论进行扩展，包括支持性图表。报告的正文可以有 2～3 页长

风险概览

上一季度：琥珀色	当前季度：琥珀色	预计下一季度：绿色
发展趋势 ⇧	风险水平小幅提升	包括理由……

图 10-4 操作风险报告格式示例

常见的挑战和良好的做法

常见的挑战

公司在编写提交给董事会或治理委员会的操作风险报告时，可能遇到以下挑战。

永无止境的报告周期

人们在报告文件的编写方面做了大量工作，要花费好几个小时来汇编、起草以及修订。个人问责和认证制度带来了一个相当不好的影响，大家希望将自己做的大小事项都记录下来，这使得提交给董事会和治理委员会的报告变得越来越长。当报告审查完成并获得批准时，下一个报告周期已经开始，又要交报告了。为了避免陷入永无止境的报告周期，每月只提交简要的更新即可，每季度或每半年提供更完整的报告，里面包含翔实的深度调查。

学科过于宽泛

正如本章前面介绍的，每一种操作风险子类别本身都很重要，都值得关注。要在一份报告中简明扼要地涵盖如此广泛的子类别，这项工作具有挑战性。最好的做法是在全年依次深入研究不同的风险子类别。例如，第一季度涵盖外包和供应商风险，第二季度涵盖技术和信息安全风险。各风险的时间安排可以与治理委员会主席一起商量，提交报告的日期也可以事先商定。这样规划可以给报告的准备工作留足时间，通过与相关主题专家充分接触，编写出高价值的风险报告；还可以缩短操作风险定期报告的篇幅，减少内容重复。这种方法还有助于覆盖各部门报告都没有涉及的长远性风险话题。合规部门通常关注金融犯罪，信息安全部门开发单独的报告体系，法律部门只报告法律风险。此外，操作风险管理部门也出现在上述各种主题中，毕竟操作风险管理部门本身也存在操作风险。如果数据集不统一，可能会造成重复甚至引起混淆。一个好办法是，各部门协同工作，制作一份联合报告。可惜的是，实践中很少有公司这样做。

报告撰稿人脱离基层

在规模较大的操作风险管理部门中，撰写报告的团队通常是与风险框架及监督团队分开的，后者在基层与业务单元以及支持部门保持沟通。这就给报告撰稿人带来了挑战，他们自己并不了解全貌，而是依赖其他同事提交的素材和观点。在这种结构中，报告撰写团队成员需要为同事们提供培训教育，让他们知道好素材的标准，杜绝出现质量不佳的材料。

软件未产生预期结果

不管是市面上的操作风险软件还是内部开发的软件，都不太可能实现完全自动化——只需要按一下按钮就能形成最终的治理委员会文件。软件在分析和解读阶段非常有用，可以从不同角度挖掘数据，但编写报告需要专业知识，需要花费时间和精力，因此最好不要对软件抱有不切实际的幻想。

报告聚焦于内部

大多数公司风险报告的着眼点在公司内部，没有提供足够的外部视角。积极参与行业论坛和行业协会，阅读其他公司以及监管部门的报告，了解公司与同行乃至整个行业的对比情况，都是很好的做法。业内的新兴风险是什么？你的同行关注的是什么？基于这些，我们可以在前面强调的一系列问题中添加一个不错的问题："与业内同行/其他公司的风险趋势相比，我们公司的状况如何？"

数据缺乏完整性

正如巴塞尔委员会强调的那样,数据完整性仍然是大多数公司面临的一大挑战。[5]许多标准的操作风险管理工具都是手动的,或者即使在使用软件的地方,各种工具的输出也不容易完成汇总,而且有些数据很快就会过时。对数据质量、完整性和及时性进行自我评估,并在必要时采取后续行动,是一种稳健的做法。

良好的做法

创建参考库

我们都曾收到过这样的报告:质量很差,没有回答"下一步该怎么办"的问题。一般来说,这样的报告都被我们直接扔进垃圾箱,这样我们就可以开始下一项紧急任务了。然而,当看到一份清晰、简明的报告(其中每一条数据都有价值)时,我们可以将其添加到报告"参考库",将素材储备起来以供参考,为高质量的报告打下基础。

了解你的读者

要了解你的读者,这对提交适当的报告有很大帮助。例如,一些读者可能是色盲(全世界大约有3亿色盲患者)。[6]对这些人来说,一份典型的风险热力图(上面是密密麻麻的红色、琥珀和绿色指标)是不受欢迎的。最好用描述性文字叙述代替,或者同时使用颜色和描述(例如文字标注"琥珀色")。此外,一些高管可能倾向于宏观性总结,而另一些高管则特别注重细节,希望找到数据支持。为了有效解决这些问题,要主动征求他们的意见,与治理委员会或董事会展开对话,真正了解它们的期望,就上一份报告中的优点和不足展开讨论。如果我们不主动提出要求,很难收到它们的反馈;最好是主动出击,去获取反馈。

奠定报告写作基础

很明显，我们重点要解决报告编写的具体挑战，包括开发报告模板，以及为报告撰稿人和其他提供素材的团队成员提供培训。理想情况下，除了具备操作风险专业知识，撰稿人还应该文字功底过硬。还要确保所有图表都带有说明性注释，这样阅读者就不用去猜测它们的含义了。

将意见附加到第一道防线业务单元的报告中

第一道防线的业务单元和支持部门也应当向治理委员会和董事会提交报告。最好的做法是，让第一道防线的风险所有者介绍自己的风险概况。在第一道防线要求公司增加投入以降低重大风险的情况下，这种方法尤其有效。这也有利于庆祝成功、分享经验，例如，发现某个领域有重大缺陷，随后采取了补救行动，并且从中获取了有意义的经验教训，这就值得分享出来。

在第一道防线的业务单元和支持部门编写报告时，第二道防线的操作风险管理部门可以将自己的独立意见附加到第一道防线的报告中。这是一种强大的技术，可以让治理委员会和董事会从这两种观点中获益。

增加价值

报告是风险管理过程的开始，而不是结束。每篇报告都有它的目的，例如，发起进一步的行动或请求资源投入。当制作一份文件时，问自己这样一个问题：它能否增加价值？不可避免的是，治理委员会和董事会的会议时间很宝贵，参阅性报告通常被大家当作一般性阅读材料，因此被略过了。所以，要把报告放在会议议程的前面，以引起大家讨论，帮助大家决策，这些是很重要的细节。一些公司正积极推动报告文风的转变，禁止大家写信息类或参阅性报告。

行业基准（2019 年）

为了考察操作风险报告的各个方面，我们对操作风险从业者开展了一项现场调查，他们来自多家不同地区、不同规模的金融服务公司。

操作风险报告有多大篇幅

通常，提交给风险委员会、执行委员会和董事会的操作风险报告非常多。行业基准显示，66% 的报告长度约为 20 页，20% 接近 50 页，7% 超过 50 页，如图 10-5 所示。

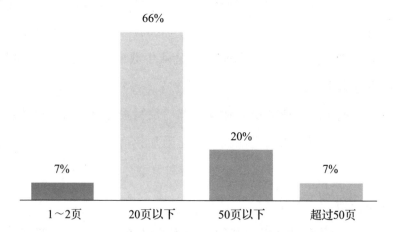

图 10-5　行业调查：操作风险报告的长度

资料来源：Best Practice Operational Risk Forum, 2019.

操作风险报告通常包含哪些内容

通常来说，操作风险报告的周期是每月一次，包括以下几个方面：

- 一份执行摘要，内容包括重点风险、存在的问题、已开展的行动以及拟实施行动方案的最新情况。

- 使用热力图和/或支持性文字叙述反映公司的风险概况。
- 超过阈值的特定重大操作风险事件的总体趋势和具体细节。
- 关键风险指标。
- 根据风险偏好定期报告风险水平,但并不是所有的公司都做到了这一点,有些公司还在开发这项功能。

操作风险报告最重要的方面是什么

按照图 10-6 中的排名,依据设定的偏好报告实际操作风险水平被认为是最重要的一点;第三是确保报告内容具有可操作性,真正聚焦于"下一步该怎么办";提供外部视角意义不大,这样的观点可能是富有争议的,毕竟通过把公司内部风险状况与业内其他公司进行比较以提供外部视角可以帮助到公司。

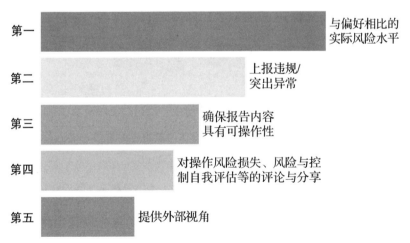

图 10-6 行业调查:操作风险报告的各个方面按重要性排序

资料来源:Best Practice Operational Risk Forum, 2019.

我们是否已经掌握了编写操作风险报告的技能

好的报告应该简短一点儿，但最重要的是，它们要能够激发讨论并且有助于决策，如图 10-7 所示。良好的做法包括：选择特定的风险主题，聚焦于主题，深度解读数据含义，专注于可操作性。一些公司只报告例外情况，概述发生的重大风险事件和有重大风险的问题区域，然后采用 RED（风险、事件、决策⊖的首字母）的报告结构，列出它们引发的行动。这种方法显然会缩短报告的篇幅，但也可能报告一些危言耸听的信息。大多数人认为，包含红色和绿色的平衡视角提供了更全面的观点。

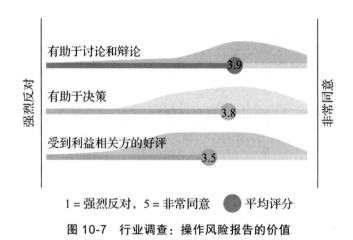

图 10-7　行业调查：操作风险报告的价值

资料来源：Best Practice Operational Risk Forum, 2019.

一些常见的良好做法也很有帮助，包括：让董事会和治理委员会明确说明其希望在报告中看到什么；使用标准化的报告模板；将风险所有者对报告的看法及时、定期地反馈给撰稿人。

金融服务行业正在积极地提升报告能力。今后，各家公司还会不断

⊖ risk，event，decision。

增强自己的能力，编写更简短、更有推动力的操作风险报告，帮助董事会和治理委员会做出正确的决策。

实践练习

在思考本章内容的同时，查找去年提交给董事会、风险委员会或其他治理委员会的操作风险报告的副本，选择至少三份报告进行对比。审阅报告，考虑以下因素：

1. 报告撰稿人是否遵循了本章介绍的三个完整步骤？
2. 报告有没有表达意见，有没有关于行动的号召？
3. 报告是否清晰，结构是否合理？
4. 报告在哪些方面做得好？记下你特别喜欢的特点。
5. 报告还有哪些可以改进的地方？记下今后可能需要改进的地方。

> ☐ **有所作为**
>
> 请概述所学的主要内容，并记下你将采取的对操作风险报告实践产生积极影响的行动。

本章讨论了操作风险报告的主要作用，提出了一种撰写简洁、具有可操作性报告的方法，该方法还能够增加报告的价值。

前文已经介绍了操作风险管理框架的全部核心要素，接下来的章节将从培训和教育开始，介绍一些补充内容。

注释

1. Financial Reporting Council (2018) *The UK Corporate Governance Code*
2. Basel Committee on Banking Supervision (2013) *Principles for Effective Risk*

Data Aggregation and Risk Reporting

3 Basel Committee on Banking Supervision (2020) *Progress in Adopting the Principles for Effective Risk Data Aggregation and Risk Reporting*

4 Board Intelligence

5 Basel Committee on Banking Supervision (2020) *Progress in Adopting the Principles for Effective Risk Data Aggregation and Risk Reporting*

6 Colour Blind Awareness

第 11 章
Chapter 11

操作风险的培训和教育

本章内容：本章重点阐释了教育投入对于提升员工操作风险管理技能的重要性，以及在整个公司嵌入更多关于责任的知识（见图 11-1）。在这个培训疲劳的年代，员工往往被海量培训课程压得喘不过气来。为了更好地实施培训计划，本章提供了一些有用的提示和建议，让员工觉得这些培训具有教育意义、有吸引力、令人难忘。

■ 延伸阅读

- Robert Pike (2003) *Creative Training Techniques Handbook: Tips and how to's for delivering effective training*

  推荐理由：这本实用书充满了精彩创意，可以帮助你设计和开发具有较高影响力的培训方案。除了这本书，还可以补充阅读一些特定主题的书。

  ◆ 主持：

  Bob Pike and Dave Arch (1997) *Dealing with Difficult Participants: 127 practical strategies for minimizing resistance and maximizing results in your presentations*, Pfeiffer

  ◆ 公开演讲：

  Viv Groskop (2018) *How to Own The Room: Women and the art of brilliant speaking*, Bantam Press

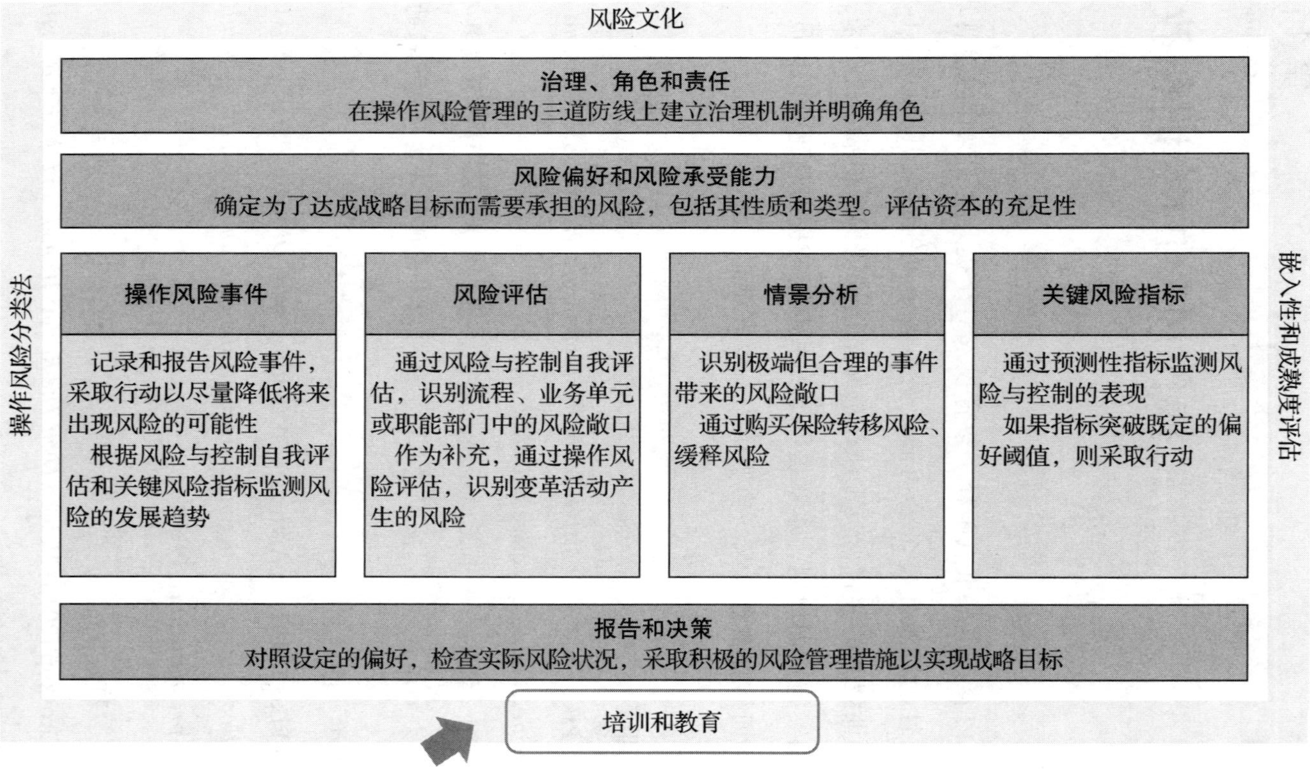
风险文化
治理、角色和责任
在操作风险管理的三道防线上建立治理机制并明确角色
风险偏好和风险承受能力
确定为了达成战略目标而需要承担的风险，包括其性质和类型。评估资本的充足性
操作风险事件
记录和报告风险事件，采取行动以尽量降低将来出现风险的可能性
根据风险与控制自我评估和关键风险指标监测风险的发展趋势
风险评估
通过风险与控制自我评估，识别流程、业务单元或职能部门中的风险敞口
作为补充，通过操作风险评估，识别变革活动产生的风险
情景分析
识别极端但合理的事件带来的风险敞口
通过购买保险转移风险、缓释风险
关键风险指标
通过预测性指标监测风险与控制的表现
如果指标突破既定的偏好阈值，则采取行动
报告和决策
对照设定的偏好，检查实际风险状况，采取积极的风险管理措施以实现战略目标
培训和教育
操作风险分类法
嵌入性和成熟度评估

图 11-1　本章焦点：操作风险培训和教育

◆ 影响力：

Thomas Harris (2012) *I'm OK, You're OK: A practical guide to transactional analysis*, Arrow;

Eric Berne (2016) *Games People Play: The psychology of human relationships*, Penguin Life

提倡风险教育

本章讨论了公司内部各个层面的教育，首先概述了针对第二道防线的操作风险管理人员的相关培训，然后针对公司全员培训的设计提出了一些建议。

教育是人生最强大的武器之一。作为一名拥有20多年公开和公司内部授课经验的专业培训师，我对这个主题充满了热情，一直提倡人们在学习上加大投入。当涉及操作风险管理时，教育显得尤其重要，因为它有助于将良好的操作实践嵌入公司内部。当然，操作风险管理这门学科还相对年轻，尚未完全普及。因此，管理者和实践者需要不断提升认识，传播相关知识，扩大其影响力，以确保每位员工都能熟知并且可以应用操作风险管理的核心原则和概念。巴塞尔委员会2014年进行的一项评审证实，企业界已经认识到操作风险培训的必要性，因为大多数公司都表示"已经建立了某种形式的操作风险培训，同时还计划加强现有的培训"。[1] 巴塞尔委员会2020年发布的最新版良好实践中提高了教育要求，指导各金融机构"针对特定岗位人员实施强制性培训计划，比如业务部门主管、内部控制主管以及高级管理人员"。[2]

为风险专业人士的技能提升搭建模块

教育之旅必须从第二道防线的操作风险管理部门开始。正如第3章所讨论的,位于第二道防线中的"乘法领导者"不仅要和第一道防线中的"领军者"打交道,还要传播自己掌握的知识并激励整个组织。因此,第二道防线的操作风险管理部门的技术和能力,是在整个公司成功应用操作风险管理工具并推行操作风险管理流程的关键。第二道防线的操作风险管理部门在专业知识上的深度拓展,使其被视为"精英中心",部门的每位员工都是良好做法的形象大使。

虽然具体的培训需求要基于个体需求评估而产生,但有几项关键技能是所有第二道防线的操作风险管理部门的员工都应该具备的,以便他们成为全方位的"标杆"。这些关键技能包括图11-2中提出的三大基本培训模块以及一些额外的附加组件。

图11-2 第二道防线操作风险管理部门的三大基本培训模块

操作风险管理框架和工具

第一个学习目标是熟练掌握操作风险管理框架和工具。如果自己的知识是零零散散的,就很难给别人做培训。要想做到出类拔萃,第二道防线操作的风险管理部门的每位员工都需要掌握框架的所有组件——风险与控制自我评估、关键风险指标、风险偏好等,并熟悉这些组件之间的关系。在大型风险管理部门中,员工可能被划分成若干小组,进而专注于操作风险管理的某一细分领域,通过在该领域不断钻研和实践,他们掌握了极其深厚的专业知识。可以(也应该)要求这些细分领域的员工,定期与部门其他员工分享他们专业领域的知识。要形成这样一种惯例:在部门例会上专门安排一部分时间,由某位专家给大家讲解其所在专业领域的知识。随着时间的推移,框架的每一个组件都可以在系列会议中得到讲解,从而提高每个人对这个多维度框架的熟悉程度,并为整个部门提供广泛同时又有黏合力的知识。通过这个过程,员工能够很好地将专业技能传播到公司的其他部门。事实上,对于在操作风险管理部门工作的员工来说,绝不能故步自封,仅仅停留在自己那点儿有限的技能上。

外部视角和行业洞察力

综合性框架知识使员工能够回答"如何做"的问题:我们如何管理公司内的操作风险?风险从业者还要能够清楚地解释工具"为什么"要设计成这样。这是一个更具挑战性的问题。最理想的情况是,从业者有多家公司的工作经验,使他能够将实践进行对比,进而思考哪些做法才是真正有效的,并制订适当的解决方案。当然,通过有意识地将公司现有的操作风险管理模式与行业最佳实践进行对比,也可以获得"为什么"的相关知识。正如前几章所讨论的,这些操作模式并非一成不变。在应用不同的框架要素方面,金融机构之间存在很大的差异。成功的专业人士能够准确地把握这些机构的动向。他们对行业的发展方向有敏锐的洞察力,能与监管部门的关注重点保持一致,清楚自己的管理流程与行业基准之间的关系。

对于如何建立这种更开阔的视角,下面列出了一些切实可行的建议:

- 研究、寻找并加入从业者论坛。没有什么能取代同行之间的交流对话以及进行比较分析，并分享现实生活中的成功做法和面临的挑战。
- 订阅新闻资讯和杂志。有大量的免费资讯源，包括操作风险数据交换协会[3]和Risk Channel[4]，它们常常提供深刻、透彻的见解，任何订阅者都能从中受益。付费平台包括：汤森路透[5]，它是监管资讯行业的领导者；Risk.net[6]，该网站内容包括活动、会议和杂志；Risk Spotlight[7]，这是一家行业门户网站。
- 获得专业机构的会员资格，如风险管理协会[8]，加入以后可以参加研讨会，建立从业者方面的人际关系，并有机会获得资格证书（操作风险管理证书（CORM））[9]。
- 参加外部操作风险培训课程。很多组织都在举办这类课程，例如伦敦证券交易所集团学院就办得不错[10]。
- 邀请外部嘉宾或培训师分享他们对特定主题的看法。
- 要求第一道防线的成员参加第二道防线操作风险管理部门的会议，让他们讲一讲自己遇到的风险。

尽可能地运用一切资源，不断收集和分享信息，紧跟风险行业的发展。

人际关系技巧：主持、公开演讲、影响力

即使拥有卓越的框架和行业知识，如果从业者不能有效地传播这些知识，他们也难以成功。因此，提高员工的沟通能力、与受众互动的能力以及激励利益相关方的能力至关重要。第二道防线操作风险管理部门的"乘法领导者"应该已经花了不少时间和他们的听众交谈，无论是教育、演讲，还是主持风险与控制自我评估、关键风险指标或情景分析方面的研讨会。

主持

主持研讨会这项工作包括：带领一群参会者迈向成功，并为他们提供必要的学习资源和交流机会。这是一门使会议更有效率的艺术。

主持是一项需要练习和掌握的关键技能。人们可能会错误地认为，这项工作任何人都可以胜任，任何人都有能力组织各类听众参加工作会议，并立马取得预期效果。恰恰相反，需要对主持人的资质和能力进行充分的思考与判断。听众可能没那么守规矩，如果没有足够的专业知识或处理问题的灵活性，就试图主持一场会议或研讨会，效果可能会十分糟糕。小组会议的结果在很大程度上取决于主持人的才能，明白这一点非常重要。然而，令人遗憾的是，我常常看到各种糟糕的研讨会管理，这也是风险与控制自我评估项目实施不理想的主要原因。

在举办风险与控制自我评估、关键风险指标或情景分析方面的研讨会之前，对主持人的培训需要包括以下内容：

- 基础知识，包括会议的组织工作，如制定议程、设定会议的预期目标、时间管理和成果交付。
- 高级组件，包括各种研讨会的结构安排、基本议事规则、工具（如便利贴、活动白板等）的使用以及一系列吸引参与者并主持小组讨论的方法。
- 了解研讨会不同类型参与者的个性以及管理他们的一系列策略，是非常核心的一点，但这一点经常被大家忽略。对于各类破坏性的参与者，要有一些针对性的应对方法。例如，专横跋扈的人，他们对别人讲的一切都指手画脚；持怀疑态度的人，他们不断质疑会议的价值，怀疑会议是否会产生有价值的东西；内向的人，他们掌握有价值的信息，但从不发言；还有其他形形色色的人。

- 还有一些其他有用的技巧，可以用来处理迟到和分神（例如玩手机或玩电脑），用来管理冲突，以及充分利用参与者的集体智慧。

如果预算允许，可以去参加外部的主持研习班或认证课程；或者，按照本章开头的建议，找一些必读书看看。

案例研究 11-1

一家大型国际金融服务机构启动了操作风险评估项目，并计划通过一系列的研讨会来实施。这些年来，该机构成功地应用了六西格玛流程改造技术，规定从事项目的每个员工都必须完成课程学习，内容涵盖方法论、领导力和主持技能等方面。基于该模式，集团操作风险管理部门决定采用这套经过验证行之有效的策略，要求需要主持研讨会的员工都必须参加培训。这个培训课程历时两个半天，包含主持工作的基础内容和高级内容。通过开展培训，可以让参与者在管理上、精神上和情感上为即将到来的任务做好准备，确保公司在研讨会上采用的工作方法统一。

公开演讲

公开演讲值得专门讲一讲。大量从事操作风险相关工作的候选人都有会计、审计或运营方面的职业背景。从事过这些职业的人通常会比销售和营销人员更内敛一些。有这种背景的员工可能天生就不擅长公开演讲，因此，我们需要有意识地投资，把他们培养成富有活力、有吸引力和充满热情的演讲者。这是一项有价值的、可迁移的技能：掌握公开演讲技能的员工在任何行业都有广阔的市场，从而可以让他们在职业生涯中走得更远。此外，熟练掌握公开演讲技能对主持工作也有极大的帮助。

可以通过以下方式，建立一个优秀的团队：

- 从基础开始，先做内部培训并给予指导。
- 请一位观察员列席会议并在会后向演讲者反馈信息。
- 与教练配合，把演讲或演示过程拍摄下来，然后回放，同时关注演讲内容和演讲过程。
- 找一些外面的公开演讲课程。

按照本章开头"延伸阅读"部分的建议，将推荐书列入阅读计划。

影响力

对心理学感兴趣的朋友都会承认，心理学不仅是一门引人入胜的学科，而且在企业界也极具实用价值。操作风险从业者的工作方式是施加影响，他们不直接管理业务单元，不履行支持保障职能，人们期望他们成为公司文化变革的推动者，改变公司的风险管理思想和实践。因此，掌握各种提升影响力的知识是大有裨益的。

有个领域需要持续关注，那就是第二道防线的"乘法领导者"与第一道防线的"领军者"之间的互动关系，密切关注这一关系的动态发展大有好处。这对组合可能出现功能失衡，而且人们还很难发现这一点。例如，你可能遇到过某个第一道防线的风险协调员就像一个不听话的孩子，总是不能及时更新风险与控制自我评估，拖延损失事件的报告，并且不断超出风险状况评估的截止日期。遇到这种情况，第二道防线的"乘法领导者"却以父母的身份行事，总是插手去帮助这个同事解决问题。这对组合陷入了"父母与孩子"的关系中：第一道防线的人袖手旁观，第二道防线的人则不断越权干预。他们需要认识到这种功能错位，将这种关系提升到一种新的"成年人-成年人"水平，摆正各自的位置，重新平衡他们的角色定位和责任。

另一个可能的例子是，第一道防线的"父母"居高临下地与第二道防线的"孩子"说话，可能是责备他们对一线业务各种错综复杂的问题缺乏足够的了解，甚至要求他们先学习相关政策和程序再回来从事手头的工作。

一些优秀的书研讨了人际互动关系和著名的亲子理论，在本章的开头我已经推荐了两本书。

其他需要发展的领域

操作风险涉及面非常广，这就导致人们对操作风险从业者的一般知识和技能水平有很高的期望。无论实现与否，操作风险从业者都被假定已经掌握了员工、系统、程序和外部环境等方方面面的知识。因此，提高操作风险从业者的综合知识水平，必然会取得良好的效果。我们鼓励员工参加内部（在可能的情况下，也包括外部）课程来吸收各领域的实用知识，这些领域包括：

- 重点监管的领域，例如运营韧性、外包和网络。
- 帮助员工提高创新精神和业务能力的技能与流程，例如科学决策、项目管理和六西格玛流程改造。
- 数据科学、自动化和人工智能领域的专业知识。
- 具体业务知识（这一点特别重要）。

鼓励员工自我发展

学习是员工和管理层的共同责任。在管理大型国际化团队时，我一直鼓励员工为他们自身的职业发展投资。我发现明确列出"良好做法指标"很管用，可以鼓励员工积极主动地踏上教育旅程。表 11-1 是年初制定的评估表的一个例子，在年底它将用于绩效评估。

表 11-1　第二道防线的操作风险从业者的职业发展目标

评估等级	需要完成的事项
达到预期	• 阅读相关的报纸、杂志，参加外部会议，时刻了解操作风险主题的最新情况 • 研究、准备并向团队提供至少一次关于所选操作风险主题的培训演讲
获得加分	• 报名参加并成功获得知名的操作风险资格认证 • 加入一个相关的行业机构或团体 • 研究、准备并向团队和第一道防线的业务单元提供一系列教育培训演讲
超出预期	• 在行业公认的专业杂志上发表文章 • 在公共论坛或外部会议上发表演讲 • 被公认为行业专家，担任小组、论坛或委员会的主席 • 为团队和第一道防线的业务单元和支持部门设计和开发培训课程 • 指导团队成员公开演讲/主持

培养第一道防线的操作风险协调员

在第 3 章中，我们讨论了在第一道防线建立"领军者"网络的重要性。"领军者"一旦被任命并到位履职，就需要持续保持活力和动力，而教育培训对实现这一目标起着关键作用。

"领军者"需要学习和了解哪些内容？从本质上讲，他们是第二道防线的操作风险管理部门的延伸，所以应当向他们提供同样的教育资源，给予同等的培训机会。

如果"领军者"只是一个兼职角色，他们的时间比较有限，也可以制订一个更简化的教学计划：

- 操作风险管理框架和工具的培训。如果这种培训由公司内部第二道防线的风险专家提供，无论是由专家亲自进行全部培训还是与外部培训师一道完成，其成效都极为明显，因为通过这样做可以更明确地强化该部门"精英中心"的地位。这种培训可以涵盖框架的核心内容，如操作风险损失、几近损失、风险与控制自我评估、关键风险指标和情景分析。
- 鼓励他们通过进一步的学习，获得知名的操作风险资格认证。
- 提供参加外部培训的机会，提供操作风险会议的门票（在预算允许的情况下），或者发放行业论坛邀请函。
- 主持技能培训课程。如果公司已经有一个不错的培训计划，那么将第一道防线的"领军者"纳入该计划是有好处的，因为他们最终将不可避免地要主持各种会议和研讨会。

第二道防线的人员可以提供帮助，为第一道防线的风险协调员制定最低技能要求清单，并进行培训需求分析，找出风险协调员已经掌握的技能和需要具备的技能之间的差距。

案例研究 11-2

第二道防线的操作风险管理部门制订了一个为期两天的培训方案，目的是提高一般员工的操作风险教育水平，使教育普及面更广。方案概述了框架的各个组成部分及其在公司内的实施情况。方案强调了团队合作，增加了互动元素，包括小组讨论、案例研究和小测验，这些都增强了参与者的体验。课程首先是面向第一道防线的"领军者"开展试点，面对面授课，每个主题分别由第二道防线的不同演讲者做介绍。

培训收到了极好的反馈。由内部人员授课的培训方式受到赞扬，并被认为是部门的一项优势，立即提升了该部门的声誉。根据这一成功经验，后续课程将定期在全国各地举办，使最大数量的参与者能够从培训中受益。

教育之旅：通过三大步骤，完成令人难忘的风险培训

一旦第二道防线的人员充分掌握了知识，第一道防线的"领军者"也得到了很好的培训，就可以在全公司范围发起一场培训活动了。

针对更多员工的培训通常包括在线模块和面对面授课，因为人们普遍认为，课堂培训比在线教程的影响要大得多。强烈建议为所有新加入者提供一门课程，作为其整体入职和定期进修课程的一部分。图11-3 概述了提供有效、令人难忘的操作风险培训的三个步骤。

图 11-3　开展全员教育的三个步骤

步骤1：设计阶段——高质量的材料和主题

教育培训不一定是枯燥的，除了一套枯燥的培训幻灯片，还有许多更好的选择，这些幻灯片只是复述巴塞尔委员会关于操作风险管理的指导方针。任何一家公司都有制作时尚而丰富多彩的促销资料、广告和面向客户的演示文稿的专业人员。通常，营销和公共关系部门雇了大量富

有创造力的人，他们充满了创意和想法，知道什么才是"好"的设计，可以吸引受众的注意力。在制订操作风险培训计划时，可以和这些专家合作，征求他们的建议，请他们帮助设计演示文稿。这些演示文稿不仅要有影响力，而且要有视觉吸引力。这一资源利用得还远远不够——操作风险管理部门需要与营销、公共关系或其他类似职能部门进行更多沟通，以充分利用它们的专业技能和知识。

对于增加培训活动的信息含量，找到一个能与公司的战略、目标和愿景产生共鸣的有意义的主题是大有益处的。这样能使培训更有吸引力、更生动、更真实。

案例研究 11-3

一家初创公司正在制订一项全员操作风险培训计划。公司的首席执行官理解并欣然接受操作风险的价值，他将公司生动地比作一架新造的飞机：对员工、系统、程序和外部环境进行适当的管理可以保障一次平稳的旅程。操作风险管理部门与营销部门通力合作，确定了飞行项目主题，并附上首席执行官在驾驶舱的照片和飞行员的主要信息。每个培训参与者都会收到一个飞机形状的钥匙扣作为礼物。员工理解了该类比，并把它与培训主题联系起来。这种简洁的信息传递方式帮助他们成功地达成了培训目的，提高了全员的风险意识。

步骤 2：交付——互动和幽默感

一旦开发了培训材料，重要的就是专注于完美的交付。要考虑各种学习方式，无论是视觉的、听觉的还是互动的（边做边学），要设计一个融合了各种形式的方案。中国思想家孔子曾说过："不闻不若闻之，闻之不若见之，见之不若知之，知之不若行之。"在互动环节中，参与者将所学知识应用到实践中，可以最大限度地提高对学习材料的吸收程度。回顾我自己多年的教学，学员总是把参与和实操环节作为课程的一大特色。

对于为期一两天的培训课程，使用分组模式，将学员分成小组更有效。可以为框架的每个组件设计参与式练习：

- 操作风险事件。回顾公司内外部的重大操作风险失败案例。
- 风险与控制自我评估。尝试识别重大操作风险，并将其绘制成热力图，以练习风险识别。
- 关键风险指标。为选定的重大操作风险创建指标并设定门槛值，或者分享目前用于风险管理的最佳指标并讨论其属性。
- 报告。报告应该保持简洁，为了强化这一点，请用六个字总结一部电影或一本书。

即使在较短的课程中，参与者仍有时间进行互动。在介绍操作风险事件时，请参与者为风险分类法中的每个相关类别想一个最近的事例。最后，做一个简短的测验，问几个简单的问题，包括风险的定义、损失报告的门槛值、角色和责任，这样效果会比较好。

培训应该是有趣的，所以轻松的授课方式效果最好。人们喜欢笑，这就需要培训师找到与主题相关，同时又很幽默的例子，以强调风险管理的必要性。巧妙地使用人物故事、漫画和图片可以起到很好的效果。有一个视频片段，是两个澳大利亚喜剧演员在谈论英国石油公司在墨西哥湾的漏油事件，这非常好地传达了主动思考风险的必要性，而且大多数参与者似乎觉得非常有趣。

培训师在谈论操作风险事件时，不可避免地会提到一些行业灾难的例子。与其引用技术故障或因洗钱被罚款之类的普通案例，不如做一些研究，找到更多不寻常的事件。有一个相当有趣的案例，说的是一个青少年为了报复前老板，发送了大约 500 万封邮件，引用了恐怖片《午夜凶铃》(*The Ring*) 中的警告语，最终导致公司的服务器在邮件流量的重压下崩溃[11]。我总是让参与者猜这句话的内容。

步骤 3：反馈和持续优化

培训模块的好坏取决于参与者的看法。每次培训结束后，通过纸质表格或在线调查征求大家的反馈意见是很有价值的。需要考虑的关键问题可能包括：

- 这次培训有用吗？授课效果如何？
- 培训是否提供了你可以在日常工作中用到的知识？
- 你是否了解自己在操作风险管理中的角色？

一种有用的做法是留出一些空白，让大家自由发表意见，并就如何改进培训提出建议。参与者能够提出有创意的想法和公正的批评。要认真研究这些内容，目的是不断改进培训内容。

为受众量身定制内容

培训哪些内容呢？虽然没有通用答案，培训日程也取决于每家公司的具体情况，但重点应该放在学习的相关性上。员工需要从培训中获得他们可以直接应用于实践的知识。

在最简单的层面上，所有员工都需要知道：

- 什么是操作风险？
- 操作风险是如何管理的？
- 我在这个过程中扮演什么角色，我应该做什么？

所有员工都应该能够识别和报告操作风险事件，因此，培训必须提供操作风险事件的示例，并指导员工如何完成这些工作。如果培训是针对特定的业务单元或职能部门进行的，则可以根据受众的需要定制内容，并围绕领域内可能发生的操作风险损失以及几近损失展开讨论。第4章介绍了员工以及交易方面的例子。

涵盖风险与控制自我评估、关键风险指标、情景分析和操作风险评估的培训，更多的是针对那些需要完成这些工作的人，应该在研讨会召开前或甚至作为研讨会的一部分及时开展培训。

将针对高级管理层的高管简报会纳入培训体系很重要。适用于员工的概念同样可以协助高级管理人员吸收关键信息，高级管理人员也可以在实践中应用这些概念。因此，要达到最好的学习效果，高管需要做下列事情：

- 开展战略风险评估（见第5章），识别和评估可能阻碍他们实现目标的风险。
- 检查其所在部门的风险与控制自我评估，找出到底是什么使他们夜不能寐，并就重大风险的控制措施进行探讨。
- 对可能存在重大风险的新产品进行操作风险评估。

先一般性地介绍方法论，然后开展参与性练习，这种方式非常管用。

在线培训

可能无法为全体员工持续举办面对面的培训。基于网络的教育培训可以提供支持，向更多的目标受众群体传递关键信息。然而，有一点需要特别注意：我们都有过这样的经历——快速点开培训页面，在极短的时间内拖到课程末尾（"强制性培训完成"）。因此，设计一个有可能吸引人们注意力的在线培训，需要加倍的创造力。

- 与面对面培训相同，在线培训第一步是设计高质量的培训材料和主题，提升参与者视觉方面的学习体验。
- 在培训材料中加入听觉元素，包括个性化和有影响力的视频信息。这些视频可以是高层领导关于风险管理重要性的讲话，也可以是员工关于风险管理对他们日常工作的意义的看法。
- 添加贴合实际工作的问题和小测验。这是在线培训为数不多的优势之一，在线测试很容易管理。精心设计的活动有助于吸引学习者，促使他们保持专注并积极参与培训。
- 把评估放在前面，而不是放在课程的最后。在培训开始时，测试一下员工的现有知识，可以了解到员工是否已经熟练掌握了核心材料。如果他们通过了测试，就不需要继续学习完整的课程，从而节省了他们的时间并且赢得了他们的好感。
- 为了提升多样性，可以考虑在材料中加入公司内部网站的链接。还可以加入第二道防线中的"乘法领导者"和第一道防线中的"领军者"的名字和（最好是）照片，使内容更加个性化和容易获得；或者加入记录操作风险损失的模板，或其他相关信息。
- 以前面几个模块传授的知识为基础，针对每个模块制订循序渐进的培训方案。
- 如果一个在线培训模块需要反复使用，要经常对材料进行修订更新以反映内部流程和外部环境的变化，并加入一些新的音频、视频信息。没有什么比年复一年地提供相同的培训模块作为学习资料更糟糕的了。如果员工对培训内容耳熟能详，他们就会简单地关掉页面。在这种情况下，不仅培训受到质疑，而且操作风险管理部门也会受到质疑。

总而言之，培训本身并不能起到嵌入操作风险管理的作用，它需要一个强大的框架、有意义的工具和来自高层的正确基调的支持。然而，培训可以使公司在实现这一目标的道路上迈一大步。

常见的挑战和良好的做法

常见的挑战

在设计和实施培训项目时，可能遇到下列挑战。

预算有限

培训涉及成本问题。虽然很多目标可以通过内部途径实现，但在适当的情况下，投资于有针对性的外部课程也有不可否认的好处。操作风险课程和会议以及会议主持和公开演讲之类的培训项目，可以大大提高员工的技能。因此，需要清楚地阐明需要多少投资以及培训能达到的预期效果，以有助于获得高层的认同和批准。

员工抵制

通常情况下，培训和教育面临的挑战是员工抵制："我为什么需要这样做？"培训有助于全体员工加深对职责的了解，知悉操作风险管理不善的后果。认识到公司的风险并且管理好风险，是实现战略目标的助推器，可以将经营活动限制在规定的风险偏好之内。

培训疲劳

在过去，员工会主动寻找与自己相关的培训，但日益增多的监管法规意味着公司全员都要努力达成公司的强制性培训目标。现在，常见的培训包括合规（最新的行为规范和公司文化培训）、金融犯罪（到了强制学习反洗钱的时候了）、信息安全（网络风险更新）、数据保护（强制性的全球数据保护条例教育课程）、健康和安全，以及很多其他领域。因此，操作风险只是一个相当长的队列中的一部分。这使得让我们的培训项目脱颖而出变得更加重要，拥有精心设计的、令人难忘的、引人入胜的和有意义的学习内容，员工才能真正从中受益。此外，在可能的情况下，避免孤军作战，要寻找协同效应，在可能的情况下开发联合培训模块，以减轻员工的压力。

不感兴趣

有时，培训研讨会的效果可能会因为业务单元或支持部门不感兴趣、漠不关心、出席率低而受到影响。我始终相信，积极地引导比惩罚或处罚更有力量。坚持下去，继续提供优秀的培训方案。通过口口相传，员工会了解到这些活动并加入其中。

失去机会

多年来，我曾采访过多位第二道防线的操作风险专家。虽然许多人被认为是全能的专家，但相当多的人实际上只有处理一个特定框架组件的经验，例如操作风险损失和几近损失。他们可能不精通其他工具，也不能阐明框架的所有要素是如何结合在一起的。作为从事操作风险管理工作的员工，要有好奇心，努力获得对这门学科、相关业务以及监管环境的全面理解。作为领导者，一定要经常提供交叉培训的机会，并致力于在所有团队成员之间建立一个全面的知识库。

良好的做法

采用创业模式

第二道防线中的"乘法领导者"是公司中操作风险管理成功的关键。为了鼓励第二道防线采用更具创业精神的工作方式，把第二道防线看成一个咨询公司，并根据其人员的表现进行奖励，是大有裨益的。如果假设操作风险管理部门作为一个独立的公司运作，那么它今天能不能成功并发展壮大？其知识水平和人际交往能力能否使其盈利？你会雇用他们吗？如果答案是否定的，请考虑需要进一步发展哪些技能。

任命一名培训协调员

认识到教育的重要性后，应当在第二道防线内任命一名培训协调员。这通常不是一个全职的角色，而是让某人负责思考整个公司的培训战略并牵头实施。

拥抱虚拟学习

在有效利用虚拟教室方面，新冠疫情给我们上了宝贵的一课。以前由讲师指导的课程现在既可以面对面授课，也可以虚拟授课。像 Zoom 这样的在线平台有很好的功能，包括现场投票、白板和分组讨论室。其他出色的应用程序也可用于主持头脑风暴和小组讨论，例如 Klaxoon 和 Mentimeter。所有课程都可以转到虚拟平台上，包括 Zoom、Microsoft Teams 以及 GoToWebinar 等。我花了些许时间来探索这些工具的功能，现在应用市场上的各种产品和在线工具给我留下了深刻的印象。

了解市场上有哪些可供选择的产品

在设计在线培训模块时，有益的做法是了解哪些东西是现成的。一些供应商，特别是在合规和金融犯罪方面，也在开发操作风险培训项目。然而，由于操作风险管理没有标准的框架要素应用模式，任何购买的解决方案都需要定制，并辅以相关的示例、链接和政策要求。不过，像 BrainShark 这样的供应商提供了一个平台，可以在平台上开发独特的、量身定制的培训，它还有一系列不错的功能，让培训模块更具交互性和吸引力。[12]

保留证据

如今，证据是关键。在线模块存储了出勤率和通过率的证据，使它可以非常有效地用于审计和控制目的。

庆祝成功

最后，庆祝取得的成绩。坚持不懈地培训将不断提高公司的整体知识水平。这反过来又加强了对不同框架组成部分的正确使用，嵌入了正确的做法，并加强了公司的风险文化。这一进展可以反映在成熟度评估中（如第 13 章所述），需要积极宣传和庆祝取得的成功，以帮助进一步嵌入操作风险管理。

行业基准（2020 年）

多家金融服务公司的从业者参加了最佳实践论坛，这些公司有着不同的规模和地理分布，参与者参加了一项现场调查，内容涉及操作风险培训的各个方面。

大多数参与者承认，全公司范围的操作风险培训还没有实现。巴塞尔委员会在 2014 年得出了公司需要更全面的教育这一结论，该结论在今天仍然有效。如图 11-4 所示，大多数参与者认为当前开展的教育是临时性的，需要进一步改进。在新冠疫情和在家工作的环境中，增加风险培训变得更加重要。

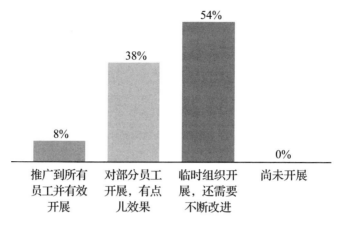

图 11-4　行业调查：操作风险培训的实施情况

资料来源：Best Practice Operational Risk Forum, 2020.

定制的演示文稿最受欢迎（见图 11-5），它们被用来阐释特定的框架工具，例如风险与控制自我评估、关键风险指标、风险事件或情景分析。相比之下，新员工入职培训没有充分开展，在一些公司中似乎是事后才想到的。

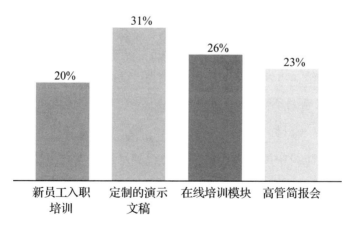

图 11-5　行业调查：操作风险培训的构成

资料来源：Best Practice Operational Risk Forum, 2020.

从积极的方面来看，第二道防线的操作风险人员认为他们在自己的学习和发展方面加大了投资，并且认识到他们在公司里需要以身作则、树立榜样。他们认为，公司为他们提供了良好的培训机会，能够实现持续学习（见图11-6）。

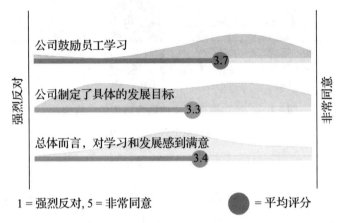

图 11-6　行业调查：第二道防线的操作风险人员的学习情况

资料来源：Best Practice Operational Risk Forum, 2020.

实践练习

回顾你所在公司提供的操作风险培训，考虑以下问题：

1. 培训战略是否实现了将第二道防线的操作风险管理部门发展成"精英中心"这一目标？
2. 第一道防线中的"领军者"是否得到足够的教育支持？
3. 目前员工的知识水平如何，如何才能提高？
4. 哪些方面运作良好？记下当前培训计划的主要特点。
5. 哪些方面可以改进？记下当前培训计划有待改进的方面。

> ☐ **有所作为**
>
> 请记下你在阅读本章后将采取的一项将对贵公司的操作风险培训工作产生积极影响的行动。

本章讨论了公司各层级教育工作的极端重要性，提出了培养第二道防线的操作风险专家的方法，并通过精心设计的、内容完善的培训将知识传递到整个公司。

下一章将讨论风险文化的话题。

注释

1 Basel Committee on Banking Supervision (2014) *Review of the Principles for the Sound Management of Operational Risk*
2 Basel Committee on Banking Supervision (2020) Consultative document, *Revisions to the Principles for the Sound Management of Operational Risk*
3 Operational Riskdata eXchange Association (ORX)
4 Risk Channel
5 Thomson Reuters
6 Risk.net
7 Risk Spotlight
8 Institute of Risk Management
9 Certificate in Operational Risk Management (CORM)
10 London Stock Exchange Academy
11 Metro (2006) Sacked boy's revenge emails
12 Brainshark

第 12 章
Chapter 12

风险文化

本章内容：本章重点介绍风险管理中最不显眼但最重要的方面——风险文化（见图12-1）。本章分析了如何评估这一重要主题，并提出了通过员工焦点小组和使用指标来完成评估的方法。本章归纳了可以采取的嵌入正确理念和行为的具体步骤，接着强调了在整个公司范围内进行有意义的风险对话的重要性，思考了操作风险从业者的身份定位对公司文化的影响。本章还提供了行业基准和案例研究。

■ 延伸阅读

- Michael Power, Simon Ashby and Tommaso Palermo (2013) *Risk Culture in Financial Organizations: A research report,* London School of Economics
  推荐理由：这是一份非常有见地的报告，结论在今天仍然适用，并揭示在一个组织中可能同时存在多种风险文化。在关于文化主题的多本图书和论文中，这份报告是我最喜欢的。

- John Purkiss and David Royston-Lee (2012) *Brand You: Turn your unique talents into a winning formula,* Pearson
  推荐理由：在本章中，我们谈到了操作风险专业人士的个人品牌和角色定位。就打造品牌而言，这本由两位知名作者撰写的书是最好的指南。我将它强烈推荐给那些有志于发展个人品牌或提升操作风险管理部门品牌的读者。

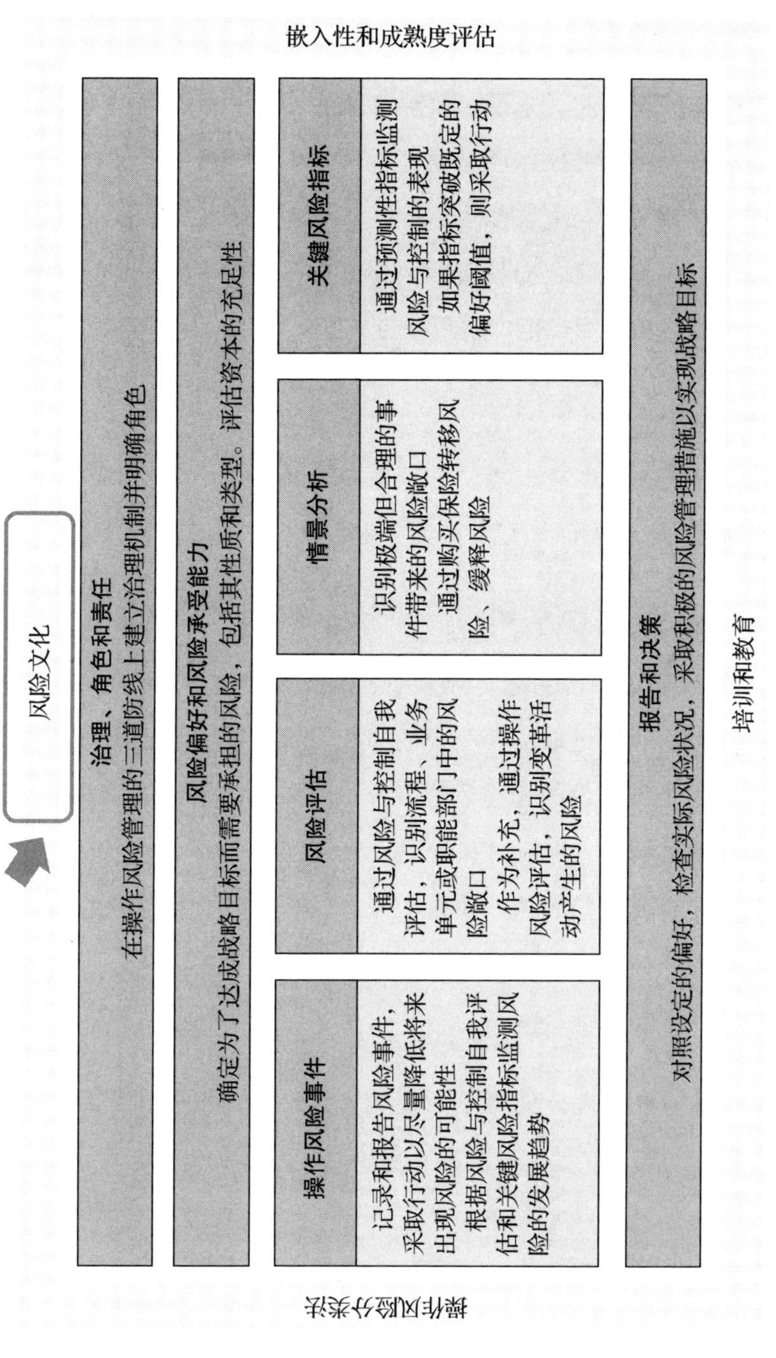

第12章 风险文化

嵌入性和成熟度评估

	治理、角色和责任		
	在操作风险管理的三道防线上建立治理机制并明确角色		
	风险偏好和风险承受能力		
	确定为了达成战略目标而需要承担的风险，包括其性质和类型。评估资本的充足性		
操作风险事件	风险评估	情景分析	关键风险指标
记录和报告风险事件，采取行动以尽量降低将来出现风险的可能性。根据风险与控制自我评估和关键风险指标监测风险的发展趋势	通过风险与控制自我评估，识别流程、业务单元或职能部门中的风险敞口。作为补充，通过操作风险评估，识别变革活动产生的风险	识别极端但合理的事件带来的风险敞口。通过购买保险转移风险、缓释风险	通过预测性指标监测风险与控制的表现。如果指标突破既定的偏好阈值，则采取行动
	报告和决策		
	对照设定的偏好，检查实际风险状况，采取积极的风险管理措施以实现战略目标		
	培训和教育		

风险文化

图 12-1 本章焦点：风险文化

理解和衡量风险文化

对于操作风险从业者来说，风险文化并不是一个全新的概念。它是巴塞尔委员会发布的《操作风险稳健管理原则》的重要元素，是操作风险学科的一个组成部分。[1] 从历史上看，风险专业人员不仅要参与建立和维护公司的风险文化，而且实际上经常发挥着表率作用，对公司的精神面貌、价值观和行为规范产生积极影响。

风险文化的定义

风险文化是一个社会过程，它可以被定义为一个机构的价值观，是"与风险意识、风险承担和风险管理有关的规范、态度和行为"。[2]

按照设计，操作风险管理框架的所有要素都不可避免地触及透明度、问责制和不责备等主题。风险管理的有效性与公司的文化密切相关，并且在很大程度上取决于公司的文化。那些嵌入了正确价值观的公司不太可能发生破坏性的操作风险事件，如果风险事件确实发生了，这些公司也更有可能有效地应对和处理。

因此，要全面参与到这一主题中来，这样做符合操作风险从业者的最佳利益。在我们进入本章的主要内容之前，有两点需要说明：

- 关于文化这一主题，业内已经发表了大量的研究文献，监管机构、行业团体和咨询公司已经发布了各种定义、报告和指南，本章不打算重复陈述或者重新解释这些内容。
- 风险文化无疑是一个复杂的、涉及多方面的话题，没有"食谱"式的标准答案。但是，我们可以采取一些具体步骤，从而在整个公司内灌输和嵌入正确的行为。

开展某种形式的文化评估已成为金融服务公司的工作惯例。董事会希望如此，监管机构也要求大家这样做。例如，澳大利亚皇家委员会指出，"所有金融服务实体都应采取适当的步骤评估公司文化"。[3] 一项对50多家金融服务公司的基准调查显示：一般来说，公司文化是通过员工调查或焦点小组，或者通过指标和仪表盘来衡量的。[4] 有趣的是，各机构使用的前三种方法包括：

- 员工离职面谈。
- 员工调查。
- 绩效管理过程中收到的评估和反馈。

正如本章末尾部分介绍的，行业基准调查显示，大多数公司的文化工作都是由人力资源部门主导的。但对于操作风险管理部门来说，要积极加入这些计划并为其做出贡献，是非常重要的。

五因素风险文化评估模型

由于主题的复杂性，任何衡量文化的标准都不太可能完全精确。虽然各家公司可能会持不同的观点，但金融稳定委员会（FSB）已经开展的工作可以作为一个很好的起点。[5] 图12-2中描述的五因素风险文化评估模型正是考虑了FSB框架，并侧重于五大因素：透明度、不责备、个人责任、风险意识和风险收益。可以说，这些因素将影响公司能否做出必要而明智的风险决策以实现其战略目标，从而表明公司文化的"健康状况"。各家公司可能会添加它们认为与自己相关的其他因素。

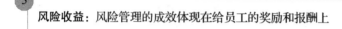

1. **透明度**：诚实地呈现信息、问题，包括风险和问题的真实状态。鼓励员工畅所欲言，营造一个没有意外状况的环境

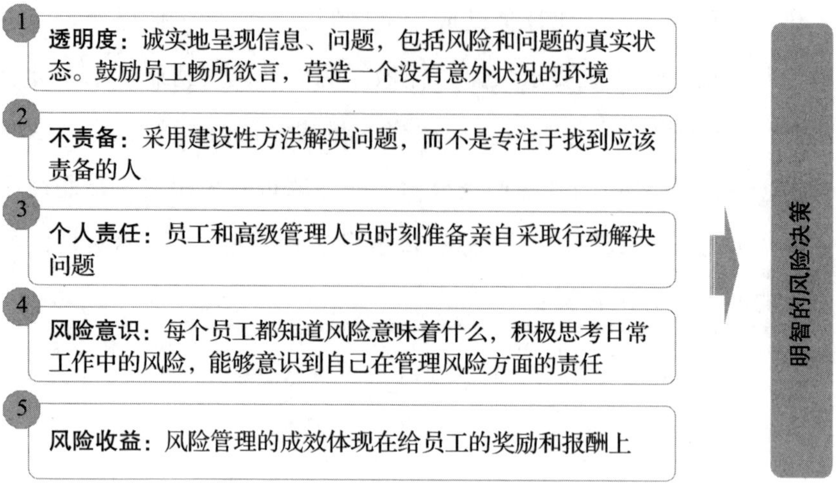

2. **不责备**：采用建设性方法解决问题，而不是专注于找到应该责备的人

3. **个人责任**：员工和高级管理人员时刻准备亲自采取行动解决问题

4. **风险意识**：每个员工都知道风险意味着什么，积极思考日常工作中的风险，能够意识到自己在管理风险方面的责任

5. **风险收益**：风险管理的成效体现在给员工的奖励和报酬上

→ 明智的风险决策

图 12-2　五因素风险文化评估模型

为什么选择这五个因素？为何它们对公司来说特别重要？下面阐述一下原因：

- 透明度在信息传递中扮演着重要的角色，能够确保信息在传输过程中不被篡改。例如，如果某个关键风险指标呈现红色，当它被层层上报时，不会被降级为琥珀色或绿色。一些高级管理人员、委员会和董事会成员不善于处理红色指标和其他发出警报的报告。因此，真正的风险和问题可能会被降级，导致它们得不到管理层的关注，或者没有采取预防性措施来解决潜在的重大问题。

- 关于培养不责备的态度，我们在第4章中已经讨论过了。当出现问题时，要提供解决问题的建设性方法，而不是相互指责，这对员工的行为有很大影响。

- 个人责任是推动事情向前发展、把工作做好的根本。在公司里，大家可以在不追究责任的情况下，就关注的领域进行开诚布公的讨论，但如果没有人打算介入并采取实际行动，问题就不可能得到解决。这是近年来引入正式问责制度后特别受监管关注的领域。
- 风险意识是贯穿全书的一个核心主题。它衡量的是员工对风险的理解程度，以及对自己在管理风险中的角色和责任的认知程度。
- 风险收益回答了一个问题：它对我有什么好处？如果某项行动或行为对个人没有任何影响——无论是对良好风险管理的激励，还是对不良做法的惩罚，就很难阐明支持或反对它们的理由。

案例研究 12-1

一家较小规模的企业银行采用五因素风险文化评估模型对其现有文化进行诊断，找出优势和劣势。它创建了跨部门的员工焦点小组，在操作风险管理部门的推动下，评估公司在各个方面的得分（评分为 1～10），结果如图 12-3 所示，然后大家开展了分析和讨论。

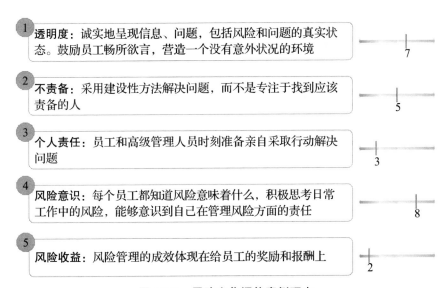

图 12-3　风险文化评估案例研究

- 风险意识得到了很高的评价，满分为 10 分，得分为 8 分。员工都记得，首席风险官和首席执行官持续不断地努力，对全体员工进行风险管理教育。例如，由操作风险管理部门主导开展面对面培训，并引入流行的风险邮箱，让所有员工都可以使用该邮箱非正式地识别特定的风险或问题。各自的角色得到了很好的理解。
- 透明度得分也很高。总体而言，管理层鼓励、欢迎员工在整个公司范围内识别和上报问题。
- 不责备文化得分因部门而异。虽然多数部门做得不错，然而事实证明，技术和财务部门也有一些糟糕的做法。
- 个人责任凸显了一项挑战：缩减员工编制让大家承担了过重的工作负担。虽然员工也很想指出某些问题，但他们不愿承担由此带来的额外责任，因为这会给他们已经排满的日程增加额外的任务。
- 风险收益得分最低。焦点小组认为风险文化评估没有起到激励作用。虽然销售和交易中的激进冒险行为受到了惩罚，但非创收部门的类似行为没受到任何惩罚。风险管理的好坏与薪酬没有关系。

这项研究被认为是富有洞察力的，由此产生了一系列务实的行动，包括将这种评估纳入日常工作，通过员工焦点小组，每半年定期地、持续地开展文化健康状况检查。

在这种情况下，操作风险管理部门能够协助焦点小组获得员工的真实意见，这要归功于该部门的良好声誉，它赢得了员工的信任，人们对其公正性很认可。正如本章后面强调的那样，操作风险专业人士的角色定位、个性特点，对风险文化的发展变化有很大的影响。

指标：文化和行为仪表盘

人们普遍认为，文化因素才是金融服务业产生重大不良行为的主要根源。通常，这种观点关注的是公司更广泛意义上的文化（而不是风险文化）。

文化有许多具有说服力的定义，我们将使用的是"一个组织特有的习惯性行为和思维方式"。[6]

近年来，"行为"和"行为风险"这类附属性术语，在监管出版物、演讲和讨论中变得越来越流行。

行为风险可以定义为公司的"决策和行为给客户带来不利或不良结果的风险，以及公司未能遵守高标准的市场行为规范和未能保持诚信的风险"。[7]

因此，金融行业正在着力强化员工的行为义务，引入严格的认证和问责制度以及各种工具，例如法律规定的银行家宣誓等。[8]文化、风险文化和行为的概念紧密交织在一起。当然，一般来说，文化和行为比风险文化具有更广泛的社会和行为范围。要为这些关键术语创建适用于本公司的个性化定义。从本章末尾的行业基准可以看出，不同公司采用的语言和关注的重点有很大差异，这取决于公司所在的司法管辖区，以及公司和监管者的术语习惯。

与员工调查和焦点小组一样，操作风险从业者需要积极参与公司的文化及行为仪表盘创建工作，毕竟，许多指标都与操作风险相关，甚至可能已经由风险部门在监测。或许，风险文化类指标才是风险管理的未来趋势，因为和不定期的、离散化的员工调查相比，它们可以提供更有价值的东西。员工调查往往难以频繁、重复地开展，因为用不了多久，公司就会被调查工作搞得疲惫不堪，从而无法持续跟踪不断变化的风险文化。

图12-4给出了一个文化和行为仪表盘的示例。在示例中，仪表盘使用了四个支柱来衡量公司的业绩。这四个支柱对公司来说非常重要，其中的某些方面，例如多元化和包容性，指的是比风险意识、风险承担和风险管理（它们共同代表着风险文化）更广泛的核心价值观。如第7章所讨论的，仪表盘中的指标及其阈值是按照严格的管理程序来选定的。

仪表盘通常要提交给相关的治理委员会，比如操作和行为风险管理委员会、重大风险管理委员会、董事会或者以上所有管理机构。建立上述计量指标可以使公司持续地监测风险文化，不断推动风险管理向前发展。

嵌入风险文化的可行步骤

不可否认，从评估到行动，操作风险管理部门在为公司导入正确的理念方面起着关键作用，因此它在很大程度上是积极变革的催化剂。在理想情况下，高层和整个公司的文化计划已经确立一个明确的基调，操作风险管理部门可以参与其中并做出贡献。然而，有时公司在这方面开展的工作微乎其微，操作风险管理部门最终成为推动落实这一艰巨任务的唯一部门。无论在哪种情况下，操作风险从业者都可以率先开展一系列的活动来影响整个公司的行为。

文化和行为仪表盘

支柱：环境		支柱：客户	
行为风险级别（风险与控制自我评估中确定的具有高及很高风险标志的行为风险点数量）	琥珀色	与歧视/不当管理相关的客户投诉数量	绿色
违规（用个人账户交易、冲突、送礼）	绿色	客户抚慰金支出（由于投诉）	琥珀色
未经批准已过批准日期的产品	绿色	诊断：净推荐值（客户推荐公司产品的可能性有多大）	绿色
管理层出席治理委员会会议	琥珀色	对客户具有潜在影响的变革计划	绿色

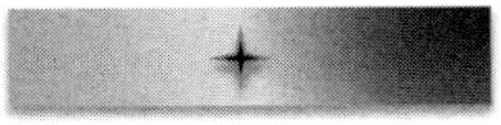

支柱：员工		支柱：多元化	
员工使用求助热线情况	绿色	董事会成员的多元化	红色
新冠疫情：员工健康调查	绿色	治理委员会成员的多元化	红色
员工拓展性活动	琥珀色	多元化和包容性调查	琥珀色
员工离职面谈的反馈活动主题	绿色	多元化发展活动	绿色

图 12-4 文化和行为仪表盘示例

透明度

- 制定旨在提高透明度的激励措施，例如，为积极报告操作风险事件的行为撰写感谢信。
- 通过倡导和质询，帮助第一道防线的业务单元反映风险、事件和问题的真实状态——既不低估也不高估。
- 提出清晰、独立的意见，有助于传递正确的信息，从而在传递过程中保留信息的真实含义（例如，确保红色风险指标在上报时不会被降级为琥珀色或绿色，导致信号被弱化）。
- 应用自动化的工作流程，以便快速上报重大问题，传达给适当的接收者。
- 激励人们对风险和问题保持高度警觉。

不责备

- 与第一道防线的业务单元建立信任关系；有一个大家熟悉的团队成员作为各个领域的联络人，如果员工有问题或疑虑，可以联系他。
- 教育、提醒高层管理人员要保持不责备的态度。这种尝试虽然不一定奏效，但要尽一切努力去做。
- 通过主持操作风险论坛，为风险管理树立正确的基调，在论坛上公开地、建设性地讨论问题。
- 在政策中规定公司要坚持不责备的文化（即建立一个正式的机制，但请注意，这可能没有以非正式的方式建立不责备文化那么有效）。
- 与人力资源部门合作，建立相关指标并开展分析。例如，举报事件的增加或员工求助热线的使用，可能表明存在潜在问题，需要公司加以关注。

个人责任

- 与人力资源部门协作，记录员工的角色和职责（例如，第一道防线的风险所有者、主题专家或风险"领军者"），并确保这些内容与董事会的责任声明保持一致。
- 开发工具，如 RACI（执行者、批准者、被咨询者、知情者）矩阵，概述第一道防线和第二道防线相关部门在流程或活动中扮演的角色。
- 嵌入风险承担机制，以减轻第一道防线相关部门的压力。达成正式协议，在风险损失不太大的情况下直接承担风险，而无须采取进一步行动。
- 对风险、问题和行动进行优先级排序，聚焦于重要的事情。
- 以身作则，主动介入那些无法归属于单一部门的跨部门操作风险事件，直到它们得到完全解决。

风险意识

- 按照上一章讲述的方式进行员工培训，并辅之以其他教育活动，包括学习社交媒体上的文章、快报和新闻资讯。
- 利用机会在高级管理层会议和员工大会上发言；与首席执行官合作，将关键信息整合到他们的内部演讲；提出董事会应该就风险文化进行反思的一些重要问题。
- 鼓励员工在"业务一线"参与并使用操作风险管理工具，实际应用风险与控制自我评估、关键风险指标和情景分析是增加对这些工具理解的最佳方式。
- 促进经验教训、工作技巧和小提示的分享与传播，例如，每月召开第一道防线的操作风险协调员会议。

- 突出各个环节之间的相互依赖关系，风险可能会因此影响交付链中的其他人。包括工艺流程图在内的工艺改进技术在实现这一目标方面非常有用。

风险收益

- 与人力资源部门联手，将风险管理责任纳入员工目标考核和绩效管理流程。
- 在绩效评估中考虑操作风险事件数据；虽然对前台部门经常使用惩罚性方法，但是公司还是可以通过奖励机制来进行补充，例如，对第一道防线的操作风险"领军者"的表现提供书面反馈。
- 应用比较和对比，例如，展示各个部门的事件记录。对于那些及时和准确报告的部门，可以通某种奖励（如聚餐）来表示认可。
- 庆祝成功，例如，在经历了一次操作风险事件之后，给予对流程改进贡献最多的员工某种奖励。
- 在嵌入操作风险偏好时，商定某种奖励和惩罚机制。

风险对话的作用

风险专家往往定下了风险对话的基调和语言。当他们拿起电话、打开网络摄像头或走进有业务单元和支持部门的会议室时，脑海中会浮现出什么词？操作风险专业人士会讨论哪些话题？

比较图 12-5 所示的两个对话框。第一个框是典型的事务性风险管理，它专注于程序，其内容很少。它不区分低优先级和高优先级事项，而是将注意力主要集中在框架的机械式的工作上；其目标是把任务完成，而不考虑它们是否重要。这些风险对话通常很简短，而且往往是单向的，操作风险管理部门驱使业务单元采取某种行动或完成一份表格。

- 你记录操作风险事件了吗？什么时候记录的？及时上报了吗？

- 你附上证据了吗？这里空着呢。

- 你有七个尚未完成的行动。我们需要审查它们。

- 你的风险与控制自我评估已过期。它需要在本周末完成。

- 你的风险与控制自我评估中只包含三种风险。请确保风险与控制自我评估的完整性。

红区：事务性风险管理

- 最新的操作风险事件反映出控制×存在问题。让我们讨论如何改进它。同类风险会发生在其他部门吗？

- 通过检查未完成的行动，发现了一个较高优先级的事项。在获得解决问题所需资金方面，你的进展如何？我们如何帮助你，以推动工作向前发展？这期间有什么风险？

- 根据你的风险与控制自我评估，×是你面临的最高风险。新产品/系统如何影响该风险？风险还会进一步增加吗？让我们讨论下。

绿区：实质性风险管理

图 12-5　风险对话

相比之下，在第二个框中，风险管理的对话是围绕实质性内容展开的。它专注于重要的事情，把更多的时间花在重要的、高优先级的问题上，因为这些问题可能会阻碍公司实现目标，或者可能会演变成重大事件。这些风险对话通常持续时间更长、内容更深入，并且包含了有意义的双向意见交流。

对于操作风险管理部门来说，重要的是要退后一步，反思自己的风险对话，因为他们说话的语气和内容将陆续传播至整个公司。如果风险从业者带头使用事务性风险管理的方法，那么很快整个风险条线就会被认为是行政化的。它还影响了公司文化，使公司发展成了官僚主义式的打钩型公司，人们对第二道防线的操作风险管理部门的信心将逐渐减弱。同样，适当的风险管理讨论，将在整个公司内部产生涟漪效应，并不断重复和强化正面印象，让业务部门知道良好的风险管理是什么样子。

操作风险从业者身份的影响

正如前面提到的关于金融服务业风险文化的研究报告所指出的，[9]"关于风险文化争论的一个重要方面，与风险管理部门在组织中的地位密切相关"。

毫无疑问，操作风险学科的重要性一直在上升，对从业人员的需求也在上升。在寻找理想的应聘者时，雇主期望应聘者拥有多种技能，包括拥有丰富的框架经验，深入的专业知识，熟悉监管要求，具有定量研究或精算背景，以及出色的沟通技能和影响力。这种复合性要求使得几乎不可能招聘到那种拥有全部所需技能和素质的"超级英雄"。由于操作风险学科还在不断发展，并未完全成熟，操作风险专业人员还没有特别明确的身份定位。

2018年，我围绕这个身份问题进行了一项行业研究，试图了解操作风险专业人士如何看待自己的角色定位，结果如表12-1所示。

表 12-1 行业研究：操作风险从业者的角色定位

操作风险从业者主要将自己视为	参与者占比（%）
警察	15
顾问	52
翻译	8
引导者	25

从表12-1中可以看出，一个积极的结果是，大多数人（52%）认为自己是顾问和可信赖的咨询对象，自己以合作的方式参与公司运作。大约25%的受访者认为自己是引导者，是有影响力的人，他们花大量时间

与员工和高级管理人员进行接触和沟通，并提供教育，例如举办研讨会和路演。这些从业者具备第 3 章讨论的"乘法领导者"的特征。

如果操作风险从业人员采取警察的姿态——强调正式的监督、质询和作为股东利益的捍卫者，他们似乎会失去一些员工的信任。这反过来又会影响风险管理部门和业务部门之间的互动，并最终影响整个公司的风险文化。我们在第 3 章中讨论了这些人物，他们也被称为"除法领导者"。

操作风险从业者是否拥有必要的技能来有效地扮演可信赖的顾问的角色？同一项研究（结果见表 12-2）强调，操作风险从业者可能高估了专业技能的重要性，而忽略了软技能（影响力、主持和沟通技能）的作用。

表 12-2 行业研究：操作风险从业者的技能

你认为最重要的知识和技能是什么	公司占比（%）
熟悉法规要求	7
实用知识（框架和工具）	73
主题专业知识（网络、外包和其他）	7
影响力、主持和沟通技能等软技能	13

案例研究 12-2

对公司文化开展的内部审计衍生出了一个后续项目，将员工对风险团队的期望与公司的核心价值观进行对比，目的是了解大家是如何感知和看待风险专业人员的。该项目通过在全公司开展内部调查来完成，并辅之以员工焦点小组。结果表明，从积极的方面来看，风险团队是值得合作的商业伙伴；然而，大多数人表示，希望风险专业人员更多地以非正式对话的方式来参与。因此，风险团队调整了其日常任务，以腾出更多时间进行非正式互动，并采取行动提升团队的软技能。

内部审计的角色

内部审计是一个重要的合作伙伴，在嵌入良好的实践和行为方面发挥着重要作用。正如英国特许内部审计师协会发表的一份题为《公司文化和内部审计的作用》的报告所指出的那样，审计可以成为一个重要的贡献者，"让董事会相信，为改变公司文化和行为规范而采取的措施实际上是有效的"。[10]

良好做法包括：

- 明确授权内部审计部门对公司文化进行审计。
- 将公司文化作为每次审计的一部分，并进行专项检查。
- 对业务单元与审计部门之间的互动情况进行评级。
- 编制风险管理参与度和有效性表格，说明每位董事总经理相对于其他董事总经理的表现。
- 为业务单元提供一个直接向审计部门提出反馈意见的机会，这本身就提供了一个很好的洞察公司的主流文化的机会。

如果第二和第三道防线的相关部门，加上人力资源部门，都能在这个复杂的主题上相互合作，并思考它们通过共同努力、相互配合可以实现什么，那就太棒了。

常见的挑战和良好的做法

常见的挑战

当踏上文化之旅时，你可能会遇到以下挑战。

缺乏来自高层的正确基调

许多监管和学术出版物都提到，来自高层的正确基调对风险文化非常重要。在现实中，有时这种基调要么不正确，要么不存在。在这些情况下，操作风险管理部门面临着一项非常困难的任务，只能通过从侧面（即操作风险管理部门本身）传播正确基调来影响员工行为。与此同时，该部门还需要实施框架工具，教育各部门管理风险和上报风险事件，使公司能够应对可能阻碍其实现目标的各种威胁。完成这些任务对操作风险管理部门来说是个挑战，同时这些工作都不足以取代来自高层的正确基调。

方法太被动

在公司运转得很好时，文化工作很容易被人们遗忘；当不好的突发事件出现时，文化主题才会重新成为焦点，再次变得重要。这种方法是相当被动的，应该采用诸如焦点小组或风险计量之类的主动机制来保证工作持续开展。

风险管理异化

风险管理主管可能有一个过于雄心勃勃的工作计划，例如加强风险框架工具的应用或短期内密集推出多项风险与控制自我评估。如果发生这种情况，就可能会将第二道防线变成一个纯粹的行政角色，更多地专注于机械式的工作，只图把事情完成，牺牲了工作质量，也不创造价值。对话访谈很容易异化为事务性风险管理，影响风险品牌，冲击公司文化。员工也可能因为冷漠或不愿意关注相关内容而陷入事务性风险管理的思维。要学会定期后退一步，倾听员工正在使用的词汇和语言，这是很重要的。要思考：风险对话的质量高不高，有没有附加值？

文化变革项目

任何公司都是既有优点又有缺陷的。有的公司害怕担责，它们总是希望形成一致意见，这会放慢决策的速度；还有的公司很难接受有关失败的消息。我们需要了解管理层的心态，包括董事会和高级管理层的想法，这是很重要的方面，他们是公司文化不可分割的一部分。一旦分析了公司的现状并表现出向前走的愿望，就要通过微小、渐进的步骤进行调整，认识到管理风险文化是长期性工作，只有这样才有可能推动文化变革。试图从当前状态立即转向理想的目标状态，这类激进的变革方案是不现实的。文化是一个社会过程，受到人们的干预，各种形态在不断相互转化。

良好的做法

与董事会合作

风险文化是一个需要董事会积极参与的重要领域。一种良好的做法是制定一组董事会应该不断问自己的问题，由此来促进良好的风险对话。例如，董事会如何对照本章描述的五因素风险文化评估模型对公司进行评估？如何看待公司高层设定的基调？决策是否在限定的风险偏好范围内做出？有什么机制来确保新员工接受公司的价值观？

持续开展评估

风险文化"不是静态的，而是一个不断重复和自我更新的过程"。[11]因此，正如前文的案例研究中所描述的那样，持续开展文化健康状况检查是一种良好的做法，其中员工焦点小组是需要定期开展的，而绝不是一次性工作。公司经营的大环境总是在不断变化，如果评估工作是持续进行的，就有更好的机会发现这些变化。一般来说，焦点小组比员工调查更有用，因为它可以围绕选定的主题开展更有意义的互动和对话。另一种强大的技术是参与者观察，例如，一位独立顾问在风险管理委员会会议、风险评估、内部审计和其他活动中旁听，从源头上观察人们的行为，帮助公司客观地进行评估并解释结果。这就是需要得到外部顾问帮助的一个很好的原因。如果公司自己来执行和分析评估活动，就会受到主流风险文化的影响，因此有可能不客观。

超越监管重点

文化变革项目往往是由触发事件或监管批评引起的。从制定规则到风险管理，再到做正确的事情，这显示了公司的成熟状态。随着"行为"和"行为风险"这两个术语的出现，许多组织开始采用一种本质上由监管驱动的方法，最初采用最低监管标准；后来从单纯的合规转向积极推动决策和达成目标。

风险管理部门的权威性

风险管理部门的权威性在文化冲突中发挥着重要作用，包括在战略和决策上拥有发言权，坚毅、果敢地帮助公司确定成功方向，在风险水平过高和活动可能有害的情况下明确表达意见。董事会和高管如何倾听风险管理部门的声音，反映出该部门的品牌和声誉，并影响着员工的行为。

行业基准（2019 年和 2020 年）

嵌入风险文化（2019 年）

2019 年的行业研讨会出现了一些积极的看法，与会者认为，总体上——尽管还可以做得更好——风险文化已经深入人心，人们也都在积极努力，如图 12-6 所示。经常受到批评的三道防线模型在这个领域似乎运作良好。在现实工作中，永远是具体的人在执行这一模型，并使三道防线保持有效（或无效）状态。如果业务、风险和内部审计部门有一个良好的、建设性的工作关系，它们就会找到合作的方法，而不会产生隔阂或出现相互掣肘的现象。

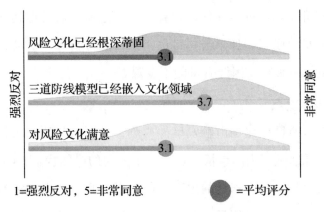

图 12-6 行业调查：风险文化的实施

资料来源：Operational Risk Training, Risk.net.

董事会发起的大多数内部项目都是由人力资源部门牵头（40%的公司，见图 12-7），其次是风险与合规部门，如果公司处于项目模式（至少在项目过渡到业务正常状态之前），则由项目管理部门领导（7%）。

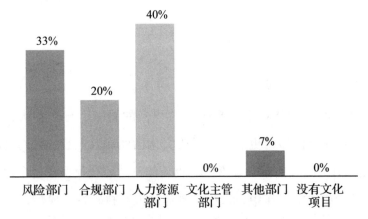

图 12-7 行业调查：风险文化牵头工作

资料来源：Operational Risk Training, Risk.net.

文化项目的侧重点略有不同，具体取决于公司所在地区和监管环境——大多数公司侧重于文化和行为（69%的公司），其他公司侧重于风险文化（23%）和一般文化（8%）。

风险文化与新冠疫情（2020年）

新冠疫情给公司的风险文化维护工作带来了压力，即使是那些号称拥有一套成功的价值观、态度和行为的公司也是如此。被迫长期在家工作导致了部分非正式交流互动的丧失，包括风险从业者和业务单元之间的互动。这反过来又侵蚀了公司的凝聚力，即那种团结员工、让他们保持动力以实现既定目标的"我们在一起"（we-ness）的工作态度。

2020年12月在操作风险最佳实践论坛上进行的调查显示，86%的风险专业人员认为，风险文化在他们的公司中有所恶化。世界各地的监管人员也在批评，在家工作期间第二道防线风险管理的有效性有所下降。

操作风险从业者采用了建设性方法，讨论了哪些活动可以促进公司文化的实践。如图12-8所示，来自高层的基调和风险教育等方面被认为是最有影响力的。

良好做法包括：

- 风险管理部门积极协助员工焦点小组，思考在家工作期间可能威胁公司文化的各种因素，以及向董事会和高级管理层建议应该加强哪些行为，并积极支持和传达来自高层的基调。
- 加强与最终用户密切相关、切合个人实际的风险教育。
- 有目的地推动非正式的互动，例如，通过开展虚拟咖啡讨论会来和业务单元保持接触，作为正式工作会议的补充。

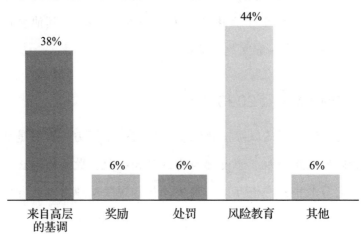

图 12-8　行业调查：在新冠疫情期间提升风险文化

资料来源：Best Practice Operational Risk Forum, 2020.

相对于本章前面描述的五因素风险文化评估模型，新冠疫情中出现了一个潜在的额外因素——情景意识；这一点在第 8 章中也介绍过。对不断变化的环境的快速感知和反应能力，使部分公司和它们的风险团队脱颖而出，迈向成功。那些取得成功的风险团队总是主动与业务单元和支持部门接触，互相协作，加强风险情报的收集，鼓励并倡导积极的行为。

简而言之，风险文化仍然是一个令人兴奋的领域，操作风险从业者将继续在其中发挥重要作用，积极影响与改变公司的规范、态度和行为。

实践练习

思考本章讨论的主题，并考虑它们在贵公司中的应用情况：

1. 贵公司是如何定义风险文化的？做了哪些工作和计划？
2. 在现有计划中，操作风险团队是什么角色？参与情况怎么样？

3. 考虑到本章描述的风险文化的五个方面，贵公司在哪个方面得分最高？

4. 哪些方面运作良好？记下贵公司风险文化中强有力的方面。

5. 哪些方面可以改进？记下需要改进的方面。

> □ 有所作为
> 请记下你在阅读本章后将采取的一项将对贵公司的风险文化、精神面貌和行为产生积极影响的行动。

本章讨论了风险文化的作用，风险文化是风险管理中最不显眼但最重要的方面，本章提出了操作风险从业者可以采取的影响精神面貌和行为的具体步骤。

在检查了操作风险管理框架的所有工具之后，倒数第二章将重点评估公司中操作风险管理的成熟度。

注释

1. Basel Committee on Banking Supervision (2020) Consultative document, *Revisions to the Principles for the Sound Management of Operational Risk*
2. Financial Stability Board (2014) *Guidance on Supervisory Interaction with Financial Institutions on Risk Culture*
3. Royal Commission into Misconduct in the Banking, Superannuation and Financial Services Industry
4. Financial Conduct Authority (2018) Discussion paper, *Transforming Culture in Financial Services*
5. Financial Stability Board (2014) *Guidance on Supervisory Interaction with Financial Institutions on Risk Culture*
6. Financial Conduct Authority (2018) Discussion paper, *Transforming Culture in Financial Services*

7 Chartered Institute of Internal Auditors (2020) *Conduct Risk*
8 The banker's oath
9 Power, M, Ashby, S and Palermo, T (2013) *Risk Culture in Financial Organizations: A research report*, London School of Economics
10 Chartered Institute of Internal Auditors (2014) *Culture and the Role of Internal Audit*
11 Power, M, Ashby, S and Palermo, T (2013) *Risk Culture in Financial Organizations: A research report*, London School of Economics

第 13 章
Chapter 13

嵌入性和成熟度评估

本章内容：本章讨论了操作风险管理的实施过程，从早期阶段到全面嵌入；描述了用于衡量实施进展的"成熟度阶梯"，并且概述了每个阶段的主要特征（见图 13-1）。本章介绍了什么是嵌入性以及如何衡量它，接着介绍了嵌入式操作风险管理的三大支柱，提出了平衡计分卡方法，并举例说明了相关的指标。本章还包括行业现场调查结果和行业基准。

■ 延伸阅读

- Institute of Operational Risk (2020) *Embedding an Operational Risk Management Framework: Operational risk sound practice guidance*

  推荐理由：一本简洁的指南，研究了实现嵌入式操作风险管理框架所涉及的主要成功因素。

- Dominic Antonucci (2016) *Risk Maturity Models: How to assess risk management effectiveness,* Kogan Page

  推荐理由：深入研究了风险成熟度模型，供有兴趣了解该主题的人阅读。

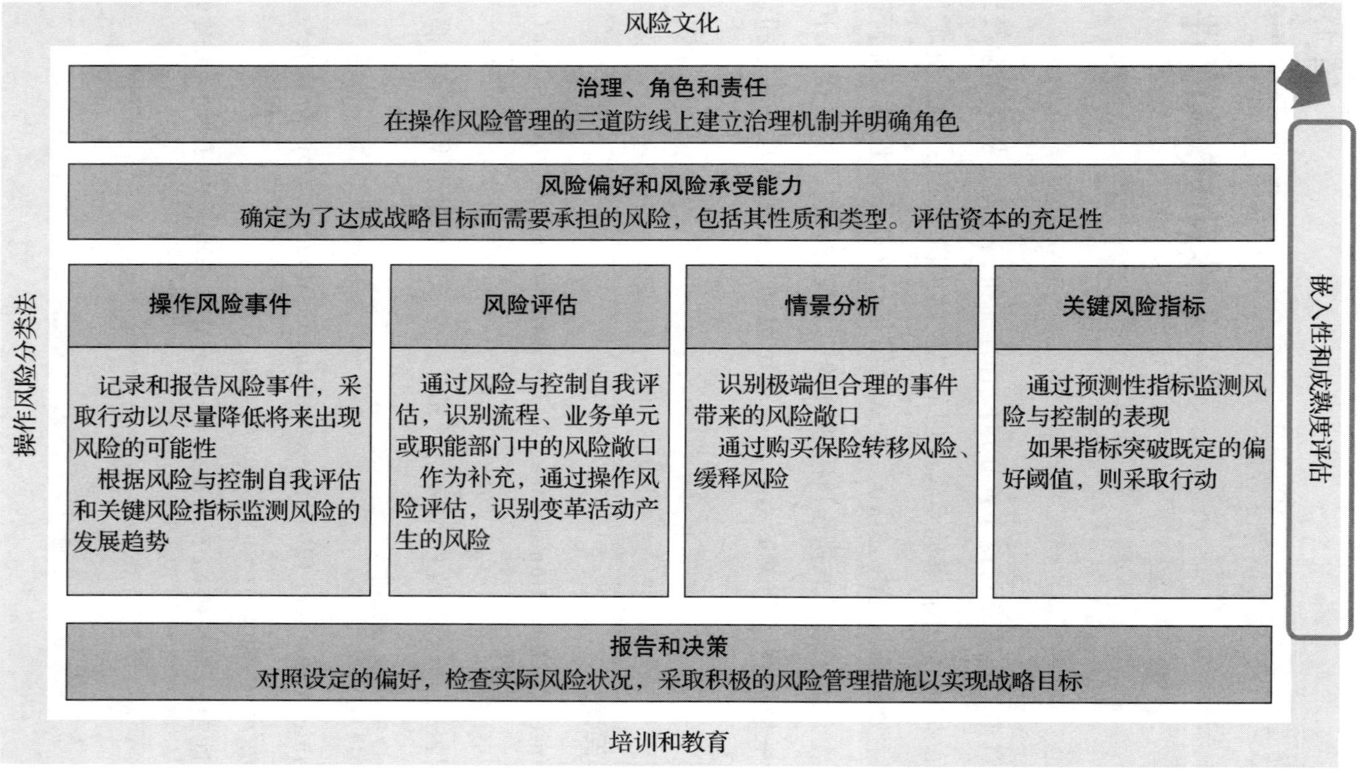

```
                                     嵌入性和成熟度评估
                                          ↑

                                        风险文化
                           治理、角色和责任
                    在操作风险管理的三道防线上建立治理机制并明确角色

                            风险偏好和风险承受能力
                 确定为了达成战略目标而需要承担的风险，包括其性质和类型。评估资本的充足性

| 操作风险事件 | 风险评估 | 情景分析 | 关键风险指标 |
|---|---|---|---|
| 记录和报告风险事件，采取行动以尽量降低将来出现风险的可能性根据操作风险与控制自我评估和关键风险指标监测风险的发展趋势 | 通过风险与控制自我评估、识别能部门、业务单元或职能部门中的风险敞口作为补充，识别变革活动产生的风险通过操作风险评估，识别变革活动产生的风险 | 识别极端但合理的事件带来的风险敞口通过购买保险转移风险缓释风险 | 通过预测性指标监测风险与控制指标的表现如果指标突破既定的好阈值，则采取行动 |

                                  报告和决策
                    对照设定的偏好，检查实际风险状况，采取积极的风险管理措施以实现战略目标

                                  培训和教育
```

图 13-1 本章焦点：嵌入性和成熟度评估

成熟之旅：三阶段成熟度阶梯

操作风险管理在公司中的实施过程既具有挑战性，又令人兴奋。

在实施的初始阶段，公司可能还是一个新手，主要以一种临时和被动的方式进行试验。在这个阶段，业务单元和支持部门可能会表现出抵制的姿态，拒绝新的操作风险管理要求，这是不愿意接受变革的一种正常反应。它们可能会将操作风险管理框架要素称为"你们的流程""你们的评估""你们的工具"，这意味着它们的角色是协助操作风险管理部门完成各种规定任务，这就使这些工作的优先级低于它们自己的工作。反过来，操作风险管理部门发现自己忙不迭地从事各种解释、陈述和持续跟踪的工作，以维持部门的正常运转。

这一初始阶段逐渐被中间阶段所取代，中间阶段涉及实施更加结构化的方法，将操作风险管理融入公司的常规业务流程。在这一阶段，操作风险实践逐步走上正轨。例如，由于包括监管在内的多种原因，风险与控制自我评估成为一种常规工作，是公司必须做的事情。在这一阶段，业务单元和支持部门对操作风险管理的主体责任意识得到了改善，对于它们来说，使用不同的操作风险管理框架工具已经成为一种习惯（即使有时并不情愿）。

最终的嵌入阶段的特点是主动的风险管理、清晰的价值主张以及深入人心的风险文化。正如前几章经常强调的那样，衡量操作风险管理成功的真正标准是各个业务单元和各个部门开始积极主动地使用操作风险管理框架，因为这有助于它们做出正确的决策。在第一阶段，业务单元可能一直犹豫不决或持怀疑态度，但现在它们已经学会对新产品的风险和机会开展评估——因为这对它们来说很有用，可以从中发现威胁和机会。在这种文化中，董事会和治理委员会依靠风险概况和风险偏好报告做决策；操作风险管理框架与公司的战略目标很适配；管理工具经过了精确校准；各种输出互相印证，讲述了一个连贯的故事；各类信息得到有效利用，使流程得到显著改进，并减少了意外的发生。

这个过程可以反映为一个简单的成熟度阶梯图，如图13-2所示。该示例将成熟程度区分为三个阶段，各家公司可以根据自己的需要对其加以改进，进一步拓展该阶梯。

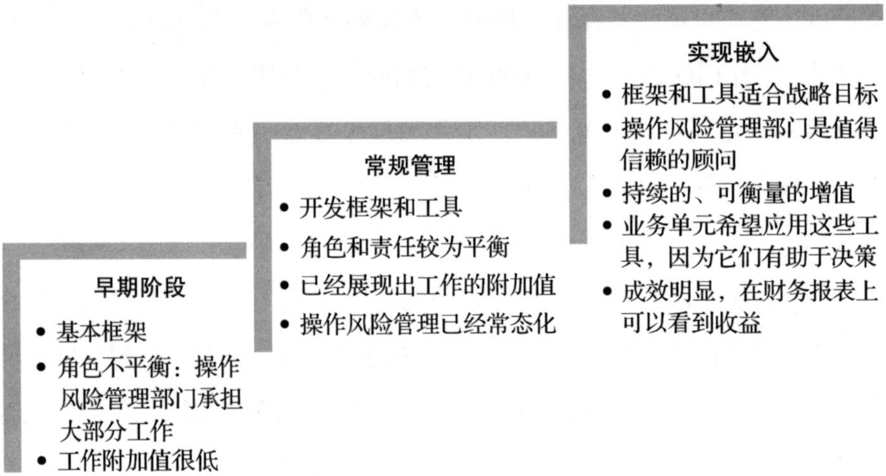

早期阶段
- 基本框架
- 角色不平衡：操作风险管理部门承担大部分工作
- 工作附加值很低

常规管理
- 开发框架和工具
- 角色和责任较为平衡
- 已经展现出工作的附加值
- 操作风险管理已经常态化

实现嵌入
- 框架和工具适合战略目标
- 操作风险管理部门是值得信赖的顾问
- 持续的、可衡量的增值
- 业务单元希望应用这些工具，因为它们有助于决策
- 成效明显，在财务报表上可以看到收益

图 13-2　操作风险管理成熟度阶梯

成功的三大支柱：财务绩效、有用性测试和风险文化

一旦开始了操作风险管理的实施之旅，公司就总想了解实施进展，测量自己达到了什么样的成熟程度。测量有助于建立起点线，以及设置目标和改进策略，以达到期望的成熟阶段。成熟度模型是一个强大的"诊断工具"，也是"提高风险管理能力"的一种系统性解决方案。[1]

虽然各公司对什么是良好的风险管理的看法差异很大，但图13-3中提出了一种以三大支柱——财务绩效、有用性测试和风险文化——为核心的测量方法。这三大支柱协同工作，描绘出公司的嵌入性水平。《巴塞尔协议》将嵌入性定义为操作风险管理"融入公司各层面"的水平。[2]
就操作风险管理而言，如果没有公司上下的全面参与，并配合使用相关的工具，就无法实现成熟地嵌入。各公司可以添加自己认为有效的其他支柱，也可以为支柱增加参数。

图 13-3　嵌入式操作风险管理的三大支柱

让我们更详细地检查每一个支柱。

财务绩效

始终要考虑操作风险对公司资产负债表和损益状况的影响。正如第1章所讨论的那样，如果风险从业者的目标是参与战略制定、协助战略决策，损益状况通常是这些对话的共同语言。当操作风险以"硬邦邦的数字"而不是"仅仅有风险"的形式呈现时，就变得更加难以忽视。

因此——这是无法避免的结果导向——实际操作风险损失是测量操作风险管理嵌入程度（或缺失程度）的一个指标。

简而言之，如果亏损同比持续上升，无论是在公司业务增长时期还是在业务停滞或衰退时期，公司都应该质疑其操作风险管理能力。

出于同样的原因，操作风险管理的积极面（或良好的操作风险管理产生的收益）也必须被量化。

以下指标可用于描述这两个维度，包括损失和收益：

KRI1：操作风险损失占全部收入、运营收入或运营费用的百分比。

KRI2：实际操作风险损失与风险偏好对比。

KRI3：相对于新产品或新投资产生的绩效，它们带来损失的趋势、数量、金额。

KRI4：经济处罚金额（监管部门要求追加的资本，或者因风险管理不善而被监管部门罚的款）。

KRI5：省下的钱，包括流程优化产生的成本降低，这些都源自良好的操作风险管理（该指标衡量操作风险管理带来的收益）。

这些指标需要谨慎解读，亏损增加会令人担忧，而亏损大幅下降也需要调查，正如第4章所强调的那样。这可能是一种虚假的安慰，预示着其他情况。例如，由于领导换了，管理风格变了，员工干脆不再报告坏消息。

在业内，操作风险财务绩效指标的运用并不平衡，不是用得过多就是过少。有时候，公司只用数字（如实际损失和资本状况）来衡量操作风险管理的嵌入性和成功程度，导致那些无法用数字衡量的收益被低估，本章后面将讨论。另一个极端是，财务绩效被完全排除在外，不被考虑，导致操作风险没有得到重视，也没有被与其他风险学科同等对待。因此，财务绩效指标固然是操作风险管理框架的重要支柱，但也必须辅之以其他工具，包括有用性测试和风险文化。

有用性测试

考虑操作风险对盈利的影响的重要性不可低估，但仅靠财务指标并不能描绘出一幅完整的图景。对于规模较小的公司来说尤其如此，这些公司可能既没有大量的历史亏损数据，也没有太多费用节省机会。在这种情况下，趋势分析可能没有在大公司那么有意义。"有用性测试"这个词，巴塞尔委员会和各个司法管辖区的监管机构经常提到，它指向了风险管理的核心功能，即积极使用风险管理工具来增强公司的实时决策能力。有用性测试是一个宽泛的概念，它涵盖了许多不同的方面，包括操作风险管理框架和工具、职责及价值创造，总之，涵盖本书的所有工具。例如，它包括：

- 操作风险管理框架和工具集的复杂性和适用性。
- 操作风险报告的明确度、有用性和可操作性。
- 操作风险偏好的成熟度和有效性。
- 操作风险管理部门的职责、品牌和声誉。
- 操作风险管理部门以外其他部门的角色和态度，包括第一道防线的"领军者"、主题专家、风险与控制所有者，以及董事会、高级管理人员和公司其他员工。
- 操作风险管理的价值主张——仅仅挥舞监管大棒是不可能真正嵌入风险管理理念的。

在前面的章节中，我们已经介绍了一些有用性测试措施。它们包括：

KRI6：如第2章所述，根据巴塞尔委员会的《操作风险稳健管理原则》和其他相关要求进行差距分析，得到的重大差距的数量（反映操作风险管理框架和工具集的复杂性）。

KRI9：职责方面的差距，即"孤儿"风险与控制自我评估的百分比，或者没有指定所有者的风险和关键风险指标的百分比（测试业务单元是否接受了其在操作风险管理方面的角色和责任）。

KRI10：没有指定第一道防线操作风险"领军者"的部门/地区的数量（同样，这也可以反映出是否明确责任或者存在责任缺失）。

KRI7：因使用操作风险管理工具而对内部控制进行改进的投资数量和货币金额。例如，因使用风险与控制自我评估、操作风险事件、情景分析或关键风险指标而带来的控制改进，表明管理层认真对待重大风险，在必要时分配预算、采取改进措施，显示了公司的风险价值取向。

KRI8：内部和外部审计发现的问题中，通过使用操作风险管理工具（例如，风险与控制自我评估、情景分析、关键风险指标等，这同样体现了价值取向）已经发现的数量或百分比。

风险文化

上一章详细讨论了风险文化这个主题。不可否认，操作风险管理的有效性与公司文化密切相关，并在很大程度上取决于公司的文化，有些文化支持操作风险管理，有些文化阻碍操作风险管理。风险文化方面的测量指标，可以作为财务绩效和有用性测试的有益补充，常用的指标有下面这些：

KRI11：员工对公司风险文化以及操作风险管理部门的看法及其变化趋势（通过员工敬业度调查、焦点小组或其他方式获得）。

KRI12：通过已建立的风险渠道（如风险邮箱）提出问题的数量和趋势。

KRI13：针对重大风险、内部控制不力或重大缺陷，没有采取行动或行动超期的数量或百分比（反映响应力度或是否缺乏响应）。

KRI14：与采取行动以降低风险相比，接受风险的数量或百分比（健康的分数表明公司的风险管理采用成熟和平衡的方法，综合考虑了降低风险的成本与收益）。

KRI15：操作风险管理部门被要求以顾问身份参与行动计划的次数（这表明该部门被认为是一个不错的顾问）。

上面列举的管理成效测量指标可以放入平衡计分卡中，如图13-4所示。总体而言，可以通过考虑财务绩效、有用性测试和风险文化这些方面来评估风险管理的嵌入性。这些方面的测量指标可能出现重叠，同一个指标可能会归入多个类别，如图 13-4 所示。

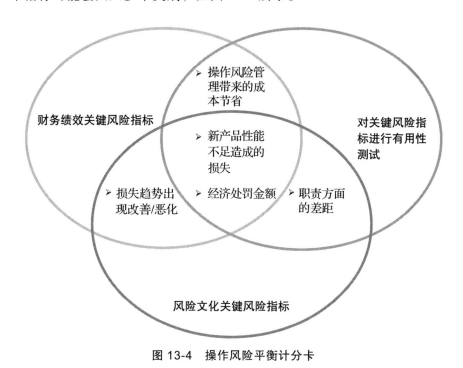

图 13-4　操作风险平衡计分卡

业务单元对嵌入性的自我评估

作为测量标准和指标的替代方案，另一个强大的嵌入性评估机制是业务单元的自我评估。可以由第二道防线的操作风险管理部门提供指导来完成，为业务单元创建一份调查问卷，同时提供备选答案。然后，由业务单元选择它们认为自己所处的状态，用事实和证据来证实它们对操作风险的响应情况。第二道防线的操作风险管理部门对评估结果进行审查并提出建设性质询意见。

表 13-1 给出了这类示例，它摘录自问卷中的风险与控制自我评估部分。

表 13-1 问卷示例：嵌入性的自我评估

风险与控制自我评估元素	开发阶段：早期阶段	开发阶段：常规管理	开发阶段：实现嵌入
范围	对操作风险与控制自我评估的范围和/或实际操作风险指标定义风险所有者概况与关键风险指标不同步。没有明确定义风险所有者	明确界定了操作风险与控制自我评估的范围和内外边界	明确定义了范围，了解与其他评估活动的相互依赖关系
风险评估	没有主动的风险识别。风险概况与实际操作风险指标不同步。没有明确定义风险所有者	风险识别和评估由第一道防线操作风险"领军者"与风险所有者协调进行	指定的风险所有者主动，定期考虑风险环境的变化，包括新出现的意外之处微乎其微，内部审计发现的意外之处微乎其微——已经充分了解存在哪些风险
控制评估	没有明确定义内部控制组件的所有者。对控制评估没有证据的支持	控制识别和评估由第一道防线操作风险"领军者"与风险所有者协调进行	指定的控制所有者对控制的设计和有效性进行评估，并定期测试重要的控制以支持评估
有无行动	评估工作不会产生任何行动	策略性行动已经到位，有明确的所有者和目标日期	策略和战略决策中考虑了风险与控制自我评估；考虑了降低风险和接受风险，展示了一种平衡的方法
风险与控制自我评估的更新	风险与控制自我评估每年更新一次，除此之外没有用过	在定期的风险与控制有关会议期间，提及和审查风险与控制自我评估	基于触发因素的更新已经到位，触发因素包括重大操作风险事件、变革计划和/或关键风险指标
完成与签署	风险与控制"领军者"参与评估，主题专家或业务单元负责人不参与。没有书面签字证据	风险与控制自我评估是由风险与控制"领军者"在主题专家的积极参与下完成的，风险与控制自我评估由业务单元负责人已签署	风险与控制自我评估是由风险"领军者"与业务单元负责人合作促成的，有证据证明，评估结果由业务单元负责人已签字确认，公正地反映了其风险和控制真实

自我评估帮助第一道防线的业务单元和支持部门了解什么是"好的",并反思自己的表现。

保存证据的重要性

我们现在略微偏离嵌入式风险管理这个主题,转向保存证据这个辅助性话题。英国天体物理学家马丁·里斯教授有一句名言:"没有发现证据并不代表不存在证据"。很可惜,审计师和金融监管部门不会同意这个观点。即使一家公司的方法很成熟而且富有建设性,但如果它不能提供令人信服的证据来证明自己开展了哪些操作风险管理活动,也等同于该公司根本没有管理操作风险。

2019年,我与操作风险最佳实践论坛成员一起,领导了一项关于这一主题的研究。在一次现场调查中,风险从业人员对自己公司操作风险管理的证据情况发表了意见,其结果如表13-2所示。

表13-2 行业研究:操作风险管理的证据

证据强度	受访者占比(%)
不足的	0
有部分	19
足够的	81
强健的	0

良好的证据既包括对记录的保留(包括保留年限和存储介质)采用严格的方法,最重要的是,就记录应该包括哪些内容达成一致,形成统一的政策和标准。

保留哪些证据

可以通过以下机制证明有效的操作风险管理:

- 正常经营状态下的操作风险管理工具，如风险与控制自我评估、操作风险事件和关键风险指标。证据可以存储在公司的官方系统中，也可以存储在Excel电子表格等其他数据源中，要记录工具输出的结果以及做出的决策和采取的行动。
- 新产品移交签字包，通常包括操作风险评估。
- 以评估报告或相关委员会会议记录的形式，反映公司对变革提案中的风险进行了讨论。
- 战略文件和商业计划。论坛成员们认为，从操作风险的角度来看，这方面的记录保存还需要改进，大家对这方面的思考还比较少。
- 对技术变革的风险评估。

证明质询工作

当谈到第二道防线的操作风险管理部门的作用时，往往很难有效证明该部门所完成的工作，特别是监督和质询部分，这些工作往往是通过在会议或研讨会上讨论、电话或视频通话、电子邮件或以上所有形式完成的。

可以通过以下方式证明第二道防线的操作风险管理部门做了质询工作：

- 风险管理委员会会议或其他相关会议的详细记录，记录了讨论过程以及会议同意的内容。还有一种良好的做法是把第二道防线的操作风险管理部门研究过的所有风险都记录下来，以及最后哪些风险受到了重视，哪些被忽略了（以及基于什么标准）。
- 在第一道防线业务单元的报告上附上第二道防线操作风险管理部门的独立意见，这样可以显示出双方的意见。
- 在全面分析操作风险事件、风险与控制自我评估和其他工具的基础上,介绍常见的风险主题,找出薄弱环节,然后是第二道防线操作风险管理部门的专题审查结论或深度调查结果。这种文件归档方法不仅展示了强大的思维过程,还为公司创造了真正的价值。

查尔斯·狄更斯曾说过这样一句话:"凡事不能只看表面,要有凭有据才能作准。为人处世,这是头一条金科玉律。"因此,当谈到证据时,最好是学习查尔斯·狄更斯,而不是效仿里斯教授这样的天体物理学家。

常见的挑战和良好的做法

常见的挑战

公司在嵌入操作风险管理实践的过程中可能面临以下挑战。

缺乏文化契合

有时领导者来自不同的公司,加入一家新公司后,他们立即开始构建在以前任职的机构中那些被证明有成效的框架,他们不会花足够的时间分析什么框架在新环境中可能奏效。这种生搬硬套可能会导致失败,因为每家公司的成熟之旅都是独一无二的,包括实施的速度和顺序,以及有效合作的工作方式。

未考虑与公司战略的联系

正如第 1 章中所讨论的,操作风险学科有时倾向于走自己的路,框架的实施方式以及节奏往往无法和公司的战略以及业务目标同步。要与最重要的东西——公司的业务目标——保持联系,要认识到更宏观的公司图景,这才是至关重要的。操作风险协会发布的关于嵌入式操作风险管理框架的指导意见也强调了操作风险管理部门在支持"战略规划和目标设定"方面的作用。[3]

证据不足

毫无疑问，最近这些年，保留证据的重要性与日俱增。证据保留不当的那些公司在内部审计和外部监督检查中感受到了真正的挑战。证据对公司本身也是至关重要的，以备将来需要回顾和重新审视之前的决定，例如，某个新产品的批准以及主动接受某个风险点。操作风险管理部门必须高度重视证据的适当保存，并给第一道防线的业务单元和支持部门提供良好做法的培训。

良好的做法

测量嵌入性并完成成熟度评估

多年来，我曾与多家监管机构讨论过成熟度评估这个话题。它们认为，还没完成评估的公司很难向监管部门阐明它们目前的整体风险状况，以及需要提升的领域。相比之下，采用了自我反省和评估的公司，给人的印象是它们对自己的优势和劣势有充分认识，对它们来说，风险是清晰明了的，它们有充分的准备。这些做法给公司本身带来了好处，也给监管机构等外部相关方带来了好处。国际标准化组织制定的全球公认的风险管理标准——《ISO 31000：2009》，也建议公司制定战略，以提高其风险管理的成熟度。[4]

持续推动协同前进

操作风险管理的各个成熟阶段之间没有明确的划分。有些公司可能在大多数方面都有进步，但在一两个方面上没有进步，从而阻碍了整体进步。例如，公司可能在部署实施操作风险管理框架上取得了进展，但在嵌入正确的角色和职责方面没有取得进展。在现实中，当一家公司在受到监管批评后（可能是在收到整改要求后）不得不加快部署步伐时，这种情况经常会发生。在这种情况下，需要重新集中精力与高级管理人员商定职责并制定奖励（有时是惩罚）机制，力求在问责方面取得进展，同时考虑对框架本身进行适当改进。要实现较高的嵌入性，不同的操作风险管理工具需要以合理的速度同步推进。

了解愿景

一些公司并不期望自己在操作风险管理框架和工具方面达到一流水平，它们不需要"劳斯莱斯"，而是满足于更简单的模型。因此，为整个成熟旅程定义合适的终点是很重要的。愿景需要与公司的规模和性质相匹配。这可能意味着，对于一些公司来说，并不是框架的所有要素都需要充分发展。图 13-5 演示了实现该目标的有用工具。

在图 13-5 中，该公司已阐明了 10 个期望的结果。每一项的当前状态用叉号标记，而期望的状态用三角形标记。（注意：许多项的目标是达到"嵌入"状态，但也不是所有项都这样；在某些情况下，嵌入程度较低的"常规管理"状态也被认为是可以接受的。）

行业基准（2020 年）

操作风险最佳实践论坛讨论了与评估操作风险管理的嵌入性有关的常见做法。如图 13-6 所示，只有一半（54%）的受访者表示，他们的公司以结构化的方式进行了成熟度评估。许多公司还在准备中，这些工作好像与其他更重要的事项冲突了，所以还没来得及开展。

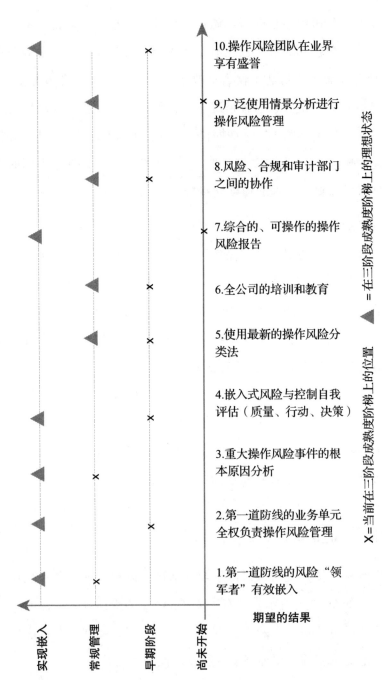

图 13-5　定义终点

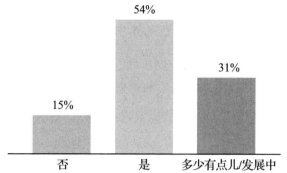

图 13-6 行业调查：操作风险管理成熟度评估

资料来源：Best Practice Operational Risk Forum, 2020.

从对公司目前处于三阶段成熟度阶梯哪个位置的自我评估来看，15%的人认为他们所在公司在某种程度上是新手，而77%的人认为他们所在公司正处于更成熟的中间阶段，至少操作风险管理基本有效。只有少数人（8%）将自己所在公司归入实现嵌入类别（见图13-7），这几个公司习惯于通过各种标准和其他稳健的流程来衡量是否嵌入成功，包括要求业务单元和支持部门进行自我评估。

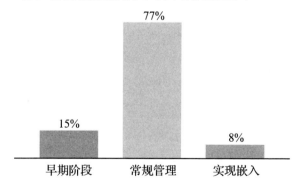

图 13-7 行业调查：三阶段成熟度阶梯

资料来源：Best Practice Operational Risk Forum, 2020.

实践练习

考虑你所在公司如何评估自己的操作风险管理成熟度阶段：

1. 是否有成熟度模型或其他机制来评估公司操作风险管理的嵌入程度？
2. 是否定义了嵌入性以及成功的衡量标准？
3. 是否了解公司所处的成熟阶段，以及发展计划或下一步行动计划？
4. 哪些方面做得好？记下当前成熟度评估流程的主要特点（如果存在）。
5. 哪些地方可以改进？记录下可能的改进，以加强对操作风险管理实施过程的评估。

> ☐ **有所作为**
>
> 请记下你在阅读本章后将采取的一项将增强对贵公司的操作风险管理成熟度评估的行动。

本章讨论了评估操作风险管理实施进展的重要性，并提出了一些衡量成功的方法。

最后一章将讨论运营韧性，以及它与操作风险管理框架的联系。

注释

1. Antonucci, D (2016) *Risk Maturity Models: How to assess risk management effectiveness,* Kogan Page, London
2. Basel Committee for Banking Supervision (2011) *Operational Risk: Supervisory guidelines for the advanced measurement approaches*
3. Institute of Operational Risk (2020) *Embedding an Operational Risk Management Framework: Operational risk sound practice guidance*
4. International Organization for Standardization, ISO 31000:2009

第 14 章
Chapter 14

运营韧性

本章内容：本章介绍了运营韧性这一主题，它与操作风险学科有着密切的联系。本章呼吁操作风险管理部门采取行动，积极参与到这一领域中来。近年来，特别是在新冠疫情暴发后，金融机构和监管部门对这一领域的关注达到了一个非常高的程度。风险和运营韧性领域的专家紧密合作有助于建立联合方法，这一点正是行业迫切需要的。本章给出了一个行业基准，以及呼吁积极行动的现场调查结果。

■ 延伸阅读

- Basel Committee on Banking Supervision (2020) Consultative document, *Principles for Operational Resilience*

  推荐理由：巴塞尔委员会关于运营韧性的最新文件，操作风险从业者都需要阅读。

运营韧性：在其前身的基础上更上一层楼

运营韧性的前身是业务连续性，它一直是金融机构管理议程的一部分。它与操作风险面临着同样的挑战，即被人们视为一个相当行政化的领域。举例来说，业务连续性管理的典型活动包括定期完成业务影响分析，按年升级系统和进行安排测试，要求员工按时打印、保存各类计划副本等。

随着数字化程度的提高和对技术的日益依赖，近年来，业务出现严重中断的风险在增加，导致业务连续性获得更多关注，从而升级了"游戏"规则。

公司开始提升深层次的业务恢复能力以及增加测试频率。在一系列重大系统故障之后，2018 年运营韧性成为关注的焦点。当时，英国监管机构的一份联合讨论文件引入了影响容忍度的概念，这促使金融机构开始认真思考客户乃至整个金融市场都无法容忍的故障类型。[1]该文件在全球范围内引发了大讨论，随后业内多家机构发布了响应文件。

更不用说的是，在 2020 年新冠疫情期间，金融机构和监管部门的重点几乎完全放在了运营韧性上。事实是，新冠疫情的暴发让大家重新聚焦到一个以前主要与技术相关的领域。正如国际清算银行指出的那样，在疫情前，运营韧性规划主要是由"技术变革和日益复杂的网络环境所带来的脆弱性"推动的。[2]然而，新冠疫情创造了一种截然不同的体验，公司不得不应对一场广泛而长时间的业务中断，疫情严重影响了它们最重要的资产：员工。

本章是对操作风险管理部门的行动呼吁，希望它们主动为运营韧性领域的同事提供帮助，大家一起共同努力。在框架和方法快速迭代的时代，这是个好时机，大家要抓住机会，努力实现这两个学科最大限度的整合，避免各自为战导致的力量分散化。

运营韧性的定义

运营韧性可以定义为公司"预防、适应、应对、恢复运营中断并从中吸取教训"的能力。[3]

可以说，操作风险管理可以支持公司的运营韧性和财务韧性。上述定义中的预防方面特别强调审慎和主动的风险管理：识别、理解和减少威胁与漏洞。假设中断是不可避免的，事后的监测性和纠正性控制将帮助公司响应、恢复，并且从中吸取教训。因此，提升运营韧性是一个持续的过程，当然这也是从业务连续性向前迈出的一大步：

运营韧性 ≠ 业务连续性

此外，正如巴塞尔委员会在其 2020 年关于运营韧性的咨询文件中指出的那样：[4]

运营韧性 ≥ 操作风险管理带来的成果

鉴于这些主题的相互关联性，有必要进一步探索这些联系，深入研究相关领域。实践证明，在这些领域建立统一的方法对各方都是有好处的。

整合操作风险和运营韧性

图 14-1 描述了运营韧性的生命周期。让我们更详细地研究其中的各个组成部分。

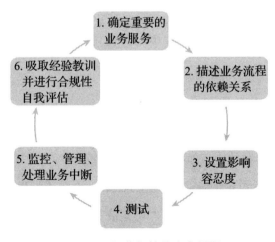

图 14-1　运营韧性的生命周期

业务服务及其依赖关系（步骤1和2）

要想运营保持韧性，公司需要完成思维方式的转变，以"从外而内"（即客户会怎么看）的角度来认识自己。从客户的角度来看，当预期的服务未交付或承诺未兑现时，对于流程故障到底是出在运营、技术还是其他领域，他们既看不见也不关心。对于客户来说，只有最终结果——失败这个事实——才是重要的。在这种情况下，公司了解不同流程的相互关联性、保持端到端的业务服务意识变得越来越重要；在这种思维方式下，员工超越了自己狭窄的孤岛，开始关注自己的工作对最终客户的影响。图14-2演示了这一点。

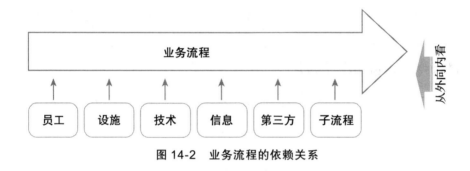

图14-2 业务流程的依赖关系

在这样的背景下，操作风险和运营韧性管理部门之间可能达成协作的领域包括以下几个。

确定重要的业务服务

作为操作风险管理框架的一部分，绘制业务流程图这项费时又费力的任务可能已经完成。如果已经在整个公司应用了流程风险自我评估（如第5章中所讨论的），尤其应该如此。如果还没做这项工作，负责运营韧性方面的同事就需要盘点、记录支撑公司重要业务服务的各种资源。事实上，许多公司在这一领域已经取得了良好进展，这是强化财务韧性，以及遵守业务连续性和解决方案规划相关监管要求的一部分。如果已经取得了这些进展，操作风险管理部门要充分借鉴这些成果，确保今后的风险评估是在综合各种因素的基础上完成的，同时还要考虑业务映射过程中已确定的依赖关系，这一点至关重要。此外，如第5章所述，跨部门流程映射练习有助于优化流程、提升效率。

培养业务服务意识

大多数公司都有正式的业务架构、政策和流程图，其中介绍了公司的各种业务服务，并且列出了各个环节的依赖关系。但是这还不够，还有一个较为柔性的方面同样重要（甚至更重要），即提升一线员工的思想认识——提升一线员工对自己的所作所为如何影响整个业务供应链以及外部客户的理解。如果工作人员能够认识到这种相互联系，就可以采取更全面、更有力的预防措施，并以更快、更连贯的方式来响应。员工是否有这种以客户为中心的意识？如果没有，操作风险和运营韧性管理部门的同事需要提供哪些培训和教育来加强这一点？操作风险管理部门已经养成了为员工提供各种培训和教育的习惯，这就是一个很好的机会，可以增加一些运营韧性相关的内容，没必要创建两个单独的培训方案。

呼吁采取行动

与负责运营韧性管理的同事协作，实现以下目标：

- 审查现有的风险与控制自我评估，并考虑如何从中提取有意义的信息。
- 协商采用联合方法进行流程映射和业务服务识别。
- 共同培养员工的"业务服务意识"。

设置影响容忍度和测试（步骤 3 和 4）

为了设置影响容忍度和测试运营韧性能力而开展相关情景分析时，另一个团队合作的机会出现了。影响容忍度阐明了对重要业务服务的最大可容忍中断的级别，包括中断持续时间。设定这些容忍度需要考虑最坏的情况。如图 14-3 所示，操作风险和运营韧性之间出现了有意义的重叠。

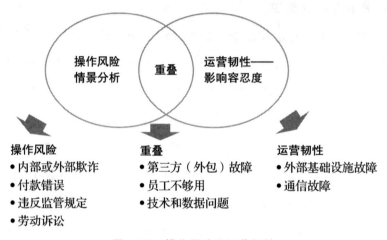

图 14-3　操作风险和运营韧性

操作风险领域的情景很可能涉及欺诈、违反监管规定或劳动诉讼等主题。虽然这些都是需要探索的重要话题，但它们并不一定会影响公司的运营韧性能力。

反过来，可以考虑外部基础设施的重大故障，以便主动制定应急措施，同时检查可行的替代方案。就操作风险管理而言，这些情景可能不是必需的，因为不能指望一家公司通过持有资本来应对外部故障（如电力供应中断或国家支付网络无法使用）。

因此，与操作风险和运营韧性都有关联的主题构成了重叠区域，可能包括：

- 外包和供应商故障。
- 员工不够用。
- 技术停机。
- 数据损坏。
- 建筑物遭到破坏。

这些主题与这两个领域都相关。通过合作，可以调整情景分析的故事情节，丰富双方的整体体验。

在第8章中，我们讨论了使用情景分析来进行风险管理的重要性，包括采取行动来改善控制环境。对于提升运营韧性能力而言，这种方法和理念显得更为重要。公司特别是董事会和高级管理层，应该通过情景分析发现薄弱环节，进而确定投资的优先顺序，这些弱项可能威胁公司开展重要业务服务的能力。因此，呼吁这两个领域加强合作。

呼吁采取行动

与负责运营韧性管理的同事协作，实现以下目标：
- 比较各种情景，了解其不同之处并尽可能地协调一致。
- 利用操作风险管理框架、技术以及专家的帮助，举办情景研讨会。
- 共同建立情景分析和运营韧性测试框架。
- 与利益相关方共同努力，将重复工作降至最少。
- 共同努力，确保将发现的薄弱环节解决掉。

监控环境、管理中断并吸取经验教训（步骤5和6）

将业务中断的影响控制在可容忍范围内，关键是要能够在设定的时间范围和参数内，避免业务发生中断或者尽快从中断中恢复，同时要主动识别和管理各种威胁和漏洞。按照第 1 章介绍的，公司应该将运营韧性纳入自己的风险分类中，从而在整个公司内实现透明、有意义的信息传播。图 14-4 显示了一个运营韧性仪表盘的示例，该仪表盘根据某项业务服务显示了其基本风险和控制指标。

重要业务服务：X							
员工				设施			
指标 1	琥珀色	补救措施：		指标 1	绿色		
指标 2	绿色			指标 2	绿色		
技术与信息				第三方			
指标 1	琥珀色	补救措施：		指标 1	红色	补救措施：	
指标 2	琥珀色	补救措施：		指标 2	琥珀色	补救措施：	

图 14-4　运营韧性仪表盘

回到思维方式转变的话题上来，在完成这种类型的报告时，公司需要站在业务服务的视角，便于根据不同的业务服务来查看各种信息。这是一项具有挑战性的任务，因为在现实中，人们总是以部门为单位开展工作、撰写报告。

第 4 章中介绍了运营韧性和操作风险之间可能存在相互作用的另一个领域。比如，无论是否与信息技术相关，公司都可以考虑为重大破坏性事件指定单一报告路径。使用重大操作风险事件报告路径显然可以更快速地上报，使公司能够更快地对事件做出反应，及时和客户、员工以及监管部门进行沟通。

最后（但并非最不重要的）一点是：在操作风险领域，有益于运营韧性的经验教训可能已经存在，例如从操作风险事件中吸取的经验教训。操作风险事件管理流程的框架、格式和严格的要求都可以复制，以达成建立运营韧性能力的目的，实际上可以在整个公司加以实施。

呼吁采取行动

与负责运营韧性管理的同事协作，实现以下目标：
- 就如何将运营韧性纳入操作风险分类达成一致。
- 提升报告撰写能力，有效监测、管理威胁和漏洞，就相关的治理、角色和责任达成一致。
- 共同制定风险事件的应对方案和风险升级时的上报渠道。
- 共同制定一个结构化的经验教训总结流程，以提高运营韧性能力。

对于行业未来面临的冲击，我有几点看法。各公司对新冠疫情的应对已经证明，它们可以迅速适应并将整个经营活动转移到家庭工作环境。这是一项非凡的成就，千万不要低估。事实上，欧洲银行管理局已经公开承认"银行证明了自己具备运营韧性"，还评估了2020年第二季度的运营韧性水平，认为处于中等，趋势稳定。[5]

但是，尽管我们取得了毋庸置疑的成就，现在宣布胜利是否为时过早？新冠疫情有三个特点：

- 发展相对缓慢，可以在几周内而不是一夜之间过渡到在家工作。
- 长期的冲击，使公司能够学习、调整和改进其流程。
- 是对称的，以类似的方式影响着全球各地的公司。

未来，比新冠疫情更突然、针对特定公司的中断将不可避免地发生。在这种情况下，相比那些早早就开始庆祝自己在新冠疫情中取得成功的同行们，致力于建设稳健的运营韧性能力（操作风险和运营韧性从业者携手合作）的公司将会变得更强大。

行业基准（2020年）

操作风险最佳实践论坛的现场调查结果显示了一个很好的趋势：操作风险和运营韧性管理正在走向一体化。如图14-5所示，38%的受访者选择采用联合方法，而不是建立孤立的运营韧性管理框架。

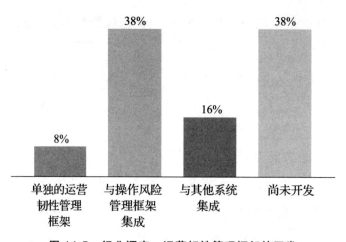

图14-5 行业调查：运营韧性管理框架的开发

资料来源：Best Practice Operational Risk Forum, 2020.

致力于实现整合的公司可以确保：

- 运营韧性不被视为一个单独的风险类别，而是作为操作风险管理的结果。
- 比较和审查操作风险情景分析的故事情节与运营韧性的情景。
- 风险与控制自我评估的结果也在运营韧性中加以考虑，并在可能的情况下使用基于流程的风险与控制自我评估。
- 在将风险事件上报与其他类型的事件（例如，与技术相关的事件）相结合方面，有一些初步的举措；但是在这方面还需要与信息技术部门的同事进一步合作。

公司在其运营韧性管理框架的所有组成部分方面都取得了进展，但有两个领域的进步尤为突出，如图 14-6 所示。

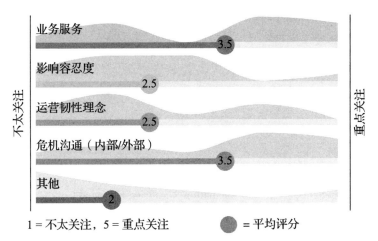

图 14-6　行业调查：运营韧性的主要关注点

资料来源：Best Practice Operational Risk Forum, 2020.

这些领域包括：

- 业务服务架构。在某种程度上，新冠疫情加快了公司对重要业务服务的研究，因为在实践中，公司不得不决定暂停一些服务，同时继续提供其他服务。这种优先排序过程强调了这样一个概念：某些服务比其他服务更重要，在中断期间，公司应该专注于提升那些排序靠前的活动的运营韧性。

- 加强危机沟通。内部和外部的沟通得到了显著加强，确保及时准确地将信息传递给客户，并帮助公司找到快速有效地联系整个客户群的方法。

操作风险团队和运营韧性团队之间的合作在新冠疫情期间取得了巨大进步。继续保持这种势头，无疑会在未来几年为公司带来收益。

☐ **有所作为**

请记下你在阅读本章后将采取的一项有助于整合贵公司操作风险和运营韧性管理实践的行动。

最后一章讨论了操作风险从业者参与公司运营韧性相关工作、寻求协同效应并实施联合解决方案的重要性。

注释

1. Bank of England, Prudential Regulation Authority, Financial Conduct Authority (2018) *Building the UK Financial Sector's Operational Resilience*
2. Bank for International Settlements (2020) FSI Briefs, *Covid-19 and Operational Resilience: Addressing financial institutions' operational challenges in a pandemic*
3. Bank of England, Prudential Regulation Authority, Financial Conduct Authority (2018) *Building the UK Financial Sector's Operational Resilience*
4. Basel Committee on Banking Supervision (2020) Consultative document, *Principles for Operational Resilience*
5. European Banking Authority (2020) Risk dashboard data as of Q2 2020

附　　录

附录 A　操作风险"领军者"：角色描述

- 风险管理是每个员工的责任。
- 确保在各自的业务单元内嵌入稳健的风险管理实践，这是每个业务单元负责人的职责。
- 风险"领军者"的职责是协助业务单元负责人，确保风险得到识别、评估、管理和报告。

职位介绍

风险"领军者"是风险主题专家，也是第二道防线的操作风险管理部门与业务单元之间的主要联络人，促进风险管理工具和技术在业务单元的实施与嵌入，支持业务单元负责人不断发展和加强风险管理实践。

职责介绍

风险"领军者"的职责包括：

- 确保本业务单元所有员工都熟悉操作风险事件的识别和报告流程，并清楚地了解什么是操作风险事件，以及应该遵循什么样的行动方案。

- 确保操作风险事件发生时及时上报，分析根本原因并采取措施防止再次发生。
- 确保本业务单元风险与控制自我评估的实施；在策划和组织风险与控制自我评估研讨会时，担任第二道防线的操作风险管理部门和业务单元之间的主要联络人。
- 确保风险与控制自我评估能够达到目的，并真实反映业务单元的风险概况。
- 提高对本业务单元风险概况的认识，确保所有员工都熟悉并能够清楚地阐述本业务单元的最高风险和降低风险的控制措施。
- 协助业务单元负责人制定关键风险指标并设定适当的阈值。
- 识别业务单元的风险培训需求，将新员工信息报送给第二道防线的操作风险管理部门，以便对他们进行培训。
- 与其他风险"领军者"保持联系，分享相关的操作风险事件、风险与控制自我评估以及经验教训信息。
- 根据需要制定与业务单元相关的风险程序/案头说明。
- 与第二道防线的操作风险管理部门协同工作，实施与风险相关的新举措、新流程和/或新工具。
- 在合适的情况下参与其他风险倡议。

附录 B　操作风险事件报告模板示例

提交报告的业务单元/职能部门
发现风险的日期
发生风险的日期（如果知道的话）
总体描述 录入关于交易/事件的清晰而简洁的描述，以便不熟悉它的人能够快速了解问题。
操作风险事件是怎么被发现的 提供对操作风险事件如何被发现以及在哪个地方被发现的解释说明。
操作风险事件的根本原因（如果知道）——为什么会发生 提供该事件发生的根本原因，说明为何相关控制会失效，从而导致了事件的发生。
实际或估计损失 考虑事件的直接损失以及为解决问题付出的额外成本（例如，调查/解决问题的律师费、咨询费）；如果是几近损失事件，粗略估计潜在的客户、声誉、监管影响。 如果不知道损失金额，请详细说明为确定损失程度已经采取了哪些步骤。
解决问题的目标日期

补救行动 强调已经采取的行动步骤,以及为了解决问题并防止再次发生的进一步行动计划,包括行动责任人和目标日期。
事件类别 从分类清单中选择最合适的分类类别。
是否作为可疑活动上报(是/否),请参阅《合规手册》。
损失状态:待定/已发生(已支付)/保留/追回 如果需要,与财务部门讨论,计提损失准备或核销损失准备。
成本中心/参考会计分录
是否违反行为准则(是/否) 突出显示事件是否有不当行为的因素。
部门负责人签字

附录C 操作风险评估模板

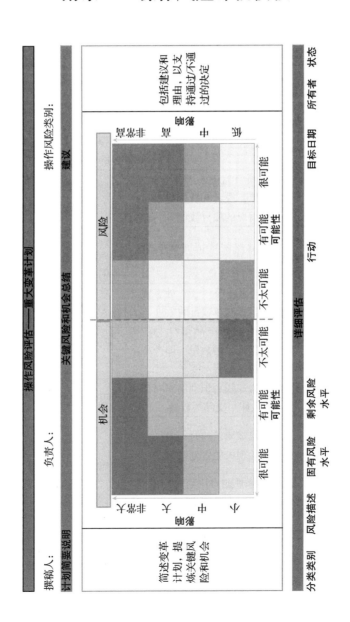

附录D 50个关键风险指标表

编号	风险或主题	关键风险指标描述	为何有用
1	变革管理	在当前的全部变革项目中,超期和有风险的项目所占百分比	表示变革项目的整体健康状况:超期和处于风险中的项目VS正常的项目
2	变革管理	在实施后审查(PIR)中发现重大问题的变革项目的数量	通过实施后审查,可以衡量项目管理方法的成功程度;该指标跟踪不成功/实施不佳的项目
3	变革管理	缺乏项目启动文档(PID)的项目数量,或者PID创建较晚或有例外情况的项目数量	识别出有文档瑕疵的项目,或者有例外审批的项目
4	变革管理	未完成风险评估的变革项目数量	监控是否遵循了规定的操作流程,以确保变革项目进行了风险评估
5	变革管理	长期(超过x个月)处于风险状态的监管变革项目的数量	重点介绍一些需要关注的重大监管变革计划
6	行为和文化	没有完成新产品审批(NPA)流程的新产品的数量,即产品在正式审批之前就上线了	监测绕过新产品管理与客户交易/向客户销售的新产品的数量
7	行为和文化	未报告却随后识别出的利益冲突/个人账户交易的数量	识别潜在的内幕交易
8	行为和文化	未在政策要求的时间内报告的操作风险损失的百分比	帮助识别糟糕的风险管理/风险文化问题,即在报告事件时无法做到公开、透明、迅速
9	行为和文化	员工背景调查中有"高风险"观察结果或者社交媒体标签的员工的占比	对现有员工进行定期筛查,包括社交媒体筛查,标记"高风险"观察结果
10	行为和文化	由客户经理推荐,但未获批准的新客户的数量	监测未获得批准的超出风险承受能力的客户拓展行为

（续）

编号	风险或主题	关键风险指标描述	为何有用
11	行为和文化	与客户歧视/账户管理不善有关的投诉数量/百分比	了解投诉情况，可以进一步缩小范围，例如赔款的百分比、"重大投诉"的百分比、未按公司政策解决的百分比
12	行为和文化	通过质量保证（QA）程序发现的质量异常的产品的销售数量	通过抽查质量保证审查，监测不适当的销售
13	网络	存在漏洞的关键系统的数量	监控最重要（关键）系统的漏洞和潜在的黑客攻击风险
14	网络	网络钓鱼攻击成功的次数	找出经常犯错的内部员工，他们总是点击到内部创建的模拟网络钓鱼电子邮件
15	网络	未能按时更新的补丁的数量或百分比	预测性关键风险指标；通过安装补丁的及时性来衡量系统的健康状况
16	网络	恶意软件警报增加的数量/百分比	持续监控警报量，识别峰值
17	网络	为测试针对网络事件的响应，按计划开展的桌面演练次数	通过确保按计划开展定期测试来监控准备情况；额外的关键风险指标（KRI）可以衡量测试产生的待处理事项的数量
18	数据泄露	信息安全培训必修课程的完成百分比	监控员工遵守培训流程的情况
19	数据泄露	尝试次数：员工向私人电子邮件地址发送邮件	重点监控电子邮件传输的附件，识别潜在的违规行为
20	金融犯罪	新开立例外账户的百分比	找出需要额外审批和签字的非标准客户
21	金融犯罪	未妥善处理的活跃监控警报	控制指标；监控警报被调查和解决的速度
22	金融犯罪	可疑活动报告（SAR）——报告的案例增加/减少	监控数量变化并突出显示峰值
23	内部欺诈	允许单人处理支付或交易的系统数量	强调未实施职责分离的例外情况，这会增加出错和/或内部欺诈的风险

（续）

编号	风险或主题	关键风险指标描述	为何有用
24	内部欺诈	用户访问未按时重新认证的关键系统	监测重新认证过程的控制指标，重点关注用户访问，确保新入职者/转岗者/离职者及时采取行动，防止未经授权的访问
25	内部欺诈	有访问权限的员工离职或转岗，未在规定时间内取消访问权限，这部分人员的百分比	识别未及时取消离职者访问权限的例外情况
26	内部欺诈	举报：举报案件增加/减少的百分比	监控使用举报流程的异常高峰期和低谷期
27	内部欺诈	办公区出入情况：不寻常的工作模式	突出显示不寻常的设施访问，例如下班后或周末
28	内部欺诈	未强制休假的员工人数/百分比	监督强制休假政策的遵守情况；适用于特定范围的员工，包括交易、支付等
29	内部欺诈	违反交易政策：违反授权管理的交易	在交易业务方面，监控失误或故意违反授权规定而进行的交易
30	法律和监管	行业扫描：未来六个月具有潜在重大影响的新监管举措/咨询文件的数量	监控监管动态和预计在不久的将来监管法规可能发生的变化量
31	法律和监管	诉讼：当前法律索赔的风险金额	了解法律索赔的潜在金额
32	外包/第三方风险	未遵守服务等级协议（SLA）的百分比	对照SLA监控供应商绩效，可以缩小范围以跟踪最重要的（核心）供应商
33	外包/第三方风险	供应商尽职调查审查逾期的次数/百分比	根据供应商的重要程度，按照政策要求监控审查的及时性
34	外包/第三方风险	标准合同条款中重大例外情况的数量或百分比	识别需要额外关注的不符合标准法律合同的供应商的比例
35	外包/第三方风险	核心供应商中没有明确继任计划/较难替代的数量或百分比	评估对核心供应商的依赖，该供应商在故障情况下是否不可替代
36	人员	服务超过12个月的非正式工作人员的数量/百分比	监控长期合同制工作人员，指出在招聘空缺职位或需要增加长期职位编制方面的不足之处

（续）

编号	风险或主题	关键风险指标描述	为何有用
37	人员	优秀应聘者拒绝入职的人数/百分比	提供关于公司作为雇主的吸引力以及无法招聘到关键员工的风险的视角
38	人员	同时出现缺位的高级管理人员的数量	监控多名高级管理人员因假期、出差、生病、辞职而同时离开的情况，这些情况可能会影响业务运营
39	人员	高级管理人员的责任表：商定的责任中出现空白或遗漏	确保高级管理人员之间明确商定责任，并严格问责，没有死角或重叠；特别是在建立了高级管理人员责任制度的公司，更要如此
40	系统故障	停产硬件（软件）占全部硬件（软件）的百分比	预测性关键风险指标；监控对服务合同即将到期且需要更换的软件/硬件的依赖程度
41	系统故障	从影响服务等级协议的重大技术事故中恢复的平均时间	可以了解到公司从重大技术事故中快速恢复而不会产生明显的内部或外部影响的能力
42	系统故障	系统容量	预测性关键风险指标；接近/达到容量上限时需要采取行动以防止故障
43	系统故障	未签字或有例外签字的变更申请占比	监控技术变更管理流程，确保实施稳健的治理
44	系统故障	未通过定期灾难恢复测试的关键系统的数量	对无法在规定的恢复时间目标（RTO）内恢复的系统提高认识
45	交易处理	有2年以上工作经验的员工占员工总数的百分比	"经验"指标对复杂的业务单元很有价值（如衍生品、公司业务部门）
46	交易处理	处理量与操作人员能力	监测能力和过度扩展自己能力范围可能导致错误的风险
47	交易处理	月末超过30天未处理的现金/库存的差异	通过对"长期性"差异数量的监测，了解对账和调查过程的有效性

（续）

编号	风险或主题	关键风险指标描述	为何有用
48	交易处理	人工处理：关键流程中使用的电子表格/终端计算应用程序的数量	评估人工处理导致出错的风险，主要是"关键"流程，例如付款
49	交易处理	自动交易率	评估自动交易占总交易量的比例
50	交易处理	定制非标准客户端解决方案的数量/百分比	监控需要额外注意且容易出错的个案建议/术语/解决方法的数量

会计极速入职晋级

书号	定价	书名	作者	特点
66560	49	一看就懂的会计入门书	钟小灵	非常简单的会计入门书；丰富的实际应用举例，贴心提示注意事项，大量图解，通俗易懂，一看就会
44258	49	世界上最简单的会计书	（美）穆利斯 等	被读者誉为最真材实料的易懂又有用的会计入门书
71111	59	会计地图：一图掌控企业资金动态	（日）近藤哲朗 等	风靡日本的会计入门书，全面讲解企业的钱是怎么来的、是怎么花掉的，要想实现企业利润最大化，该如何利用会计常识开源和节流
59148	49	管理会计实践	郭永清	总结调查了近1000家企业问卷，教你构建全面管理会计图景，在实务中融会贯通地去应用和实践
70444	69	手把手教你编制高质量现金流量表：从入门到精通（第2版）	徐峥	模拟实务工作真实场景，说透现金流量表的编制原理与操作的基本思路
69271	59	真账实操学成本核算（第2版）	鲁爱民 等	作者是财务总监和会计专家；基本核算要点，手把手讲解；重点账务处理，举例综合演示
57492	49	房地产税收面对面（第3版）	朱光磊 等	作者是房地产从业者，结合自身工作经验和培训学员常遇问题写成，丰富案例
69322	59	中小企业税务与会计实务（第2版）	张海涛	厘清常见经济事项的会计和税务处理，对日常工作中容易遇到的重点和难点财税事项，结合案例详细阐释
62827	49	降低税负：企业涉税风险防范与节税技巧实战	马昌尧	深度分析隐藏在企业中的涉税风险，详细介绍金三环境下如何合理节税。5大经营环节，97个常见经济事项，107个实操案例，带你活学活用税收法规和政策
42845	30	财务是个真实的谎言（珍藏版）	钟文庆	被读者誉为最生动易懂的财务书；作者是沃尔沃原财务总监
64673	79	全面预算管理：案例与实务指引（第2版）	龚巧莉	权威预算专家，精心总结多年工作经验/基本理论、实用案例、执行要点，一册讲清/大量现成的制度、图形、表单等工具，即改即用
61153	65	轻松合并财务报表：原理、过程与Excel实战	宋明月	87张大型实战图表，手把手教你用EXCEL做好合并报表工作；书中表格和合并报表的编制方法可直接用于工作实务！
70990	89	合并财务报表落地实操	蔺龙文	深入讲解合并原理、逻辑和实操要点；14个全景式实操案例
69178	169	财务报告与分析：一种国际化视角	丁远	从财务信息使用者角度解读财务与会计，强调创业者和创新的重要作用
69738	79	我在摩根的收益预测法：用Excel高效建模和预测业务利润	（日）熊野整	来自投资银行摩根士丹利的工作经验；详细的建模、预测及分析步骤；大量的经营模拟案例
64686	69	500强企业成本核算实务	范晓东	详细的成本核算逻辑和方法，全景展示先进500强企业的成本核算做法
60448	45	左手外贸右手英语	朱子斌	22年外贸老手，实录外贸成交秘诀，提示你陷阱和套路，告诉你方法和策略，大量范本和实例
70696	69	第一次做生意	丹牛	中小创业者的实战心经；赚到钱、活下去、管好人、走对路；实现从0到亿元营收跨越
70625	69	聪明人的个人成长	（美）史蒂夫·帕弗利纳	全球上亿用户一致践行的成长七原则，护航人生中每一个重要转变

财务知识轻松学

书号	定价	书名	作者	特点
71576	79	IPO 财务透视：注册制下的方法、重点和案例	叶金福	大华会计师事务所合伙人作品，基于辅导 IPO 公司的实务经验，针对 IPO 中最常问到的财务主题，给出明确可操作的财务解决思路
58925	49	从报表看舞弊：财务报表分析与风险识别	叶金福	从财务舞弊和盈余管理的角度，融合工作实务中的体会、总结和思考，提供全新的报表分析思维和方法，黄世忠、夏草、梁春、苗润生、徐珊推荐阅读
62368	79	一本书看透股权架构	李利威	126 张股权结构图，9 种可套用架构模型；挖出 38 个节税的点，避开 95 个法律的坑；蚂蚁金服、小米、华谊兄弟等 30 个真实案例
70557	89	一本书看透股权节税	李利威	零基础 50 个案例搞定股权税收
62606	79	财务诡计（原书第 4 版）	（美）施利特 等	畅销 25 年，告诉你如何通过财务报告发现会计造假和欺诈
58202	35	上市公司财务报表解读：从入门到精通（第 3 版）	景小勇	以万科公司财报为例，详细介绍分析财报必须了解的各项基本财务知识
67215	89	财务报表分析与股票估值（第 2 版）	郭永清	源自上海国家会计学院内部讲义，估值方法经过资本市场验证
58302	49	财务报表解读：教你快速学会分析一家公司	续芹	26 家国内外上市公司财报分析案例，17 家相关竞争对手、同行业分析，遍及教育、房地产等 20 个行业；通俗易懂，有趣有用
67559	79	500 强企业财务分析实务（第 2 版）	李燕翔	作者将其在外企工作期间积攒下的财务分析方法倾囊而授，被业界称为最实用的管理会计书
67063	89	财务报表阅读与信贷分析实务（第 2 版）	崔宏	重点介绍商业银行授信风险管理工作中如何使用和分析财务信息
71348	79	财务报表分析：看透财务数字的逻辑与真相	谢士杰	立足报表间的关系和影响，系统描述财务分析思路以及虚假财报识别的技巧
58308	69	一本书看信贷：信贷业务全流程深度剖析	何华平	作者长期从事信贷管理与风险模型开发，大量一手从业经验，结合法规、理论和实操融会贯通讲解
55845	68	内部审计工作法	谭丽丽 等	8 家知名企业内审审计部长联手分享，从思维到方法，一手经验，全面展现
62193	49	财务分析：挖掘数字背后的商业价值	吴坚	著名外企财务总监的工作日志和思考笔记；财务分析视角侧重于为管理决策提供支持；提供财务管理和分析决策工具
66825	69	利润的 12 个定律	史永翔	15 个行业冠军企业，亲身分享利润创造过程；带你重新理解客户、产品和销售方式
60011	79	一本书看透 IPO	沈春晖	全面解析 A 股上市的操作和流程；大量方法、步骤和案例
65858	79	投行十讲	沈春晖	20 年的投行老兵，带你透彻了解"投行是什么"和"怎么干投行"；权威讲解注册制、新证券法对投行的影响
68421	59	商学院学不到的 66 个财务真相	田茂永	萃取 100 多位财务总监经验
68080	79	中小企业融资：案例与实务指引	吴瑕	畅销 10 年，帮助了众多企业；有效融资的思路、方略和技巧；从实务层面，帮助中小企业解决融资难、融资贵问题
68640	79	规则：用规则的确定性应对结果的不确定性	龙波	华为 21 位前高管一手经验首次集中分享；从文化到组织，从流程到战略；让不确定变得可确定
69051	79	华为财经密码	杨爱国 等	揭示华为财经管理的核心思想和商业逻辑
68916	99	企业内部控制从懂到用	冯萌 等	完备的理论框架及丰富的现实案例，展示企业实操经验教训，提出切实解决方案
70094	129	李若山谈独立董事：对外懂事，对内独立	李若山	作者获评 2010 年度上市公司优秀独立董事；9 个案例深度复盘独董工作要领；既有怎样发挥独董价值的系统思考，还有独董如何自我保护的实践经验
70738	79	财务智慧：如何理解数字的真正含义（原书第 2 版）	（美）伯曼 等	畅销 15 年，经典名著；4 个维度，带你学会用财务术语交流，对财务数据提问，将财务信息用于工作